Muskismo

Quinn Slobodian y Ben Tarnoff

Muskismo
Una guía para perplejos

Traducción de Raquel Marqués

taurus

Papel certificado por el Forest Stewardship Council®

Penguin
Random House
Grupo Editorial

Título original: *Muskism: A Guide for the Perplexed*

Primera edición: mayo de 2026

Printed in Spain – Impreso en España

ISBN: 978-84-306-2801-8
Depósito legal: B-4.407-2026

Compuesto en MT Color & Diseño, S. L.

Impreso en Unigraf
Móstoles (Madrid)

TA28018

ÍNDICE

INTRODUCCIÓN
UN SISTEMA OPERATIVO PARA EL SIGLO XXI

Todo el mundo tiene una opinión forjada sobre Elon Musk. Es un genio emprendedor que catapulta a la humanidad hacia un futuro de ciencia ficción. O un rey de los memes colocado de ketamina, que hincha burbujas y suelta rollos sobre tasas de natalidad. O, más recientemente, un pelele de la extrema derecha con el cerebro podrido por Twitter y por oscuras profecías sobre invasiones de migrantes.

Los veredictos difieren, pero comparten una cosa: tratan a Musk en cuanto individuo. Un salvador, un payaso, un malvado, un adicto. Pero la buena historia va más allá de la psique particular. Cuando nosotros —un historiador y un escritor sobre tecnología— empezamos a preparar este libro, pensamos que la cuestión más apropiada no era «¿quién es Musk?», sino «¿de qué es síntoma Musk?». Lo que sigue es nuestro intento de dar una respuesta a esta pregunta basándonos en lo que Musk ha hecho y dicho en público, como se documenta en las referencias que aparecen al final del libro.

Hace un siglo, Henry Ford escribió su exitoso libro de memorias *Mi vida y mi obra*. Poco después, la gente acuñó el término «fordismo». De un solo hombre surgió una nueva visión de la realidad. El fordismo era algo más que coches que salían de cadenas de montaje; pasó a ser sinónimo del capitalismo del siglo xx, basado en la asociación de la producción en masa con el consumo en masa.[1]

Nosotros tratamos a Musk de la misma manera. Como otros han sugerido, no es solo un hombre, sino también el avatar de una visión del mundo: el muskismo.[2] Este término no es suyo, igual que Ford nunca habló de fordismo. Si el fordismo fue el sistema operativo del siglo XX, nosotros sostenemos que el muskismo ofrece un posible sistema operativo para el XXI.

Como el fordismo, el muskismo es un proyecto modernizador. Sin embargo, el fordismo reescribió el contrato social con la promesa de elevar los estándares de vida para todo el mundo: habría coches en todos los garajes y neveras en todas las cocinas, y los salarios se incrementarían con la productividad. El muskismo no distribuye las recompensas de forma universal; lo que promete es la soberanía gracias a la tecnología.

Musk no se limita a vender coches, cohetes o satélites. Vende la fantasía de que, en un mundo cada vez más inestable, tanto los estados como los individuos pueden fortalecer su autosuficiencia conectándose a *sus* infraestructuras. La paradoja es que, al hacer eso, uno se vuelve dependiente de él. Lo que se vende como tecnosoberanía es entrar en el jardín amurallado de Musk, y él tiene la llave de ese jardín. Tanto el Pentágono como la NASA dependen de SpaceX; Starlink se ha vuelto indispensable en los campos de batalla y en la naturaleza salvaje; X y Grok se entretejen con el Estado. Al intentar desconectarse de Musk, uno se da cuenta de que él es el dueño del enchufe.

Esta tecnosoberanía es también selectiva. Ofrece autonomía para unos y exclusión para otros. Las hordas de migrantes y los progresistas que hacen posible su venida son vectores del «virus mental *woke*», que debe ser rastreado, contenido y neutralizado. El muskismo ve el mundo como un código corrupto. La empatía por otros seres humanos es un *exploit* —una vulnerabilidad en nuestro software mental— manipulada por agentes nocivos para empujar a Occidente hacia el «suicidio de la civilización».[3] «La empatía suicida es como una enfermedad autoinmune —dice Musk—; el cuerpo se ataca a sí mismo».[4]

Si una cara del muskismo es la tecnosoberanía, la otra es la expulsión. Entre las contramedidas, encontramos la purga de las redes sociales, la limpieza ideológica de modelos de inteligencia artificial y las deportaciones en masa de foráneos de otras etnias. El objetivo final es conseguir una comunidad purificada definida por la pertenencia cultural y genética a un Occidente europeo y blanco escudado por una tecnología superior: una fortificación que proteja lo mejor de la humanidad frente a lo peor. Las tecnologías del jardín amurallado del muskismo fortalecerán los muros de la nación y del hogar. Endurece tu corazón, endurece tus fronteras y depura la base de código. «Si la tolerancia supone el fin de la civilización occidental —publicó para sus 225 millones de seguidores en 2025—, entonces no podemos ser tolerantes».[5]

¿Qué sentido tiene hablar de muskismo y no de Musk? Para empezar, el muskismo ayuda a esclarecer a Musk. Muchos todavía creen que es un libertario que desprecia el Gobierno; nosotros pensamos que la realidad es justo la contraria: Musk ha construido su imperio fusionándose con el Estado. Habla con frecuencia de su deseo de colonizar Marte, cosa que describe como la obra de su vida. La lógica del muskismo revela que Marte nunca fue un plan de escape serio, sino una moneda de cambio, un medio para perseguir ulteriores propósitos tecnosoberanistas. El personaje que Musk representa en internet suele malinterpretarse de modo semejante. Sus críticos perciben en él inmadurez o maldad; sus fans lo ven genuino o conectado con ellos. Ninguno de ellos se da cuenta de que, en el muskismo, el troleo es infraestructura. Cada chiste, cada encuesta es una prueba de resistencia para comprobar la reactividad. ¿Todavía puede mover mercados con una publicación? ¿Puede supervisar el algoritmo y los datos de entrenamiento subyacentes para llevarlo más a la derecha? ¿Puede simular una democracia con un plebiscito de *reply-guys* (opinólogos en redes)? No está jugando, sino haciendo experimentos. A sabiendas o no, Musk está midiendo y manipulando la elasticidad de la atención, el ancho de banda de la creencia.

El muskismo también imagina un futuro menos humano. Con la automatización, el proceso de producción se purga de humanos. Con las redes sociales, las interfaces cerebro-ordenador y la inteligencia artificial, los humanos se funden con las máquinas y forman lo que Musk llama «colectivo cibernético». La promesa de la soberanía a través de la tecnología toma forma de cíborg.

A menudo se ve a Musk como invencible. Sin embargo, los cimientos de su reino son frágiles. Una de las semejanzas menos advertidas entre él y Ford es la extrema falta de liquidez de su riqueza personal. Casi toda la fortuna de Ford se encontraba en las acciones de su empresa, que continuaron siendo privadas hasta casi diez años después de su muerte. La riqueza de Musk también está casi por entero en las acciones de las suyas. Como dijo en una entrevista: «Si Tesla y SpaceX quiebran, yo me declaro en quiebra detrás de ellas».[6]

Este es el motivo por el que el muskismo está perpetuamente pendiente de los inminentes avances tecnológicos, de la salvación del planeta o del maná en forma de dinero. Para sustentar su riqueza, Musk debe sustentar la creencia en el futuro crecimiento exponencial de sus empresas. Aprendió cuál era el valor financiero de dicho fabulismo en Silicon Valley. Hay que mantener hinchada la burbuja. Si nos fijamos en su biografía, veremos que su comportamiento sigue el flujo de los ciclos de los negocios. Cuando los créditos son baratos, su retórica se expande. Cuando hay vacas flacas, ve enemigos por todas partes.

Vivimos en una época en la que el florecimiento del muskismo es posible. En todo el mundo democrático, la confianza de la gente en las instituciones se halla en mínimos históricos.[7] El aumento de las actitudes antimigrantes ha fortalecido a la extrema derecha, que disfruta de su mayor resurgimiento desde los años treinta, con Musk como su portavoz más ruidoso. Donald Trump desbarata el orden internacional progresista fuera de sus fronteras mientras ataca el orden constitucional estadounidense dentro de ellas. La creciente rivalidad entre Estados Unidos y China, junto con la invasión rusa de Ucrania, han creado un mundo más fragmentado, paranoico y militarizado. El genocidio cometido por Israel en Gaza, llevado a cabo con el pleno apoyo de los dos partidos políticos estadounidenses, ha terminado con la última ficción de una ley internacional.

El muskismo se aviene bien con estos acontecimientos. Su promesa de adquirir soberanía por medio de la tecnología va en consonancia con las políticas de un mundo en proceso de desglobalización, en el que los estados valoran cada vez más la independencia que la integración. Su oferta de autonomía para unos y exclusión para otros se alinea con el nuevo antihumanitarismo, que señala a ciertas poblaciones para la deportación o la muerte. Su fascinación con los cíborgs casa con el tecnomaximalismo de una élite política y de negocios que aprovecha cualquier ocasión que se le presenta para digitalizar nuestra vida cada vez más, últimamente en forma de inteligencia artificial.

Decir que merece la pena tomar el muskismo en serio no significa que su éxito esté garantizado. No obstante, el colapso institucional de nuestra época brinda una brecha para ello. En algún momento, la sociedad se estabilizará sobre unos nuevos fundamentos. El muskismo podría proporcionarlos.

Queremos dejar claro que no estamos argumentando que un conjunto coherente de creencias haya guiado las decisiones tomadas por Musk a lo largo de los años. No es un pensador sistemático ni una persona orientada por una ideología fija. Nos interesa no solo lo que dice, sino también lo que hace, así como las fuerzas históricas que han moldeado esas acciones. Es posible encontrar el muskismo en el ciclo de *feedback* entre el hombre y el momento. Para comprender el mundo que Musk pretende construir, debemos comprender los mundos que han construido a Musk.

Y esto es lo que este libro tiene intención de hacer. Relatamos la historia de los momentos que han definido a Musk, desde la Sudáfrica del apartheid hasta las monedas meme, desde la plataforma de lanzamiento hasta el *doomscroll.** Exploramos cómo sus improvisaciones, magnificadas por ciclos financieros y crisis geopolíticas, han cristalizado en el muskismo. Nuestro libro es una guía para los que están perplejos no solo ante Musk, sino ante la coyuntura histórica en la que nos encontramos.

---

*   El *doomscrolling* es la práctica de pasar demasiado tiempo consumiendo noticias o cualquier contenido negativo en línea. *(N. de la T.).*

PRIMERA PARTE

Fundación

Elon Musk ha citado muchas veces a lo largo de su vida las novelas de *Fundación*, de Isaac Asimov, como influencia en su formación.[1] La saga, considerada ampliamente un clásico de la ciencia ficción, se sitúa en un futuro lejano, en los días del declive del imperio galáctico, donde un genio matemático de nombre Hari Seldon crea una organización llamada Fundación. El propósito de esta es preservar y fomentar el conocimiento humano durante la oscura época que sigue al desmoronamiento del imperio. La Fundación, mientras atraviesa una serie de crisis, expande poco a poco su influencia y se convierte en un nuevo imperio galáctico.

A Asimov le interesaba cómo la historia transita de una época a la siguiente. (La *Historia de la decadencia y caída del Imperio romano*, de Edward Gibbon, le sirvió de inspiración inicial).[2] En *Fundación* presenta un modelo de cambio histórico donde las épocas no se siguen una a otra en una secuencia ordenada, como una fila de vagones de tren, sino que las semillas de la nueva época germinan en el seno de la anterior. La Fundación se crea en el primer imperio y sirve de núcleo para el segundo.

Puede narrarse una historia similar sobre el surgimiento del muskismo durante el último medio siglo. Apareció a partir de unas condiciones históricas específicas al tiempo que apuntaba más allá de ellas hacia algo nuevo.

La primera parte de este libro sigue la evolución del muskismo a lo largo de cuatro periodos formativos de la vida de Musk. En el primer capítulo se estudia su infancia en la Sudáfrica del apartheid durante las décadas de los setenta y los ochenta. El segundo capítulo se ocupa de los inicios de su carrera en Silicon Valley durante el auge de las empresas puntocom en los años noventa, cuando hizo su primera fortuna. El tercer capítulo examina SpaceX, que fundó en 2002 después de dejar la industria de internet y mudarse a Los Ángeles. Por último, el cuarto capítulo está dedicado a Tesla, de la que pasó a ser director ejecutivo en 2008 tras haber sido uno de sus inversores durante años.

El conjunto de estos cuatro capítulos introduce los pilares del muskismo. Muestran cómo la promesa muskista de adquirir soberanía por medio de la tecnología tomó forma en el seno de los acontecimientos políticos, económicos y culturales más importantes de los últimos cincuenta años. Igual que la Fundación, el muskismo sería un orden nuevo construido dentro de la carcasa del viejo.

1

FUTURISMO FORTIFICADO

«Despertemos a las posibilidades físicas de una vida más grande», escribió en 1940 el abuelo materno de Elon Musk en la revista de *Technocracy Incorporated*.[1] Joshua Haldeman era quiropráctico y antiguo jinete de rodeo en Saskatchewan, así como miembro activo en un movimiento que quería matar el capitalismo y la democracia de un solo tiro. Fundado por el ingeniero estadounidense Howard Scott en 1933, el movimiento de la tecnocracia imaginaba una sociedad gobernada por la dictadura de los ingenieros, que asignarían los recursos según principios científicos. Se sustituiría la moneda por unidades estables de energía llamadas «ergos». Ese enfoque, combinado con una automatización generalizada, proporcionaría una vida más ociosa para todos. Solo tendrían que trabajar las personas comprendidas entre los veinticinco y los cuarenta y cinco años, y solo cuatro horas diarias, cuatro días a la semana. «En la tecnocracia vemos cómo la ciencia sustituye la economía de la escasez por una época de abundancia», afirmó Scott.[2]

Entre los convencidos, la devoción a la tecnocracia era total. Los miembros se llamaban a sí mismos por números (Haldeman era el 10450-1).[3] Llevaban abrigos del mismo color gris e iban en convoyes de coches Pontiac del mismo color gris. Hasta tenían un saludo propio. «La nueva cultura del hombre tecnocrático rebosará del espíritu de dominio —escribió el simpatizante de la tecnocracia E. Merrill Root, que participaría en los comienzos de la *National Review*—. La vieja cultura es el lamento del impotente; la nueva cultura será la poesía del potente».[4]

Ese futuro precisaría de un nuevo orden: un superestado o «tecnato» que se extendería desde Groenlandia hasta las Galápagos. Solo a semejante escala podría disponer de los recursos necesarios para ser autosuficiente. La independencia económica protegería también al tecnato de los perniciosos embrollos del sistema financiero global. Haldeman exhibía una particular querencia por ese aspecto de la tecnocracia. «En este continente tenemos todo lo que necesitamos para proveernos con confianza y seguridad —escribió en su artículo de 1940 para la revista del grupo—. Aquí, con control tecnológico en esta era tecnológica, el pueblo norteamericano puede resistir el ataque del resto del mundo junto».[5]

Después de que el Gobierno canadiense prohibiera la tecnocracia en 1940, Haldeman fue detenido un tiempo breve. Cuando sus otros experimentos políticos se revelaron estériles, emigró con su familia —incluidos Maye (la madre de Elon), un descapotable y un avión para aventurarse en la naturaleza— a Sudáfrica en 1950.[6] No era un momento cualquiera. La familia llegó solo dos años después de que el Partido Nacional ascendiera al poder e introdujera la política del apartheid o separatismo racial. De hecho, eso fue parte del atractivo que tuvo para Haldeman. «La actitud del Gobierno sudafricano, en lugar de echarme atrás, tuvo justo el efecto contrario en mí: me animó a venir y establecerme aquí», dijo Haldeman al periódico proapartheid *Die Transvaler* poco después de haber llegado.[7] Para quienes apoyaban el régimen, Sudáfrica era una fortaleza de civilización blanca en el extremo de un continente negro, rodeada de enemigos. Más adelante, en un discurso antisemita autopublicado, Haldeman denunció la oposición internacional al apartheid como prueba de una conspiración judía «para establecer una dictadura mundial».[8]

Pero Sudáfrica no solo era un estado supremacista blanco, sino también modernizador. El apartheid, como defendió el intelectual sudafricano W. A. De Klerk, fue «un intento de rehacer una sociedad según la perspectiva total de un ideal sociopolítico».[9] El régimen, tal como nos recuerdan los historiadores Paul Edwards y Gabrielle Hecht, perseguía «un proyecto tecnopolítico» que atrajera la lealtad de quienes suscribieran su directriz principal: la construcción de una utopía basada en la segregación racial.[10]

Los arquitectos del apartheid se veían a sí mismos como futuristas. Abrazaban la tecnología y esperaban que ella los ayudara a endurecer esas sempiternas y anticuadas desigualdades raciales. Recibieron apoyo de empresas internacionales como IBM, Ford y Toyota, que les vendieron tecnología para respaldar su soberanía. Emplearon ordenadores centrales para contar, rastrear y redistribuir a los trabajadores negros; los proyectos de las fábricas de vehículos sirvieron para crear una industria local; las armas nucleares ofrecieron al régimen la máxima defensa contra sus enemigos. El primer líder de Singapur, Lee Kuan Yew, describió la transformación de su país comparándolo con una gamba venenosa: indigerible para los depredadores que tiene alrededor.[11] Sudáfrica, al enfrentarse a la doble amenaza del *rooi gevaar* (peligro rojo) y el *swart gevaar* (peligro negro) —el comunismo y el nacionalismo negro—, hizo lo mismo. El Estado solo podía asegurarse la supervivencia adoptando técnicas y tecnologías modernas.

Aunque a menudo se la ha tildado de anacronismo, Sudáfrica es, en algunos aspectos —igual que su compañero Israel—, un precursor de nuestros tiempos. Su modelo de aislamiento militarizado y modernizador le va como anillo al dedo a nuestro mundo actual de controles a la exportación, guerras comerciales, rearme y relocalización. Pese a la relación conflictiva que tiene Musk con su país de origen, la Sudáfrica del apartheid fue la cuna del muskismo. Le enseñó la lección del futurismo fortificado: la creencia en que la tecnología puede fortalecer la autosuficiencia en un mundo hostil.

LA CIUDAD DEL FUTURO

Pretoria, la ciudad donde nació Musk en 1971, era un escaparate del futurismo fortificado. Como capital administrativa del país, alojaba los departamentos ejecutivos donde se planificaban el apartheid, así como los servicios de seguridad que lo mantenían operativo. La arquitectura de los edificios gubernamentales transmitía las aspiraciones de los dirigentes del régimen; respondían al elegante modernismo minimalista del estilo internacional, con pilotis, podios y fachadas acristaladas, construidos con hormigón, metal y vidrio. La Pretoria de Musk brillaba como un conjunto de engranajes, con una estampa tan vanguardista como la Brasilia de Niemeyer o la Chandigarh de Le Corbusier.[12]

Cerca de los engranajes, donde ya terminaba la ciudad, había un grupo de edificaciones brutalistas. Se trataba del centro de investigación nuclear más importante de Sudáfrica, de nombre Pelindaba, una expresión zulú que significa «fin de la historia».[13] Trabajando con uranio extraído de las minas de oro y recurriendo a la experiencia de científicos estadounidenses e israelíes, Sudáfrica desarrolló primero energía nuclear y luego armas nucleares. El régimen tuvo su primera ojiva nuclear útil en 1982.

En el resto de Pretoria, el apartheid era inamovible. Hacinaban a la población negra en suburbios segregados en las afueras de la ciudad, mientras que la élite blanca se agrupaba en barrios residenciales como Waterkloof, donde vivía Musk cuando iba al instituto, situado en los montes del sur de la ciudad. Se trataba de enclaves con piscinas, jardines verdes y vías rápidas a los ministerios e instalaciones militares del centro de la ciudad. Todavía no eran las comunidades valladas que serían en los años noventa, pero tampoco tenían que serlo. El Estado en su conjunto garantizaba su seguridad.

A lo largo del perímetro de la ciudad había fábricas y almacenes. Se trataba de sitios industrializados en los que Sudáfrica esperaba fabricar *in situ* todo lo que hasta entonces debía importar. Un sistema interconectado perseguía la autosuficiencia económica. En Pretoria West se producía acero, munición, caucho y plástico. Ford construyó una fábrica en 1967, en el este, en Silverton. En el noroeste, en Rosslyn, BMW abrió su primera planta fuera de Europa en 1968.[14]

Las fábricas de coches se construyeron entre la ciudad blanca y los suburbios negros, de forma que el trabajo negro estuviera siempre a mano, para llamarlo cuando lo necesitaran y quitarlo de en medio cuando no. Mientras que el principio básico del fordismo era la suma de la producción en masa y el consumo en masa, la variante sudafricana reservaba el consumo en masa como privilegio de la minoría blanca. En los años ochenta, el analista político Stephen Gelb bautizó el sistema como fordismo racial.[15]

Otra tecnología clave para la productividad, la seguridad y la gestión de la población del Estado sudafricano fueron los ordenadores. El Departamento de Planificación, creado en 1965, concibió el país como una fábrica organizada según criterios raciales fordistas.[16] Los burócratas limpiaban los llamados «puntos negros» de las zonas blancas mediante el reasentamiento forzado de las comunidades negras —tres millones y medio de personas fueron desplazadas a principios de los años ochenta— y derivaban el flujo de mano de obra negra barata hacia los nuevos emplazamientos industriales.[17]

Llevar a cabo ese vasto proyecto de ingeniería social requería de la acumulación de una cantidad ingente de datos personales. Sudáfrica era lo que un historiador llama un «Estado biométrico».[18] Los ordenadores desempeñaron un papel decisivo al facilitar al Gobierno el almacenamiento y el procesamiento de la información necesaria para implementar el apartheid, como el sistema de identificación llamado «Libro de Vida», empleado por los ordenadores centrales de IBM para registrar la clasificación racial de todos los ciudadanos. Los activistas antiapartheid no tardaron en comprender el potencial distópico de tales instrumentos. Un folleto de 1982 titulado «Automatizar el apartheid» imaginó un escenario en un futuro cercano en el que un trabajador pide a un ordenador:

> Dame el nombre y la dirección de todos los negros de la calle Victoria. Incluye los números de pase y las huellas dactilares [...] el ordenador muestra los datos solicitados en la pantalla. [...] Al mismo tiempo, la información se transmite electrónicamente a la policía. [...] La tecnología importada de los ordenadores hace que este tipo de operaciones sean simples.[19]

Aunque las capacidades reales del Estado estaban muy por debajo de los temores expresados en ese folleto, el espectro del tecnoautoritarismo era real. Desde sus inicios, el apartheid fue un proyecto basado en los datos: una tecnocracia reaccionaria que concebía la sociedad como un sistema que debía optimizarse. Los funcionarios entendieron que los ordenadores podían afinar la precisión del proyecto. Pero las herramientas digitales no se encontraban solo en las manos del régimen. Los grupos antiapartheid también las adoptaron; emplearon el Commodore 64 —uno de los primeros ordenadores personales, lanzado en 1982— para enviar mensajes encriptados a los militantes que vivían en el extranjero.[20] La tecnología endurecía la armadura del Estado, pero también podía abrir fisuras en él.

EL MUNDO EN UNA CAJA

Otra persona a la que los ordenadores abrirían una puerta al mundo fue al joven Elon Musk. El niño tímido y *nerd* que era Musk se volvió retraído ante la prepotencia que dominaba la sociedad blanca sudafricana. No era «una cultura intelectual», recuerda Errol, su padre.[21] En el colegio, Musk sufrió acoso constante. En casa, leía sin parar. Más adelante diría a un biógrafo suyo que, cuando se terminó todos los libros de la biblioteca, devoró la Enciclopedia Británica entera.[22] Musk pertenecía a la minoría anglófona de ciudadanos blancos, que tendía a criticar el apartheid, pero no mostraba necesariamente una actitud antirracista. El apartheid era un proyecto de los afrikáners, los descendientes de los colonos holandeses (los bóers), que antaño habían luchado contra los británicos por el dominio del sur de África y constituían la mayoría de la minoría blanca del país. Como líderes del Partido Nacional, el que gobernaba, los afrikáners eran la facción de la población con más poder político. «Los sudafricanos blancos y anglófonos, como la familia de Musk, se beneficiaban de la jerarquía racial del apartheid, pero llevaban casi siempre una vida aparte de los dirigentes, los afrikáners», observa la periodista sudafricana Rachel Savage.[23]

Aun así, en algún caso, los blancos anglófonos se metían en política. El padre de Elon estuvo once años, desde 1972 hasta 1983, en el Ayuntamiento de Pretoria como representante del barrio de Sunnyside.[24] En 1980 se incorporó al Partido Federal Progresista, un grupo casi por entero blanco de reformistas anglófonos que se oponían al apartheid, pero lo abandonó solo tres años después por desavenencias con la antipatía que sentía el partido hacia una nueva constitución que introduciría un parlamento tricameral donde se daría una representación limitada a aquellos ciudadanos designados como mestizos (personas de ascendencia racial mixta) e indios, mientras que se seguiría excluyendo a la mayoría negra.[25] Tiempo después, Errol recordaba la época del apartheid con cariño. «No había problemas. La gente, negros y blancos, se llevaban todos muy bien —dijo a *The Guardian* en 2025—. Todo funcionaba bien. Esa es la realidad. Por supuesto, la gente no quiere oír eso, pero esa es la verdad».[26]

Musk estudió en el Pretoria Boys High School, una escuela de varones fundada en 1901 para la élite de los colonos británicos. Sus compañeros y él posaban en las fotografías con americanas a rayas de estilo náutico que imitaban a las de Eton y Harrow; era una institución clásica anglosudafricana que distaba mucho de los menos prestigiosos colegios de los afrikáners y la población negra. «Mientras el país entero estaba en llamas y reinaba la confusión, nosotros vivíamos seguros y felices en nuestros barrios arbolados, llevando una vida la mar de normal», recordaba un estudiante del instituto de Pretoria que iba un curso por encima de Musk.[27] A su vez, la escuela no carecía de cierta tendencia progresista y admitió a su primer estudiante negro en 1981. Musk se hizo amigo del primo del estudiante y fue uno de los pocos blancos que asistieron a su funeral cuando este murió en un accidente de tráfico en 1987.[28]

Lo que Musk acusaría más agudamente en la Sudáfrica de los años ochenta sería su insoportable provincianismo. Esa sensación no haría más que agudizarse debido a que de niño había viajado mucho, ya que Errol tenía mucho dinero y hacía frecuentes viajes de negocios. Este lo llevó por todo el mundo, desde Hong Kong hasta Estados Unidos.[29] En contraste, su país natal era una sociedad cerrada que estaba lejos de todas partes. «Sudáfrica era como una cárcel para alguien como Elon», recordaba su hermano, Kimbal Musk.[30]

Pero ¿cómo se salía de allí? Según lo que él mismo ha dicho tantas veces, Musk, de adolescente, tuvo una epifanía después de leer la *Guía del autoestopista galáctico*, un éxito de la ciencia ficción escrito por Douglas Adams en 1979.[31] El protagonista del libro es Arthur Dent, un hombre rescatado de su absurda existencia por un extraterrestre que lo arrastra a una aventura intergaláctica. La historia abunda en elaborados futuros imaginarios. Casi toda ella es inverosímil y disparatada, pero hay una parte que pudo haber parecido posible al joven Musk: la propia guía del autoestopista. Se trataba de un dispositivo electrónico de bolsillo pensado para viajeros que necesitan información rápida y útil mientras vagabundean por el universo. Tenía «un centenar de diminutos botones planos y una pantalla de unos diez centímetros cuadrados en la que en un momento podía verse cualquiera de su millón de "páginas"», escribe Adams.[32]

A principios de los ochenta, Musk se agenció una guía muy parecida: el Commodore VIC-20, uno de los primeros ordenadores personales asequibles. Musk lo vio rebajado en el centro comercial Sandton City de Johannesburgo y alucinó. «Fue como: "¡Hala, hostia santa!"», diría más tarde a un biógrafo suyo. Estuvo «dándole la lata» a su padre para que se lo comprara.[33] En el VIC-20 no había ningún programa preinstalado. Pero venía con un lenguaje de programación, el BASIC, con el que uno podía escribir sus propios programas, así como el *Programmer's Reference Guide*, que enseñaba a hacerlo. El libro anunciaba también la venta de varias aplicaciones, desde unas para jugar al ajedrez hasta otras para componer canciones, hacer inventarios y llevar «gráficos de biorritmos». Musk pasó tres días sin dormir aprendiendo a programar el aparato. «Me dio el TOC a tope», diría después.[34]

Junto con Apple y Radio Shack, Commodore fue una de las primeras empresas que introdujeron el paradigma de la computación personal en los años setenta y ochenta, y con ello redefinió el acto de programar en sí. En lugar de tener que ir a un laboratorio de informática de un campus, los novatos como Musk podían aprender a programar en casa, y gracias a ello se establecía una relación más íntima con el ordenador. El programador fundía su mente con la máquina. Conseguía una especie de conciencia cíborg y se perdía en un estado de flujo digital tan profundo que dejaba de sentir su cuerpo o el transcurso del tiempo.

Musk empleó el Commodore para programar su primer producto: un videojuego llamado *Blastar*, en el que había que disparar a una nave alienígena. Lo vendió por quinientos dólares a una revista que publicó el código fuente en provecho de otros usuarios de ordenadores.[35] El ordenador le confirió el poder de crear mundos virtuales. También le permitió establecer conexiones virtuales con otros lugares del mundo físico. Errol recordaría más adelante que Musk le había enseñado «una caja gris con una luz roja», un módem. «Dijo: "Con esta cosa [...] puedo comunicarme con el ordenador de la Universidad de Oxford" —rememoró Errol—. Se le daba bien mirar al futuro».[36]

EL MECHA

Una paradoja de los años ochenta, los años de la infancia de Musk, era que Sudáfrica se iba volviendo más represiva dentro de sus fronteras mientras se abrían pequeños agujeros al mundo exterior. Los ordenadores ofrecían la posibilidad de mirar por esas aberturas; otro medio que también la ofrecía era la televisión. Esta no apareció en Sudáfrica hasta 1976, con lo que fue uno de los últimos países industrializados en introducirla. Tardó tanto porque Hendrik Verwoerd, el primer ministro generalmente considerado arquitecto principal del apartheid, consideraba que el potencial destructivo de la televisión era comparable al de una bomba nuclear.[37] Una mala programación podía corromper la mente de la población. «El Gobierno debe estar alerta ante cualquier peligro, sea espiritual o físico, que amenace al pueblo», advirtió.[38] (La idea tenía sus admiradores. En *National Review*, James Burnham escribió: «La ausencia de un movimiento de liberación "nativo" en Sudáfrica es casi equivalente a la ausencia forzosa de la televisión en Sudáfrica»).[39]

Star Trek empezó a emitirse en la televisión sudafricana en 1980 y estrenaron las películas en los cines.[40] Musk mencionaría repetidas veces que la serie le había servido de inspiración. Las cenizas del actor que hacía de Scotty, James Doohan, «se volvieron a cremar por accidente», tal como dijo un periodista, en un despegue fallido de SpaceX.[41] Pero había otros programas que Musk también debió de haber visto, como *Battlestar Galactica* y *Buck Rogers en el siglo XXV*, que se emitieron en Sudáfrica a principios de los ochenta, y las series de dibujos animados *Transformers* y *Robotech*, que pudieron verse en la segunda mitad de esa década.[42] *Transformers* narraba, tal como explicaba la programación de la televisión sudafricana, la «batalla por la supremacía» entre dos especies alienígenas, los Autobots (los buenos) y los Decepticons (los malos).[43] Ambos eran robots que se transformaban en vehículos, en este caso, en automóviles. Décadas después, cuando Musk empezó a invertir dinero en el desarrollo de máquinas humanoides en Tesla, rendiría homenaje a sus pasiones infantiles al llamar Optimus al robot, en honor a Optimus Prime, el líder de los Autobots.

En *Robotech*, una producción japoestadounidense estrenada en 1985 y televisada en Sudáfrica al año siguiente, una nave extraterrestre se estrella en la Tierra, y la población del planeta, que hasta entonces había estado en guerra, se une para estudiar la nave. Al final consiguen reconstruirla y hacerla despegar, justo cuando una especie guerrera alienígena de gigantes, los zentraedi, aparece en la órbita de la Tierra. Pero la humanidad tiene en su haber un arma poderosa que ha rescatado de la nave: una tecnología que hace que los aviones de caza se transformen en robots humanoides manejados por personas. A estos se los conoce como mechas, un término japonés que deriva del inglés «mechanical» [mecánico]. Los mechas son unos personajes tan populares del anime y el manga japoneses que existe todo un subgénero dedicado a ellos.

Para una mente de ingeniero como la del pequeño Musk, el mecha debió de ser una cosa muy bella. Su padre, Errol, era ingeniero mecánico y eléctrico, y el propio Musk dio muestras tempranas de aptitud para las matemáticas y las ciencias. El mecha era una maravilla de la ingeniería. Su piloto humano se integraba en ella de manera tan total que el hombre y la máquina se fusionaban en una entidad única. En *Robotech*, el mecha incluso tenía la capacidad de actuar de modo casi autónomo, sin necesitar que el piloto lo dirigiera directamente.

Robotech fue un éxito en Sudáfrica. En los periódicos había anuncios de figuritas de los personajes y de tiritas, y una bebida en polvo de naranja hizo un enorme anuncio en el que salía el protagonista adolescente con su casco futurista puesto y ordenaba comprar su producto a los «agentes secretos de *Robotech*».[44] Los espectadores blancos sudafricanos de los años ochenta se identificaron sobre todo con programas como *Transformers* y *Robotech*. La trama de ambas series representaba la situación en la que se encontraba su país. Igual que Godzilla, el mecha era un eco tardío del trauma moderno de Japón: las armas nucleares que destrozaron Nagasaki e Hiroshima en 1945. Godzilla es un monstruo producido por la radiación nuclear; el mecha es otro mutante de la modernidad.

Godzilla es tanto un destructor como un salvador. En algunas películas es una amenaza para la humanidad; en otras, un protector de la Tierra. El mecha encarna la misma dualidad. Es una tecnología avanzada que posee el enemigo, pero que puede dirigirse en contra de él. El paralelismo con las armas nucleares no podía ser más estrecho. Los líderes del apartheid creían enfrentarse a una fuerza exterior que representaba una amenaza apocalíptica. Solo si construían para sí un poder apocalíptico podrían salvaguardar su futuro. No había que esforzarse mucho para ver a la Pretoria de los ochenta en Ciudad Autobot de *Transformers* y en Ciudad Macross de *Robotech*. Eran zonas de futurismo fortificado: endurecidas, amenazadas, mecanizadas.

Para Musk, no obstante, el significado del mecha era más profundo. Creció obsesionado con la idea de ser uno con la máquina. Con posterioridad describiría su empresa Neuralink como un intento de crear «un cuerpo cíborg con capacidades increíbles» por medio de implantes cerebrales.[45] En 2018, Musk tuiteó a sus más de veinte millones de seguidores: «Es hora de crear un mecha».[46]

Por muchas pretensiones de poderío técnico que tuviera, Sudáfrica no contaba con mechas. Una de sus estrategias de seguridad era arrojar a reclutas jóvenes y mal entrenados al conflicto de la frontera del norte. En los años sesenta había estallado una lucha entre las Fuerzas de Defensa de Sudáfrica (FDSA) y las guerrillas anticoloniales de la actual Namibia, y se encarnizó significativamente en los años ochenta cuando una gran cantidad de tropas angoleñas entraron en la guerra apoyadas por los cubanos y los soviéticos. Musk estaba destinado a ser uno de esos reclutas. A los diecisiete años, incluso los chicos blancos de clase alta como él sabían que recibirían la carta que los convocaría al servicio militar obligatorio.

«Me han tirado al infierno —así describe el novelista blanco sudafricano André Carl van der Merwe su experiencia militar—, me han metido en el rebaño de las Fuerzas de Defensa y empujado al matadero de su guerra fronteriza como un animal al degolladero, sin tener voz ni voto sobre mi propio destino. Obligado a matar a gente que no conozco por una causa en la que no creo».[47] En la oposición surgieron campañas contra el reclutamiento que denunciaban el «asesinato legalizado».[48] «Libérennos del alistamiento», pedían.[49] «No tiene pinta de terrorista», rezaba otro cartel donde aparecía un hombre con uniforme de combate mirando hacia abajo, a las piernas de un muerto.[50]

Musk expresaría una repugnancia similar. «Pasar dos años cargándote a negros no parecía ser una actividad muy útil», diría en 2013.[51] De forma aún más evidente dijo en 1999: «¿Quién quiere servir en un ejército fascista?».[52] Así pues, a los diecisiete años, Musk hizo lo que casi ninguno de sus compatriotas tenía el privilegio y la posibilidad de hacer: subió a un avión y se largó. Había podido sacarse el pasaporte canadiense porque su madre era ciudadana de ese país, y sus padres le dieron miles de dólares para ayudarlo.[53] Sacó un billete solo de ida a Montreal, aunque tenía la esperanza de terminar en California. Quería estar «donde estaba la tecnología punta», rememoró más adelante. Y ese lugar era Silicon Valley.[54]

En la época en que Musk se marchó de Sudáfrica, el futurismo fortificado no tenía futuro. La situación económica era un desastre. Los logros de la lucha contra el apartheid, combinados con el aumento de la presión internacional, empujaron al régimen hasta la crisis. Era lógico que Musk viera su futuro en otro lugar. Pero mucha gente que se marcha de su hogar se lleva consigo parte de lo que abandona.

Una de las características de la vida de los blancos en Sudáfrica era la indiferente dependencia de una enorme clase de trabajadores anónimos. Incluso para quienes establecían relaciones personales con los sirvientes domésticos, como niñeras o criadas, la población negra quedaba casi siempre en la periferia del campo visual. Uno los veía en las paradas de autobús o pasaba con ligereza junto a las largas colas que formaban en los edificios gubernamentales o en los pasos fronterizos. Flotar por encima de una casta de seres humanos indistinta pero cromáticamente marcada era parte del patrimonio blanco.

Para los blancos, los negros eran «personajes no jugadores» (NPC, *non playing characters*), un término de los videojuegos que más adelante utilizaría Musk como uno de sus insultos favoritos.

La modernidad del apartheid consistía en la construcción de una plataforma de lanzamiento hacia un futuro mejor, pero por definición no todos los pasajeros subirían a bordo. Era un puerto espacial de cuarenta millones de personas construido solo para cuatro millones. Se basaba en la lógica del apalancamiento, sirviéndose de cuerpos humanos como combustible para llegar a la fase siguiente: salir de la órbita. Se aferraba al sueño de la omnisciencia y el control absoluto, a la creencia de que se podía manejar un territorio igual que una fábrica. Su hostilidad hacia el orden internacional progresista se traducía en el compromiso con la soberanía y la jerarquía, con el endurecimiento de las fronteras y la supremacía blanca, con estar protegido gracias a la tecnología y la tecnocracia. Como observa la periodista sudafricana Eve Fairbanks, el apartheid enseñó una doble lección: que «debían mantenerse ciertas jerarquías clásicas de poder y que quienes las mantenían merecían ser considerados disruptores, incluso víctimas mal entendidas».[55]

Con el tiempo, el muskismo incorporaría estos temas. Ciertos investigadores sudafricanos identificaron residuos de ellos viendo en el Cybertruck ecos de los vehículos armados que apaciguaban las insurrecciones en los suburbios.[56] En 2025 ha sido más fácil discernir esos ecos, cuando Musk se convirtió en un vehemente defensor de los derechos de los sudafricanos blancos y empleó su red social para amplificar las afirmaciones falsas de «genocidio blanco».[57]

Quizá Musk se marchó de la Pretoria de su infancia, pero no la abandonó. En 1989 voló a Canadá para no regresar jamás.

La Sudáfrica del apartheid lo acompañó como una espora en su equipaje.

2

EL SUPERCONJUNTO

Lo que vio Elon Musk en las luces parpadeantes del módem en su barrio residencial de Pretoria eran los destellos de una nueva era. Cuando se afincó en Silicon Valley, en 1995, el crecimiento de las redes informáticas había suscitado nuevas y radicales visiones del desastroso Estado nación. Quizá la más famosa fue la del ensayista John Perry Barlow, cuyo manifiesto de 1996 «Declaración de independencia del ciberespacio» avisaba a los gobiernos —esos «cansados gigantes de carne y acero»— de que no tenían jurisdicción en el «ciberespacio, el nuevo hogar de la mente».[1] Otros imaginaron que los países se diluían en mapas fractales de «ciberestados» e «individuos soberanos».[2]

Musk aprendió una lección distinta de los años noventa. Silicon Valley le enseñó que la verdadera oportunidad no reside en eludir el Estado, sino en injertarse en él, valiéndose de sus garantías como si fueran un andamio para las ganancias privadas. Ya había vislumbrado esa estrategia cuando iba a la universidad en Canadá. En 1991, mientras estaba de prácticas en Scotiabank, había tratado de convencer a su jefe para que comprara bonos Brady a precio reducido. Esos bonos los había creado el secretario del Tesoro de Estados Unidos, Nicholas Brady, que ayudó a los bancos estadounidenses a eliminar de su balance los préstamos impagados de países latinoamericanos reestructurándolos como valores avalados por letras del Tesoro de Estados Unidos. Su jefe no siguió su consejo porque, según le dijo, el banco ya había sufrido grandes pérdidas a causa de la deuda latinoamericana. «Intenté explicarles que esa no era la cuestión —recordaría más adelante Musk—. La cuestión era que estaban respaldados por el puto Tío Sam».[3]

Para Musk, la moraleja estaba clara: el Gobierno no es cosa que deba minimizarse o eliminarse. Al revés, es posible instrumentalizarlo como fuente de poder y beneficios. El objetivo no era segregarse del Estado, sino crear una simbiosis con él. Los primeros proyectos de Musk en el Silicon Valley de los años noventa seguirían patentemente esa lógica: usar de forma gratuita los datos del GPS de los satélites militares para elaborar mapas en línea; aprovecharse de la estabilidad del sistema financiero estadounidense, asegurada por la federación, para crear bancos en línea; y sobre todo sumarse al boom de las puntocom, detonado con la privatización de internet, una tecnología inventada por el Gobierno. El Commodore que Musk había conseguido que le comprara su padre en los años ochenta era poco más que un juguete con pretensiones. Una década después, los programadores estaban reconfigurando el mundo. Los ordenadores se habían convertido en unidades de control.

Si Sudáfrica fue la guardería del muskismo, Silicon Valley sería su escuela de primaria. Allí Musk encontró las herramientas y las normas que le mostraron cómo, en condiciones sustentadas por el Estado, las ideas podían transformarse en empresas y las empresas, en monopolios. Internet lo trocaba todo en código. El Tío Sam financiaría ese futuro, pero el capital sería su dueño.

CONSTRUIR EL CENTRO COMERCIAL DE INFORMACIÓN

Gracias al módem, el ordenador de Musk en Pretoria podía comunicarse por línea telefónica con un ordenador de Oxford. La facilidad con la que los datos podían recorrer miles de kilómetros y atravesar docenas de fronteras debió de dejar muy impresionado a un chico que vivía en la Sudáfrica del apartheid, un país donde la información estaba estrictamente controlada. Internet facilitó esa circulación a gran escala a medida que fue creciendo en los años noventa.

El tibio término de «globalización» no hace justicia al alcance de los cambios que tuvieron lugar en esa década. Se triplicaron las exportaciones mundiales de mercancías y servicios; se cuadruplicaron los flujos de capital global.[4] Los nuevos cables submarinos conectaron noventa y dos países, con lo que se multiplicó el ancho de banda por 147.[5] Entre 1990 y 1997, el porcentaje de casas estadounidenses que tenían ordenador pasó del 15 al 35 por ciento, y el presupuesto que una casa promedio gastaba en ordenadores y máquinas asociadas aumentó más del triple.[6] En 1990 casi nadie usaba internet; para el año 2000, casi la mitad de los estadounidenses tenían conexión.[7] El primer sitio web apareció en 1991; en 2000 había diecisiete millones.[8]

«La humanidad estaba convirtiéndose en un superorganismo —meditaría Musk más tarde— cualitativamente distinto de lo que había sido antes».[9] Tomó la metáfora de Kevin Kelly, un influyente escritor sobre tecnología y fundador y editor jefe de la revista *Wired*. Inaugurada en 1993, *Wired*, desde sus oficinas del centro de San Francisco, observó el surgimiento de la era de la red y fue el intérprete con más peso de las transformaciones de la década. Un año antes de que saliera el primer número, Kelly brindó un anticipo del ampuloso estilo que caracterizaría la revista en el libro *Out of Control: The New Biology of Machines, Social Systems, and the Economic World* (1992), en el que hablaba de cómo internet estaba transformando a las personas en un «único superorganismo interconectado» y creando una «inteligencia distribuida».[10]

Las analogías orgánicas de autoordenación y descentralización siempre ocultaban con delicadeza el papel directo que tenía el Estado. Silicon Valley en su conjunto debía su existencia al Gobierno federal, que había financiado la industria tecnológica de la región después de la Segunda Guerra Mundial debido a que los militares necesitaban ingeniería electrónica.[11] Si bien el sector migraba al consumo civil, el Gobierno conservó un gran ámbito para sí, sobre todo como generoso subvencionador de investigaciones. La mayoría de las innovaciones que enriquecieron a Silicon Valley estuvieron financiadas por el sector público, sobre todo a través de la Agencia de Proyectos de Investigación Avanzada de Defensa (DARPA, por sus siglas en inglés), el brazo de investigación y desarrollo del Pentágono; entre ellas figuraba internet.[12] Cuando Musk llegó a Silicon Valley, a mediados de los años noventa, la red estaba a punto de ser privatizada. En abril de 1995, la Fundación Nacional de Ciencias, una agencia federal, cedió el control de la infraestructura nuclear de internet al sector privado sin pedir nada a cambio.[13]

Los usuarios del viejo internet eran sobre todo investigadores y académicos. En 1993, las direcciones terminadas en .com (abreviación de *commercial*) todavía comprendían tan solo un 1,5 por ciento de los sitios web. En 1996 ya eran la mitad de ellos.[14] La velocidad del giro alarmó a algunos observadores, como el escritor de ciencia ficción William Gibson. «Lo que me encanta [de internet] es que es transnacional, no tiene ánimo de lucro, no pertenece a nadie», dijo en 1994. Si las corporaciones tomaban el control de él, Gibson temía que se convirtiera en un «centro comercial de información» en el que cada byte procediera del menú de una corporación.[15]

Sus temores no tardaron en hacerse realidad. Cuatro meses después de la privatización de internet empezó el boom puntocom. La primera chispa saltó el 9 de agosto de 1995, cuando salió a bolsa una empresa emergente cofundada por Marc Andreessen (nacido el mismo año que Musk). En su época de estudiante en la Universidad de Illinois, Andreessen había participado en la creación de Mosaic, el primer navegador web popular, con la financiación de la Fundación Nacional de Ciencias.[16] Después se mudó a Silicon Valley para lanzar Netscape, el cual, en el momento de su salida a bolsa, no había obtenido beneficios, y medio regaló su software. No importó: el precio de sus acciones se duplicó el primer día y cerró con una valoración de 2.300 millones de dólares.[17] Internet había dejado de ser una red para investigadores. Era una clase de activo.

Hacía tiempo que el capital de riesgo alimentaba a Silicon Valley, y las salidas espectaculares a bolsa no eran nada nuevo: en 1980, la de Apple había sido la mayor desde la de Ford, en 1956. Pero el bombo y platillo que acompañó a internet no se había visto en toda la historia de Silicon Valley. Internet prometía no solo nuevos productos, sino también nuevos mercados y maneras de vivir. La caída de los tipos de interés y el fuerte crecimiento posterior a 1993 provocaron una abundancia de capital, mientras los corredores en línea atraían hordas de inversores minoristas. Millones de estadounidenses se echaron en masa sobre las acciones de empresas tecnológicas, hinchando una burbuja sostenida por una única y seductora promesa: internet lo cambiaría todo.

FABULISMO FINANCIERO

Musk se sumó a la fiebre de las puntocom con la creación de su primera empresa, tres meses después de la salida a bolsa de Netscape. Zip2 empezó como un directorio en línea de los negocios del Área de la Bahía de San Francisco, completo y con indicaciones de cómo llegar a ellos. Fundó la empresa con su hermano Kimbal, que se había reunido con él en California, y Greg Kouri, amigo de ambos. Combinaron los datos para su sitio web a partir de dos fuentes. Primero compraron una base de datos de los comercios locales; después adquirieron mapas digitales de Navigation Technologies, que procedían de una constelación de veinticuatro satélites de GPS construidos por el Pentágono y que funcionaba a pleno rendimiento desde abril de 1995, el mes que se privatizó internet. Igual que internet, el GPS era una creación del Estado. A diferencia de internet, siguió bajo control directo del Ejército de Estados Unidos. Musk y su hermano convencieron a Navigation Technologies para que les permitiera usar los mapas de manera gratuita hasta que la empresa diera beneficios.[18] Fue un ejemplo de libro de simbiosis con el Estado: Zip2 descansaba por completo en infraestructura financiada por el Estado adquirida a coste cero.

Aun así, esta empresa emergente se las vio con la misma cuestión a la que se enfrentaron casi todas las puntocom en los años noventa: ¿cómo, exactamente, podía ganarse dinero en línea? Internet no estaba pensado para el comercio. Monetizarlo supondría innovar. En Zip2, Musk intentó orientar la empresa a conceder licencias de software a periódicos y firmó contratos con clientes como Hearst, Knight-Ridder y *The New York Times*. Sin embargo, su verdadero objetivo no era fortalecer las instituciones tradicionales, sino esquivarlas por completo.[19] La palabra «disrupción» se incorporó al léxico popular en 1997, cuando Clayton Christensen, profesor de una escuela de negocios, publicó *El dilema de los innovadores*, un texto que se convirtió en la Biblia de Silicon Valley.[20] Lo que defendía —que las empresas emergentes hábiles podían provocar la caída de dinosaurios bien consolidados explotando las nuevas tecnologías— ofreció una justificación ética para adueñarse de las industrias existentes.

En febrero de 1999, Compaq compró Zip2 por 307 millones de dólares. Musk salió de allí con veintidós millones en el bolsillo.[21] Musk tuvo su recompensa, pero no por crear un negocio de provecho. Además de revelar el valor de la simbiosis con el Estado, Silicon Valley también puso de manifiesto otro aspecto que sería igualmente integral en el muskismo: el fabulismo financiero. El fabulismo es un género literario que mezcla fantasía y realidad. Los puntocomeros, de forma similar, contaban historias sobre las extraordinarias transformaciones que traería internet a la vida cotidiana de la gente, y con ello recaudaban miles de millones para construir el futuro que vislumbraban. El típico ejecutivo antiguo de Silicon Valley era discreto y especializado, conocido por su capacidad como ingeniero. El estilo llamativo de un Steve Jobs era la excepción, no la norma. Pero en los años noventa, a medida que aumentaba la financiarización en tecnología, los fundadores de empresas se vieron obligados a ser más carismáticos. Para conseguir una buena valoración, uno debía ser capaz de inspirar confianza. La ciencia ficción en boca de un buen emprendedor podía obrar una inesperada lluvia de capital.

Zip2 estaba perdiendo dinero cuando Compaq lo compró. En los años noventa, el valor de una empresa emergente no estribaba en las ganancias corrientes, sino en los imaginados beneficios futuros. Lo que distinguía a Musk no eran sus habilidades en ingeniería ni la perspicacia en los negocios, sino su creencia inquebrantable en el futuro y su talento para hacer que otros creyeran en él. Cuando recaudaba dinero para Zip2, construyó una caja grande alrededor de un PC normal y lo paseó por todas partes para que los capitalistas de riesgo creyeran que su software operaba en un superordenador. «A los inversores les impresionaba», recordaba Kimbal.[22]

DONDE ESTÉ EL DINERO

En 1995, Bill Gates profetizó que internet traería un «capitalismo sin fricción».[23] La segunda empresa de internet de Musk sería un intento de llevar a cabo esa promesa fusionando información y capital. El dinero, como los medios de comunicación, podía traducirse en código con facilidad. «Internet consiste en la transferencia digital de información en tiempo real y en ambos sentidos, y un pago es exactamente eso —dijo a una periodista—. Los pagos requieren poco ancho de banda y son digitales. Es una oportunidad fabulosa».[24]

Fundada en marzo de 1999, X.com prometía integrar el sistema financiero al completo —ahorros, cheques, préstamos, hipotecas, tarjetas de crédito, fondos de inversión, correduría y seguros— en un único sitio web. Sería «el lugar donde esté todo el dinero», declaró Musk.[25] Pero no era el momento. El auge de las puntocom llegaba a su fin. Cuando la burbuja empezó a deshincharse en marzo de 2000, hasta los disruptores más seguros de sí mismos se vieron forzados a adoptar estrategias defensivas.

La solución de X.com fue fusionarse con un competidor llamado Confinity, cofundado por Peter Thiel. En Confinity, Thiel y los demás fundadores habían desarrollado un servicio basado en la red para pagos entre personas llamado PayPal. En la primavera de 2000, paypal.com era uno de los destinos en línea más frecuentados del mundo, con más usuarios mensuales que la web de *The New York Times* y dos veces más que la de la liga de rugby.[26] Seis meses después de cerrarse la fusión entre X.com y Confinity surgió una lucha de poder que terminó con la expulsión de Musk. Thiel pasó a ser el director ejecutivo y rebautizó la empresa con el nombre de su producto de más éxito: PayPal.[27]

Gary Wolf, que escribía en *Wired*, observó en 1994 que el motivo del gran éxito del navegador Mosaic radicaba en que era «placentero».[28] Los usuarios podían deslizarse de una página a otra con un clic. PayPal aportó esa misma sensación al consumo en línea. El periodista Ric Manning describió en 2000 lo engorroso que era emplear giros postales o cheques para pagar las compras de eBay. «Los economistas llaman fricción a ese problema —escribió—, algo que impide que el mercado funcione con fluidez». PayPal, concluyó, era «el lubricante perfecto».[29]

Muchas de las figuras que constituyeron lo que se conoció después como la Mafia PayPal habían experimentado ese problema de primera mano. Thiel había pasado parte de su infancia en la Sudáfrica del apartheid y en el territorio sudafricano de África del Sudoeste (actualmente Namibia); David Sacks nació en Ciudad del Cabo un año después que Musk; Roelof Botha es nieto del último ministro de Exteriores de la Sudáfrica del apartheid. Todos ellos habían crecido en un lugar donde ni el capital ni la información circulaban con libertad. PayPal pareció ofrecer el antídoto: una tecnología que convertía el dinero en datos y lo hacía circular a la velocidad de la luz. En una conversación con una periodista de *The New York Times* en 2000, Sacks realizó una predicción muy clarividente. «Vas caminando por la calle, a unas manzanas de tu Starbucks favorito, sacas tu teléfono móvil, conectado a internet, miras la carta del Starbucks, le das a "expreso" y ya está enviado. Y no solo lo has pedido, sino que ya lo has pagado y ya puedes ir a buscarlo».[30]

LA CONTRARREVOLUCIÓN DIGITAL

Los años noventa fueron una época paradójica. Por un lado, el crecimiento de internet produjo una oleada de tecnoutopismo. En el primer número de *Wired*, en 1993, Louis Rossetto, cofundador de esta revista, comparó la «revolución digital» con el descubrimiento del fuego.[31] Rossetto era un libertario poco convencional en cuyo currículum nómada figuraba una estancia de tres semanas en Sudáfrica en 1985. Le encantó, sobre todo los bantustanes, esos territorios empobrecidos y pseudoindependientes creados por el régimen del apartheid para dar a los sudafricanos un simulacro de autogobierno.

Para Rossetto, la casi soberanía de los bantustanes era motivo de celebración: liberaba a sus residentes del control de las instituciones tradicionales.[32] La tecnología de la información prometía lo mismo, según su opinión. A principios de los noventa era una idea bastante alternativa, pero hacia el final de la década se había convertido en predominante. Venía en diferentes sabores, desde la variedad progresista encarnada por el vicepresidente Al Gore hasta la vena conservadora asociada con Newt Gingrich, el presidente de la Cámara de Representantes. Un rasgo común de todos, no obstante, era la antipatía hacia la burocracia, definida como un orden impersonal y basado en las normas. La tecnología digital, e internet en particular, prometían volver obsoleta la burocracia promoviendo formas de organización más reactivas y flexibles.

Sin embargo, todo este discurso sobre empoderamiento tecnológico enmascaraba una realidad muy distinta. En los años noventa ya se había acuñado un término para describirlo: la brecha digital.[33] ¿Un despliegue de cables submarinos? Solo uno había llegado hasta el África subsahariana al final del milenio.[34] ¿La gloriosa Babel, construida en línea? En 1998, el 75 por ciento de las webs empleaban el inglés.[35] La mayoría de los ordenadores que alojaban los sitios de internet se encontraban en Estados Unidos, lo que significaba que el tráfico de la red dentro de Asia debía realizar con frecuencia un trayecto de ida y vuelta a través del Pacífico.[36] Un detalle digno de Douglas Adams fue que la asignación de las direcciones de internet permaneció en manos de un único hombre con una barba estropajosa y pelo largo hasta 1998: Jon Postel.[37] Mientras tanto, la comercialización de internet iba creando una nueva élite en Silicon Valley, un proceso que solo interrumpió brevemente el crac de las puntocom.

«Lejos de llevarnos al edén de la tecnología punta —escribió el académico Dan Schiller en 1999—, el bien conocido funcionamiento del sistema de mercado está colonizando velozmente el propio ciberespacio».[38] Para los idealistas, internet prometía transparencia y horizontalidad; en la práctica, tendía hacia el monopolio y la homogeneidad. Al emigrar a América, Musk no se había librado del crudo mundo de desigualdades espaciales que dividía su barrio de Pretoria, lujoso y poblado de jacarandas, de los suburbios con chozas de hojalata que había a unos pocos kilómetros. No había hecho más que redescubrirlas a una escala mayor.

¿Y si la revolución digital era en realidad una contrarrevolución? La Sudáfrica del apartheid y Silicon Valley no distaban tanto como parecía. Ambas ponían su fe en la tecnología y en el pensamiento tecnocrático. Ambas estaban fascinadas por la figura del ingeniero y la mentalidad del ingeniero. (El economista alemán Friedrich von Gottl-Ottlilienfeld, al reflexionar sobre el fordismo en 1925, alabó su «dictadura de la razón técnica».[39] La frase podría aplicarse de igual manera tanto a la Sudáfrica del apartheid como a Silicon Valley). Es cierto que el valor declarado de los dos sitios era distinto. Los ingenieros del apartheid erigieron un sistema de opresión racial; el tecnoutopismo de los noventa, en cambio, equiparó la digitalización con la democratización. En la práctica, sin embargo, internet reconfiguró la desigualdad social en lugar de eliminarla. Silicon Valley hablaba el idioma de la libertad, pero era un idioma engañoso. El principio de la tecnocracia reaccionaria subyacía tras él.

LAS MONARQUÍAS DE SILICIO

La debacle de las puntocom que empezó en marzo de 2000 fue rápida y brutal. «No es frecuente ver cómo una industria se evapora tan deprisa y por completo», observó un periodista de la CNN.[40] En retrospectiva, no obstante, como dijo Peter Thiel, «el sueño de los noventa resultó estar en lo cierto».[41]

Lo que más admiraba Thiel de la época puntocom era su aspiración: que «la gente creía en ir de cero a uno».[42] Ir de cero a uno, como explica en su libro del mismo título escrito en 2014, significa realizar un acto singular de creación tecnológica. Una empresa que inventa algo radicalmente nuevo puede «ganarse» un monopolio, cosa que debería ser el objetivo de cualquier negocio.[43] La competencia y el capitalismo son conceptos opuestos, dice Thiel con intención provocadora, puesto que el capitalismo consiste en acumular capital, y no se puede acumular capital con tanta facilidad si se está compitiendo. Un monopolio, en cambio, «es dueño de su mercado, por lo que puede imponer sus propios precios».[44] Además, en realidad esas empresas son buenas para el mundo, ya que su preponderancia les permite «hacer planes a largo plazo» y «financiar ambiciosos proyectos de investigación con los que las empresas atrapadas en la competencia no pueden ni soñar».[45]

Así, las concentraciones elevadas de poder no solo son beneficiosas para la humanidad, sino que también son naturales. Para Thiel, «el reparto extremamente desigual» es solo la «ley del universo».[46] No todo el mundo puede ser Einstein o Shakespeare: en los negocios, igual que en la vida, unos pocos selectos dejan atrás a los demás. Esta resulta ser también la lógica del capital de riesgo: como la mayoría de las empresas emergentes fracasan, los capitalistas de riesgo solo pueden permitirse invertir en aquellas que posean potencial para rendir cuantiosas ganancias y así compensar todas las pérdidas que hayan sufrido en su cartera de valores. Según la perspectiva de Thiel, las empresas deberían estar estructuradas para reflejar y reforzar la desigualdad fundamental del mundo. Las empresas más innovadoras «parecen monarquías feudales» donde el fundador es el rey.[47] Solo un monarca-monopolista bien robustecido «puede tomar decisiones autoritarias, inspirar una fuerte lealtad personal y hacer planes a décadas vista».[48]

Thiel siempre se ha presentado a sí mismo como alguien que va a contracorriente. Pero el valor de *De cero a uno* —al que Musk proveyó de una nota promocional llena de admiración— reside en la agudeza con que resume la sabiduría convencional de Silicon Valley en su época de consolidación de las puntocom. Pierde dinero durante años persiguiendo el crecimiento. Crea un mercado, no un producto. No te preocupes por los ingresos hasta que no llegues a la hiperescala; entonces usa tu posición monopolista para conseguir megabeneficios. Idolatra a tu fundador como si fuera un príncipe visionario. (La portada del 19 de febrero de 1996 de *Time* sacó a Marc Andreessen, de veinticuatro años, sentado descalzo en un trono dorado).

Esas ideas cristalizaron en una doctrina que sería central en el muskismo: el emprendimiento como combate y la conquista como objetivo. «Al final, para él, el negocio es una guerra», observó un cofundador de X.com.[49] A Musk le encantaban los videojuegos como *Civilization*, en los que los jugadores deben conducir naciones desde su nacimiento hasta su supremacía, o bien se extinguen. Las empresas emergentes fueron sus equivalentes en el mundo real: pequeñas sociedades que luchan por la supremacía en un entorno despiadado. Como dijo Thiel más tarde: «Una empresa emergente es el proyecto más grande sobre el que puedes tener un dominio incuestionable».[50] El muskismo se tragó este credo de cabo a rabo: el fundador como comandante, el mercado como campo de batalla. Años después, Musk cambiaría el nombre oficial de su cargo en Tesla: pasó de director ejecutivo a tecnorrey.

Pero había una diferencia importante entre Musk y Thiel. Este creía que internet ayudaría a hacer realidad la privatización a gran escala de la soberanía. Uno de sus libros favoritos era *El individuo soberano*, de James Dale Davidson y William Rees-Mogg, publicado en 1997, en el que se planteaba que la digitalización inauguraría una nueva era de individuos «soberanos» que podrían liberarse del Estado.[51] De hecho, Thiel veía a PayPal encaminado en esa dirección. Lo describió como un intento de crear «una nueva moneda mundial, libre de todo control gubernamental y de dilución; el fin de la soberanía monetaria».[52]

Según este relato, los tecnorreyes de Silicon Valley se convertirían en reyes reales. El poder privado sustituiría al poder público. Musk no aspiraba a eso. Aquella intuición temprana sobre la importancia del Tío Sam y las experiencias en la Silicon Valley de los noventa le afianzaron la idea de que no había que huir radicalmente de los gobiernos. Al revés: estos podían disponer las condiciones para ganar dinero. El truco mágico del fundador era estar en un escenario construido por el Estado y sacar el futuro de la chistera.

El 22 de noviembre de 1998, *CBS Sunday Morning* emitió un reportaje sobre cómo los emprendedores de internet competían contra Microsoft, la empresa de tecnología más grande y dominante de la década. En él había una entrevista con Musk, entonces de veintisiete años. Cuando el periodista le preguntó cómo veía el futuro de internet, él contestó: «Creo que internet es el superconjunto de todos los medios de comunicación. Es el alfa y omega de los medios. Veremos la prensa, las retransmisiones, seguramente la radio, todos los medios en general integrándose en internet».[53]

La metáfora es significativa. En software, se denomina superconjunto a un lenguaje de programación que contiene las características de un lenguaje anterior pero con nuevas funciones añadidas.

Musk creía que internet sería eso mismo para los medios de comunicación. Asimilaría formas previas e introduciría una nueva función: la interactividad. En la entrevista para la CBS, Musk describió internet como «el primer medio de comunicación bidireccional que es inteligente». A diferencia de las revistas, la radio y los televisores, a internet se le podía responder.

Años más tarde, Marc Andreessen haría la famosa declaración de que «el software se está comiendo el mundo».[54] El superconjunto de internet al que se refería Musk era una versión temprana de la misma idea. Era también una teoría del poder disfrazada de descripción de un proceso tecnológico. Si todo se digitalizaba, entonces la autoridad la tendrían quienes controlaran el código. Quien fuera dueño del superconjunto dominaría también sus subconjuntos.

Thiel creía que la tecnología estaba creando las condiciones para escapar del Estado. En cambio, la idea de Musk sobre el superconjunto de internet era una metáfora colonizadora, no secesionista. Sugería un sistema dominante, no un reino paralelo. El superconjunto se construía sobre la jerarquía, «integrando» todo lo que tiene debajo, según la expresión usada por Musk. El superconjunto era otra palabra para decir «hegemonía». Todas las instituciones tradicionales eran posibles presas. El muskismo llevaría esta lección hasta el siguiente capítulo de su evolución, codo a codo con los gigantes de carne y acero.

3

LA SOBERANÍA COMO SERVICIO

El 10 de septiembre de 2001, el secretario de Defensa Donald Rumsfeld celebró una reunión general en el Pentágono. Convocó a cientos de altos cargos públicos en un auditorio enorme y les dijo que había identificado un «adversario» que suponía una «grave amenaza» para el país. La Unión Soviética había desaparecido, pero aún quedaba otro enemigo formidable. Ese enemigo, explicó Rumsfeld, era la «burocracia del Pentágono». Compartía algunos rasgos con el ya inexistente Estado soviético: querencia por la planificación centralizada, adicción al derroche y falta de eficiencia. Era deplorable que, debido a estos defectos, Estados Unidos no estuviera preparado para defenderse. La solución era modernizar el Ejército abrazando la «revolución tecnológica» que estaba transformando el sector privado: «Los negocios modernos de éxito son más austeros y menos jerárquicos que nunca. Recompensan la innovación y comparten información. Deben ser flexibles para encarar los cambios rápidos; de lo contrario, mueren».[1]

Ese era el espíritu de Silicon Valley. La burbuja de las puntocom había estallado, pero internet sobrevivió. Cada año se conectaban más millones de estadounidenses a la red. Google acababa de obtener sus primeras ganancias gracias a AdWords, su nuevo servicio de publicidad. Mientras tanto, las corporaciones estadounidenses bregaban por seguir el ritmo a la nueva era de la información experimentando con estilos de organización más dúctiles y conectados. Esa mentalidad era la que Rumsfeld quería trasladar al Pentágono. Como explicaría más adelante, el objetivo era que ciertos militares «se comportaran menos como burócratas y más como capitalistas de riesgo».[2]

A las 9.37 de la mañana siguiente, un avión se estrelló contra la fachada oeste del Pentágono, el edificio donde había hablado Rumsfeld. Durante los meses y los años que siguieron al 11 de septiembre, la Administración Bush transformaría el estado de seguridad nacional en nombre de la lucha contra el terrorismo, y Rumsfeld sería uno de los líderes de la iniciativa. Aprovechó la ocasión para hacer el Ejército que quería. La doctrina Rumsfeld priorizaba el empleo de fuerzas terrestres reducidas y rápidas, apoyadas por las aéreas y la tecnología avanzada. Para impulsar esa idea, externalizaría todas las funciones posibles al sector privado. Aniquilar la burocracia del Pentágono requeriría no solo la introducción del pensamiento empresarial, sino también los servicios de muchos emprendedores reales.[3]

El 29 de octubre de 2001, Rumsfeld creó la Oficina de Transformación de las Fuerzas, un pequeño laboratorio de ideas que tenía como cometido promover su proyecto en el Departamento de Defensa. Rumsfeld escogió como director a Arthur Cebrowski, un vicealmirante retirado que había dirigido la Escuela de Guerra Naval hacía poco tiempo. Durante los años noventa, Cebrowski se había inspirado en Silicon Valley y en el trabajo de Kevin Kelly, el editor de *Wired*, para promocionar lo que llamaba la «guerra centrada en redes».[4] Se trataba de una visión del combate adaptada a la época puntocom: el Ejército se parecería a internet; barcos, aviones y tanques intercambiarían información constantemente para detectar amenazas y coordinar respuestas. «Es la guerra como un juego de ordenador interactivo y de varios jugadores», comentó Bill Keller para *The New York Times* en un retrato ponderativo de Cebrowski.[5]

Algunos de los nódulos más importantes de esa nueva red bélica se encontrarían en el espacio. El Ejército de Estados Unidos llevaba empleando satélites para espiar a los ejércitos enemigos desde 1960.[6] Pero los satélites habían adquirido aún más valor para la guerra desde la aparición del GPS, que ofrecía al Pentágono un modo no solo de geolocalizar sus propias fuerzas en el planeta entero, sino también de asegurarse de que los proyectiles llegaban al blanco. Estados Unidos se sirvió de artillería guiada por satélite por primera vez en combate en la guerra del Golfo, en 1991. Durante la invasión de Irak, encabezada por Estados Unidos, en 2003, el 22,4 por ciento de las bombas y los misiles disparados a objetivos enemigos dependió del GPS.[7] El uso militar de comunicaciones dependientes de los satélites creció muchísimo también en ese periodo.[8]

Pero aunque el espacio pasó a ser un aspecto esencial del combate, permaneció estancado en el paradigma de la Guerra Fría. Los satélites geoestacionarios tradicionales eran como los ordenadores centrales: grandes, caros y difíciles de programar. Las guerras del futuro necesitaban algo equivalente a los ordenadores personales. En mayo de 2003, un mes después de que los estadounidenses entraran en Bagdad, la Oficina de Transformación de las Fuerzas lanzó el programa TacSat en colaboración con el Laboratorio de Investigación Naval para intentar satisfacer esa necesidad.[9] El propósito era demostrar la viabilidad de satélites pequeños y asequibles que fueran rápidos y baratos de desplegar. Cebrowski quería hacer realidad que un comandante en el campo de batalla pudiera pedir imágenes de una ubicación específica y recibir los resultados en cuestión de minutos.[10]

Para conseguir ese avance tecnológico, Cebrowski recurriría al sector privado. Al estimular el mercado comercial espacial, esperaba bajar los costes de la puesta de satélites en órbita, lo cual seguiría siendo muy caro mientras los cohetes fueran enormes armatostes que costaban miles de millones de dólares y los construyeran empresas aeroespaciales tradicionales como Lockheed.[11] El contrato para transportar el primer satélite de TacSat al espacio se lo llevaría una empresa emergente surgida solo hacía un año. Se llamaba SpaceX y su fundador era Elon Musk.[12]

TRAS EL TÍO SAM

En 2002, Musk se mudó de Palo Alto a Los Ángeles. «Diría que en este punto estoy un poco cansado de internet», había dicho a la CNN el año anterior.[13] En Silicon Valley, las empresas asomaban la cabeza por entre las ruinas que había dejado el crac de las puntocom y por fin encontraban un modelo de negocio: elaborar unos nuevos sistemas, llamados plataformas, que recababan datos de los usuarios sobre todo con el objetivo de vender anuncios.

Musk tenía otra cosa en mente. «Voy a colonizar Marte», le dijo a un amigo poco antes de trasladarse.[14] Space Exploration Technologies (SpaceX), la empresa que fundó en marzo de 2002, sería el vehículo para ese propósito. En octubre, eBay compró PayPal. Musk todavía era accionista principal y obtuvo ciento ochenta millones de dólares limpios, después de pagar los impuestos.[15] Ese dinero le vino de perlas para hacer realidad el proyecto de SpaceX. Mientras que Silicon Valley se encontraba en los inicios de la época de las plataformas, Musk se movió en sentido contrario: apostó fuerte por la maquinaria más pesada invirtiendo millones en una empresa de cohetes.

¿Por qué lo hizo? La mayoría de las opiniones sobre Musk apuntan a la fascinación que había sentido toda la vida por el espacio, en particular a su deseo, tantas veces verbalizado, de hacer que la humanidad sea «multiplanetaria».[16] Ese deseo estuvo desde el principio perseguido por visiones apocalípticas; uno de los motivos para colonizar Marte era asegurar la supervivencia de la civilización humana si una catástrofe diezmaba la Tierra, según creía.[17] En los sistemas informáticos existe una función llamada «tolerancia a fallos»: si un componente falla, otro se activa. Marte ofrecería un mecanismo de tolerancia a fallos frente a la destrucción de la civilización que Musk, influido por sus lecturas de ciencia ficción, esperaba que ocurriese. (La *Guía del autoestopista galáctico* empieza con la destrucción de la Tierra y la historia de la serie *Fundación* de Asimov arranca con el colapso de un imperio galáctico).

No obstante, hay otra manera de entender por qué Musk se interesó por la ingeniería espacial a principios de los años dos mil. Con la creación de internet, el Gobierno había ayudado a Musk a hacerse multimillonario. El espacio representaba la siguiente gran oportunidad de negocio con financiación pública. En una charla que impartió en Stanford el año después de fundar SpaceX, aclaró este argumento de forma bastante explícita:

> Creo que quizá haya aquí una analogía. La DARPA sirvió como impulso inicial para internet y al principio cubrió muchos costes de su desarrollo. Puede que la NASA haya hecho en esencia lo mismo al gastarse al principio el dinero en el desarrollo de algunas tecnologías

fundamentales. Y una vez que consigamos meter en ella el sector de la libre empresa comercial, podremos ver el enorme desarrollo que vimos con internet.[18]

Ambas, la DARPA y la NASA, se fundaron en 1958 como respuesta al lanzamiento soviético del Sputnik, hecho que pilló desprevenida a la clase dirigente estadounidense e incentivó sustancialmente la financiación federal en ciencia y tecnología. La DARPA se centró en la informática y las redes, e hizo las inversiones que desembocaron en internet. La NASA se focalizó en la carrera espacial, que culminó con las misiones del Apolo a la Luna. Al terminar la Guerra Fría, sin embargo, la razón de ser geopolítica de la megaciencia perdió importancia. En 1995 se privatizó internet. Musk intuyó que el espacio podría seguir una trayectoria semejante.

Se trataba de la lógica muskiana de la simbiosis con el Estado en busca de un nuevo ámbito. En el espacio, el Estado financiaría el desarrollo de «tecnologías fundamentales», como dijo Musk. Las innovaciones en ingeniería espacial costeadas públicamente serían esenciales para el éxito de SpaceX. Pero aún había más: el Estado sería también su cliente. «Veo como clientes a todas las agencias del Gobierno interesadas en el espacio», dijo a la CNN en 2004.[19]

En los años cincuenta, Silicon Valley había empezado de la misma manera: como un grupo de contratistas del Gobierno. Hasta contaba con un vínculo directo con el negocio espacial: las instalaciones que Lockheed tenía en Sunnyvale habían sido un centro importante de desarrollo de misiles, satélites y naves espaciales. (En 1995, Lockheed todavía tenía 10.400 empleados en Sunnyvale).[20] La decisión que tomó Musk de crear una empresa espacial les pareció extraña a muchos de sus coetáneos de Silicon Valley, pero en ciertos aspectos señalaba una vuelta a los inicios de la industria.

La jugada fue también oportuna. Musk había empezado su carrera como emprendedor de internet en 1995, el primer año del boom de las puntocom. Con SpaceX se colocó en los inicios de una nueva bonanza. Creó la empresa justo cuando la guerra contra el terrorismo y sus conflictos asociados inauguraron una nueva edad de oro en las contrataciones de defensa. Después de 2001, el gasto militar se incrementó de golpe y Musk se situó en posición de capitalizar.[21] Empezó por centrarse en el mercado de lanzamientos de satélites pequeños, lo que le proporcionaría la «base de ingresos» inicial a partir de la que abarcar poco a poco iniciativas más ambiciosas.[22]

El plan encajaba a la perfección con la visión de Cebrowski y Rumsfeld. Por una parte, la guerra centrada en redes requería de grupos de satélites pequeños y rápidos de desplegar que respaldaran operaciones ágiles; por otra, la doctrina Rumsfeld tenía como objetivo vigorizar la innovación militar adjudicando más proyectos a emprendedores como Musk. Peter Thiel, su antiguo colega de PayPal, tomó un camino semejante: cofundó Palantir, una empresa de análisis de datos, en 2003, justo un año después de la creación de SpaceX. (El libertarismo de Thiel no le impidió ser contratista del Gobierno). Palantir prometía descubrir terroristas con un software de minería de datos descendiente de las técnicas de detección de fraudes empleadas en PayPal. Su principal inversor era In-Q-Tel, una empresa de capital de riesgo fundada por la CIA durante la época puntocom.[23] Thiel peinaría las redes mundiales en busca de rastros de enemigos de Estados Unidos. Musk ayudaría al Pentágono a expandir su red orbital para cazar a esos enemigos desde el espacio.

En cierto sentido, la historia resultaba familiar: igual que durante la Guerra Fría, el Gobierno se asociaba con el sector privado para alcanzar sus objetivos estratégicos. Pero la configuración de esas asociaciones había cambiado. En la Guerra Fría, los contratistas desempeñaban un papel subordinado. Construían aviones, misiles y otros menesteres atendiendo a las especificaciones y a la supervisión del Gobierno. Al dar comienzo la guerra contra el terrorismo, Rumsfeld impuso un cambio de paradigma. Según su parecer, para que el Ejército fuera más eficiente y más empresarial, se precisaba aumentar el número de contratistas y ampliar el abanico de sus responsabilidades.[24]

En Afganistán e Irak, los contratistas muchas veces sumaban más de la mitad del total de la presencia militar estadounidense, un incremento colosal con respecto a conflictos anteriores.[25] Además, estaban relacionados con todas las facetas de la guerra, incluso con el combate, y normalmente operaban sin una supervisión estricta. La empresa militar privada Blackwater se hizo famosa en este sentido cuando sus mercenarios masacraron a diecisiete civiles en Bagdad en 2007.[26] Los contratistas se multiplicaron también en los servicios de inteligencia. Edward Snowden no era un empleado de la Agencia de Seguridad Nacional (NSA, por sus siglas en inglés), sino de Booz Allen Hamilton, un contratista de aquella.[27]

Así pues, la ampliación del estado de seguridad estadounidense después del 11-S tuvo lugar en paralelo a su privatización creciente. Esa evolución no surgió de la nada. Rumsfeld, que estaba a la cabeza de la iniciativa, se basaba en un dogma que habían seguido quienes dictaban las políticas desde los años setenta: la idea de que el sector público es de por sí ineficiente y debería externalizar sus funciones siempre que fuera posible. Dicha ideología, a veces conocida como neoliberalismo, conllevaba una forma de privatización en la que no solo el dinero, sino también el poder, fluían de las manos públicas a las privadas. Contratistas como Blackwater asumieron responsabilidades que antes habían estado circunscritas a las entidades soberanas, y además cobrando dinero por ello.

SpaceX haría lo mismo. La empresa comenzó como contratista militar durante la guerra contra el terrorismo. Después de obtener la contrata de TacSat concedida por Cebrowski y su Oficina de Transformación de las Fuerzas, Musk consiguió un contrato de ocho millones de dólares con la DARPA y las Fuerzas Aéreas en 2004 para construir un cohete que lanzara una nueva arma hipersónica capaz de descargar en cualquier lugar de la Tierra en menos de dos horas.[28] El año siguiente, 2005, se adjudicó a SpaceX un contrato con las Fuerzas Aéreas de cien millones de dólares para que les suministraran vehículos y servicios de lanzamientos orbitales de bajo costo.[29]

Pero SpaceX, como Blackwater, se beneficiaría también de la privatización del poder. La empresa fue pionera en un estilo nuevo de contratación aeroespacial en el que el Estado ya no dictaba las decisiones de diseño y producción, como en el modelo tradicional de la Guerra Fría, sino que serían los empresarios quienes estuvieran al mando.

LA INDUSTRIA AEROESPACIAL ÁGIL

SpaceX representó una evolución en el desarrollo del muskismo. La guerra contra el terrorismo nutrió un nuevo tipo de simbiosis con el Estado, a saber, uno en el que los contratistas militares comenzaban a desempeñar papeles antes reservados para el Gobierno. El muskismo absorbió la idea de que las empresas, al participar en esas asociaciones con el Estado, pueden asemejarse a él. El propósito no era eliminar el Gobierno, sino hacerlo vasallo suyo, de modo que solo pudiera ejercer su autoridad si compraba los servicios de un proveedor monopolista. En 2025, SpaceX era el responsable del 95 por ciento de los lanzamientos orbitales en Estados Unidos y de más de la mitad de todos los lanzamientos mundiales, con lo que el Pentágono, la NASA y otras agencias gubernamentales quedaban en una posición muy dependiente de Musk.[30] SpaceX se convirtió en la puerta que daba acceso *de facto* al Gobierno a la órbita terrestre baja. En esto consistía la soberanía como servicio: la lógica de la moderna plataforma de internet ampliada a la escala del Estado nación.

De todas formas, lo primero que debía hacer Musk era lanzar un cohete. En 2002 compró una nave industrial en El Segundo, en California.[31] El edificio se encontraba en mal estado. «Las planchas del techo estaban todas colgando y había daños causados por el agua y Dios sabrá qué más», recordaría su padre, Errol.[32] Pero la ubicación era ideal: estaba cerca del aeropuerto de Los Ángeles y en el meollo de la industria aeroespacial más importante del país.

El sur del condado de Los Ángeles había sido un gran fabricante de aviones, misiles y cohetes desde la Segunda Guerra Mundial. El Segundo presumía de haber alojado una enorme planta de construcción de bombarderos en picado durante la guerra. Sin embargo, cuando Musk llegó, a principios de los dos mil, el sector llevaba años en declive. El fin de la Guerra Fría le infligió un golpe catastrófico, pues el gasto militar se redujo drásticamente. En 1990 había 130.100 puestos de trabajo en ingeniería aeroespacial en el condado de Los Ángeles; en 2002, cuando llegó Musk a El Segundo para arrancar SpaceX, solo había 45.200.[33]

En los años noventa, mientras que la industria aeroespacial del sur de California había quedado deshecha, la tecnología del norte de California había alcanzado un estado de prosperidad sin precedentes. Musk llegó a El Segundo no simplemente como un *outsider* —un multimillonario de las puntocom que soñaba con Marte—, sino como un *outsider* que creía saber más que los que estaban en el negocio. Prometió llevar la magia de Silicon Valley a la construcción de cohetes. SpaceX está «estructurada como una empresa de tecnología de Silicon Valley porque esa es la manera en que sé estructurar empresas —dijo más tarde en el congreso anual de la National Space Society [Sociedad Espacial Nacional]—. Funcionó bien dos veces, así que esperemos que funcione también una tercera».[34]

Esto implicaría varias cosas. El interior de la sede de SpaceX sería diáfano, como en las empresas emergentes de tecnología. La estructura organizativa horizontal reducía la gerencia al mínimo: Musk hablaba con frecuencia de mantener una relación «señal/ruido» elevada, en la que los ingenieros fueran la señal y los directivos el ruido.[35] Se esperaba de los empleados que trabajaran largas jornadas a intensidad alta; a cambio recibirían acciones y la oportunidad de participar en la gran misión de llevar a la humanidad a Marte. No se parecía en nada a trabajar en Lockheed o Northrop Grumman. «Era esa mentalidad tan emprendedora de Silicon Valley con la que no estaban en sintonía ninguno de los ingenieros aeroespaciales de Los Ángeles», recordaba uno de los primeros empleados de SpaceX.[36]

Más particular era el enfoque que Musk daba a la producción. La ingeniería aeroespacial tradicional trabajaba despacio y con cuidado. En cambio, Musk pedía un enfoque rápido e iterativo. «La filosofía de Elon era construir rápido y aprender rápido», dicen unos cuantos ejecutivos aeroespaciales que trataron con él en los primeros tiempos de SpaceX.[37] No había que evitar los errores; era la manera de aprender. «Si no estamos reventando los motores, quiere decir que no nos estamos esforzando bastante», diría Musk después a un grupo de cadetes de la Academia de las Fuerzas Aéreas de Estados Unidos.[38]

Esa actitud era otra de las importaciones de Silicon Valley que databa de la época puntocom. En los años noventa, el crecimiento de internet fomentó un nuevo enfoque a la hora de escribir código. Antes, en el modelo convencional del desarrollo del software, a veces conocido como «en cascada», la dirección dictaba un plan que avanzaba por una serie de fases, desde el diseño hasta la ejecución. En cambio, los años noventa vieron el auge de un estilo diferente que se conoció como «ágil». Los programadores recuperaron el poder de manos de los directivos y rechazaron la planificación de arriba abajo en favor de la elaboración rápida de prototipos y la iteración constante. La ágil era una forma de programar ostentosamente antiburocrática y resultó encajar a la perfección tanto en el talante como en la tecnología del momento puntocom.

Lo tradicional era que las empresas sacaran software en soportes físicos. Uno recibía unos cuantos disquetes de Microsoft y los metía en el ordenador para instalar Windows. Con internet, en cambio, el código podía distribuirse a los clientes en cualquier momento, incluso sin que estos se dieran cuenta. La gente no tenía que hacer nada para ver la nueva versión de un sitio web: funcionaba y punto. Como la distribución continua pasó a ser la norma, los programadores, gracias al método ágil, trabajaban más deprisa.[39]

Musk tomó el método ágil y lo aplicó a la ingeniería aeroespacial. Pete Worden, general de brigada de las Fuerzas Aéreas, quedó impresionado por el espectáculo que ofrecían los ingenieros de SpaceX al trabajar: parecía como si «una pandilla de chavales de Silicon Valley estuvieran haciendo software —observó—. Se quedaban despiertos toda la noche intentando tal cosa y tal otra».[40] La empresa estaba organizada para facilitar esa forma de trabajar. Al reducir el número de directivos, los ingenieros tenían más poder para tomar decisiones sobre la marcha. Por otra parte, la distancia entre Musk y sus empleados era más corta. A Musk no le gustaba que su poder quedara diluido por una compleja cadena de mando; prefería dar órdenes en persona. En cuanto propietario y director ejecutivo, llevaba las riendas. Aunque delegara cierto grado de autoridad en sus ingenieros, se reservaba el poder absoluto para sí. Nunca se conformaba con limitarse a revisar asuntos de estrategia de alto nivel, sino que a menudo examinaba con lupa los detalles de cómo se hacían las cosas. Pero cuando había que tomar una decisión, fuera importante o secundaria, Musk siempre era rápido. Como diría Peter Thiel, las monarquías pueden moverse más deprisa que las burocracias. Sobre todo las monarquías organizadas según el método ágil.

ELIMINAR E INTEGRAR

El primer producto de SpaceX fue un cohete llamado Falcon 1. Su propósito era conseguir una reducción sustancial en los costes del lanzamiento. A principios de los dos mil, colocar en órbita una carga de 250 kilos costaba unos treinta millones de dólares. Musk quería que el Falcon 1 fuera capaz de transportar más del doble, unos 630 kilos, por siete millones.[41] Con ello perseguía cumplir, por un lado, su objetivo a corto plazo de acaparar el mercado de los cohetes para satélites pequeños y, por otro, su propósito a largo plazo de hacer de la humanidad una especie multiplanetaria. Sería imposible colonizar Marte hasta que enviar objetos al espacio fuera mucho más asequible. El Falcon 1 sería el Toyota Corolla o el Honda Civic de los cohetes, declaró: barato y fiable.[42]

Esta comparación daba una pista importante de la filosofía industrial de Musk que iba tomando forma en SpaceX. La gran capacidad de las empresas japonesas para fabricar coches baratos y fiables se debía en gran parte al modo de manufactura que habían desarrollado desde los años cincuenta hasta los setenta bajo el auspicio del Sistema de Producción Toyota. Este sistema se hizo conocido para el público estadounidense como «producción austera» (*lean*), un término popularizado por el libro superventas sobre Toyota, *La máquina que cambió el mundo* (1990).[43] Su influencia en el capitalismo estadounidense fue profunda pero irregular. La producción austera era menos una ideología unificada que una recopilación de principios, y cada sector asimilaría esos principios a su manera.

Un ejemplo de ello fue el software. Las empresas japonesas ponían énfasis en mejorar continuamente mediante cambios progresivos y equipos autoorganizados que tomaran decisiones por sí mismos. Estas ideas ayudaron a la formación del movimiento ágil en los años noventa; incluso una versión de este se llama «desarrollo de software austero».[44] Pero, aplicado a la fabricación, la interpretación estadounidense del Sistema de Producción Toyota sirvió para acelerar las tendencias ya existentes de externalización y deslocalización. Un modelo industrial más antiguo, asociado con Henry Ford, tendía a centralizar la producción en una sola empresa. Los japoneses optaban por distribuir y ensamblar el producto final con las piezas procedentes de proveedores independientes. En Estados Unidos, su ejemplo contribuyó a la descentralización de la producción cuando la fábrica fordista, que lo integraba todo dentro de sí, dejó paso a redes de producción flexibles organizadas en cadenas de proveedores globales.

La actitud de Musk ante esas modalidades era compleja. Por un lado, adoptó varios aspectos de la producción austera, sobre todo, el experimentalismo del «fallo rápido» propio del estilo ágil empleado en Silicon Valley en los noventa. Compartía también la obsesión japonesa por simplificar y evitar el despilfarro. Su instinto siempre era reducir la complejidad de los productos y los procesos industriales: «eliminar» se volvió una de sus palabras favoritas. Animaba a sus ingenieros a quitar elementos donde fuera posible; si la falta causaba algún problema, siempre podían volver a añadirlos más adelante.[45]

No obstante, había otros aspectos en los que Musk se separaba de la doctrina austera. En particular, abrazó un concepto que se había vuelto un anatema para la industria estadounidense a principios de los dos mil: la integración vertical. Como otros fabricantes, las empresas tradicionales aeroespaciales construían los cohetes a partir de los componentes provistos por los subcontratistas. Musk empezó a trabajar de esa manera, pero no le parecían bien los precios tan altos que cobraban los proveedores aeroespaciales, de modo que decidió producir internamente todo lo que fuera posible. «Si no hiciéramos los componentes nosotros mismos, estaríamos sujetos a esos costes tradicionales», explicaría más adelante.[46]

Gracias a la integración vertical, Musk podía ejercer mayor control en la fabricación de sus cohetes hasta el último detalle. «En general hemos visto que es más eficiente la integración vertical que la externalización», dijo en 2005.[47] Esa eficiencia se consiguió aplicando su implacable espíritu de simplificación y optimización en toda la cadena de suministros. «Cuestionad todos los requisitos», decía a sus empleados.[48] En su opinión, los únicos requisitos que importaban eran los dictados por las leyes de la física. No era válido decir que hasta entonces los cohetes se habían fabricado de tal manera. Tampoco era válido decir que el Pentágono y la NASA querían que los cohetes se hicieran de tal otra.[49]

Musk se quejaba de que la industria espacial tenía una «estructura normativa muy complicada» en parte debido a la larga lista de reglas que el Gobierno requería que cumplieran sus contratistas.[50] Esto resultaba en que los cohetes parecían trajes hechos a medida: los construían especialistas según meticulosas especificaciones, casi por completo a mano. En cambio, Musk quería fabricarlos en serie, en una cadena de montaje.[51] La insistencia que puso en la fabricación masiva y en la integración vertical recordaba al Detroit de Henry Ford. Él mismo reconocía la validez de esa comparación, pero con salvedades. «Él extraía el mineral de las minas —dijo Musk a un entrevistador—. Nosotros no estamos tan locos».[52]

Añadió otros elementos inspirados en las innovaciones de los japoneses. La fábrica de SpaceX estaba dispuesta de tal modo que los diseñadores, los ingenieros y los montadores de los cohetes estaban todos juntos en el mismo lugar. «Los que están en la línea de montaje deberían poder agarrar en cualquier momento a un diseñador o a un ingeniero por el cuello y decirle: "¿Por qué coño has hecho esto así?" —explicó Musk—. Si tienes la mano encima del fuego y te quemas, la quitas al momento, pero si es la mano de otro la que está en el fuego, tardarás más en reaccionar».[53] Los ciclos cortos de respuesta y la colaboración interdisciplinar eran dos rasgos definitorios del Sistema de Producción Toyota.

A principios de los años dos mil, cuando Musk se trasladó desde el norte hasta el sur de California y pasó de los bits a los átomos, concibió una metodología de fabricación que lo convertiría en el industrial más famoso del siglo XXI, primero en SpaceX y luego en Tesla. Tomó elementos de distintos estilos y épocas de la producción industrial para llegar a una síntesis propia que podría llamarse «fordismo austero». Centralizó con el fin de simplificar. Integró con el fin de acelerar. Ideó un modelo de producción perfecto para un rey ágil.

Musk se había propuesto construir un cohete. Pero es menos relevante qué construyó y más cómo lo construyó. Su biógrafo, Walter Isaacson, hablaría de una lección que Musk aprendió de su amigo el inversor Antonio Gracias: «No es el producto lo que lleva al éxito. Es la capacidad de hacer el producto de manera eficiente. Se trata de construir la máquina que construye la máquina. En otras palabras, cómo se planifica la fábrica».[54]

La tendencia de Musk a reducir la dependencia de proveedores externos y de concentrar todo lo posible la producción dentro de los muros de la empresa iba en contra de las corrientes globalizadoras de la década del dos mil, en las que la fábrica era un nódulo de una red de producción internacional cuya malla la formaban las cadenas de suministros. En cambio, el muskismo ve la fábrica como un enclave. Si bien esta perspectiva no iba a tono en los años dos mil, sí resultaría útil en las dos décadas siguientes, cuando SpaceX y Tesla sortearon los aranceles, las tensiones geopolíticas y las turbulencias en las cadenas de suministros de un mundo que se desglobalizaba.

DENTRO DEL ESTADO Y CONTRA EL ESTADO

Para la Administración Bush, la guerra contra el terrorismo representaba la lucha de la civilización ante un enemigo que amenazaba su existencia. Ganar esa lucha requería, según la doctrina Rumsfeld, una integración más profunda entre los sectores público y privado, integración que empezaría dentro del propio Estado. Los contratistas se volvieron más numerosos y poderosos durante los años dos mil porque ciertos pesos pesados del Gobierno de Estados Unidos creían que ceder más responsabilidades al sector privado iba a favor del interés público. Entre ellos no solo se encontraba Rumsfeld, sino también figuras como Pete Worden, que, como director del Centro de Sistemas Espaciales y de Misiles (en inglés, Space and Missile Systems Center), en Los Ángeles, fue el hombre que convenció a la DARPA y a las Fuerzas Aéreas para que dieran una oportunidad a SpaceX y le ofrecieran un contrato en 2004.[55]

El empeño de Musk por encontrar maneras más baratas de desplegar satélites pequeños atrajo a Worden porque él había pasado décadas buscando eso mismo. En concreto, había trabajado en la Iniciativa de Defensa Estratégica (SDI, por sus siglas en inglés) durante la presidencia de Ronald Reagan, en los años ochenta. Se trataba de un proyecto para desarrollar un programa espacial de defensa antimisiles que protegiera a Estados Unidos de ataques nucleares. Hubo una propuesta, «Brilliant Pebbles» [«Piedrecitas brillantes»], que habría movilizado miles de satélites pequeños equipados con misiles de localización por infrarrojos para interceptar misiles balísticos intercontinentales.[56]

Nunca llegó a utilizarse ninguna tecnología de la Iniciativa de Defensa Estratégica. Aunque el proyecto (al que los críticos le pusieron el mote burlón de «Guerra de las Galaxias») concluyó en 1993, asentó la idea de que el espacio constituía un importante terreno bélico, y en concreto espoleó al Pentágono para que financiara proyectos que redujeran el coste de poner recursos militares en órbita. Con este propósito, a principios de los noventa, Worden ayudó a financiar el prototipo de un vehículo de lanzamiento reutilizable llamado Delta Clipper.[57] (La mayoría de los cohetes, entonces y ahora, son desechables; sus componentes quedan destruidos al regresar o se abandonan en el espacio). Años más tarde, Worden pensaría en la Iniciativa de Defensa Estratégica como «el comienzo de una nueva tendencia espacial» que se alejaba de «las empresas aeroespaciales tradicionales».[58] Aunque los contratos más importantes de la Iniciativa de Defensa Estratégica iban a parar a las mismas empresas «de primera» que llevaban largo tiempo dominando la producción de misiles, como Lockheed y Boeing, el Pentágono también encauzaba dinero a unas pocas empresas más pequeñas y sufragaba experimentos como el Delta Clipper.[59]

Worden no era el único antiguo integrante de la Iniciativa de Defensa Estratégica relacionado con Musk. Había otros, como James Maser, que fue presidente de SpaceX durante un corto periodo, y Michael Griffin, un consejero de los inicios.[60] Musk incluso pidió a Griffin que ocupara el puesto de ingeniero jefe en su empresa, pero este lo rechazó y prefirió ser presidente de In-Q-Tel.[61] Cuando Musk se planteó iniciarse en el ámbito espacial, esperaba «volver a poner en ignición el sueño del Apolo».[62] Pero fue el sueño de la Guerra de las Galaxias, no el del Apolo, el que proyectó una sombra más larga durante los primeros años de SpaceX.

Para figuras como Worden, la Iniciativa de Defensa Estratégica ofrecía una visión donde la privatización del espacio ayudaría a impulsar su militarización. El sector de defensa se actualizaría en favor del capitalismo más austero, más rápido y menos regulado de los años de Reagan, y los emprendedores podrían desplegar sus energías para ponerlas al servicio de la supremacía mundial estadounidense. La guerra contra el terrorismo reavivó esas esperanzas: el propio Rumsfeld había sido un entusiasta de la Guerra de las Galaxias, así como un defensor incansable de la libre empresa.[63] La Iniciativa de Defensa Estratégica prefiguró el tipo de simbiosis con el Estado que dio sus frutos durante los años dos mil, cuando la revitalizada maquinaria de guerra estadounidense atrajo a Musk a su órbita.

No obstante, Musk no era un mero beneficiario pasivo de los cambios realizados por Worden, Rumsfeld y otros reformadores. Desempeñó un papel activo a la hora de conformar la nueva época de la asociación entre lo público y lo privado, y sacar partido de ella. Donde más claro queda este hecho es en la serie de acontecimientos que siguieron a su decisión de impugnar el contrato que había hecho la NASA con otro competidor solo dos años después de la inauguración de SpaceX.

En febrero de 2004, la NASA compró datos de vuelos a una empresa llamada Kistler Aerospace por 227 millones de dólares.[64] Kistler era, como SpaceX, una pequeña empresa privada emergente del ámbito aeroespacial, pero su director ejecutivo era George Mueller, una celebridad de la NASA que había dirigido el programa Apolo cuando este estaba en su apogeo. A Musk ese acuerdo, que no se había abierto a licitación, no le parecía trigo limpio. Presentó una queja formal al Departamento de Rendición de Cuentas del Gobierno (GAO, por sus siglas en inglés) argumentando que ese contrato debería haber salido a concurso antes de adjudicarse.[65] Cuando un comité del Senado lo invitó a Capitol Hill para que diera su parecer sobre el futuro de la exploración espacial, aprovechó para despotricar contra el contrato de Kistler y pedir «la oportunidad de competir en un terreno de juego equitativo con el fin de dar el mejor servicio a los contribuyentes estadounidenses».[66]

Era una jugada arriesgada. SpaceX quería ser un contratista importante del Gobierno. Ponerse en contra de él no parecía la mejor estrategia. Pero le salió bien. El Departamento de Rendición de Cuentas del Gobierno se puso de parte de SpaceX, y la NASA rescindió el contrato. Y lo más importante fue que el incidente empujó a la NASA a cambiar su relación con el sector privado, de forma que Musk salió directamente beneficiado.

En aquel momento, la NASA tenía un problema. En enero de 2004, el presidente George W. Bush anunció la retirada inminente del Transbordador Espacial STS. El programa llevaba un tiempo haciendo agua; la pérdida del Columbia el año anterior, en la que murieron los siete tripulantes que iban a bordo, fue la gota que colmó el vaso. Pero sin el Transbordador Espacial, la NASA no tenía la posibilidad de llegar a la Estación Espacial Internacional. Necesitaba alguna alternativa.

El enfoque defendido por Michael Griffin, el antiguo presidente de la Iniciativa de Defensa Estratégica y exconsejero de Musk al que en abril de 2005 nombraron administrador de la NASA, era dar rienda suelta al libre mercado. «Creemos que, cuando pongamos en marcha el motor de la competitividad, la provisión de esos servicios saldrá más económica que si tiene que llevarlos a cabo el Gobierno», anunció.[67] Como respuesta parcial al incidente del Departamento de Rendición de Cuentas del Gobierno, Griffin encabezó la creación de los Servicios de Transporte Comercial Orbital (COTS, por sus siglas en inglés), una iniciativa cuyo fin era desarrollar las capacidades del sector privado para trasladar cargamento y tripulación a la Estación Espacial. Se haría por un proceso de licitación; la NASA lo anunció e invitó a las empresas a que concurrieran.[68]

En agosto de 2006, SpaceX obtuvo con los Servicios de Transporte Comercial Orbital un contrato de 278 millones de dólares. El dinero serviría para construir un cohete nuevo y más grande, el Falcon 9, y una nave de carga, la cápsula Dragon, destinada a aprovisionar la Estación Espacial.[69] Los fondos no podrían haber llegado en mejor momento. Hasta entonces, la empresa había generado menos de cincuenta millones de dólares en ganancias y ya lo había gastado casi todo.[70] A Musk estaba agotándosele el dinero de su bolsillo para mantener abierto el negocio. El Pentágono, a través de Rumsfeld, le había proporcionado sustento al principio, pero el Falcon 1 todavía no había volado con éxito.

El dinero de los Servicios de Transporte Comercial Orbital fue un salvavidas. «Si no lo hubiéramos tenido, quién sabe si SpaceX habría sobrevivido o no», observó James Maser, el presidente de la empresa en aquel entonces.[71] El modelo del programa también fue a favor de los puntos fuertes de SpaceX. Los Servicios de Transporte Comercial Orbital ofrecían un contrato de «precio fijo», que consistía en que se le pagaba al contratista una suma predeterminada para que alcanzase ciertos objetivos. Ese modelo era distinto de los acuerdos «coste más beneficio» que habían imperado en la ingeniería aeroespacial desde la Segunda Guerra Mundial, en los que el Gobierno cubría los costes de una empresa y les sumaba unos beneficios garantizados. El coste más beneficio era lucrativo para las empresas grandes como Lockheed, pero socavaba la motivación para buscar cómo fabricar los productos de forma más barata. En cambio, la contratación a precio fijo incentivaba el tipo de implacable reducción de costes que Musk implantaba en sus fábricas.[72]

Otra distinción relevante entre los dos paradigmas concernía a la cuestión de poder. En el de coste más beneficio, el Gobierno le decía al contratista justo lo que debía hacer. Pagaba una suma extra a cambio de tener el control. Con el de precio fijo, en cambio, el Gobierno establecía un objetivo muy elevado, pero daba a la empresa la libertad de decidir cómo llegar a él. Por consiguiente, los contratos con los Servicios de Transporte Comercial Orbital conllevaban una carga normativa mucho más ligera. Por estar adjudicados por un poder especial de la NASA que se saltaba el proceso tradicional de contratación, no exigían que los contratistas cumplieran los detalles de las normas especificadas en la Regulación Federal de Adquisiciones.[73] Eso también fue en favor de Musk. La regulación salía cara: al minimizarla, podía hacer cohetes más baratos.

UNA EMPRESA CON LOS ATRIBUTOS DE UN PAÍS

El alboroto que armó Musk por el contrato de Kistler en 2004 había ayudado a estimular la creación de los Servicios de Transporte Comercial Orbital. Y estos, a su vez, marcaron el momento en que la NASA empezó a adoptar la contratación a precio fijo, una novedad que favoreció a SpaceX a expensas de los contratistas tradicionales. De todo esto había algo que aprender. Musk quería hacer negocios con el Gobierno ofreciendo un acceso más barato al espacio. Las optimizaciones que perseguía en la planta de fabricación estaban orientadas a ese objetivo. Pero no era suficiente. Para cambiar la estructura de costes de la industria espacial debía cambiar también su estructura normativa.

«La regulación muchas veces es irracional, y eso puede ser muy frustrante —dijo Musk en Stanford en 2003—. Es absurdo».[74] De modo que llegó a la siguiente solución: sería él quien decidiría qué era absurdo y qué no. Y no iba a ejercer esa autoridad con timidez, aunque implicara desafiar la ley. «Si las normas son de tal manera que no te dejan progresar, entonces hay que luchar contra ellas», dijo.[75] SpaceX lucharía de forma permanente contra las normas, ya las hubiera impuesto la NASA, el Pentágono o la Administración Federal de Aviación (FAA, por sus siglas en inglés).

Esas maniobras no trataban solo de quitar al Gobierno de en medio, sino en concreto de quedarse con su poder. La misma lógica de la privatización que permitió a Blackwater operar con libertad en Irak le otorgaba a Musk unos poderes que antes las entidades privadas no habrían podido ni imaginar. SpaceX disfrutaría de las ventajas de ser contratista del Gobierno sin tener apenas que sufrir su supervisión. Musk alcanzó esa posición con el apoyo de figuras clave de dentro de la Administración, lo cual es significativo: mientras él presionaba desde fuera, los funcionarios que le favorecían hacían cuanto podían para acelerar la externalización y la desregulación desde dentro.

Con frecuencia, esos funcionarios acomodaban sus maniobras como intentos de aumentar la competitividad de los aspirantes a contratos del Gobierno, de modo que los mercados dominados durante tanto tiempo por las principales contratistas de defensa se abrieran a empresas más pequeñas y menos convencionales. La ironía es que al final de este proceso —que empezó con la Administración Bush y continuó en la de Obama y después— se formaría un nuevo monopolio. La preponderancia de SpaceX en el mercado de los cohetes sería tal que adquiriría un poder mucho mayor que el que tuvo nunca una empresa como Lockheed.

Lo cierto es que SpaceX conquistó el mercado en gran parte al conseguir una reducción sustancial en los costes de lanzamiento. En este sentido, reformadores como Worden y Griffin tenían toda la razón al pensar que un cambio en la estructura de la contratación del Gobierno incentivaría la innovación que se necesitaba para abaratar el acceso al espacio. Pero ese ahorro tenía un precio: el Estado acabaría cediendo su soberanía hasta tal punto que se vería obligado a recomprarla poco a poco a una corporación.

En septiembre de 2008, el Falcon 1 entró al fin en órbita por primera vez, con lo que fue el primer cohete de combustible líquido desarrollado en manos privadas que lo consiguió. «Solo hay unos pocos países en el mundo que lo han logrado —anunció después Musk—. Suele ser cosa de un país, no de una empresa».[76] Pero el muskismo no consiste en sustituir países por empresas, sino en fusionarlos a ambos. En la década de dos mil veinte, el hecho de que Musk sea el dueño del mercado aeroespacial significa que los estados necesitan su infraestructura para conseguir sus objetivos.

ASALTAR EL CIELO

Con SpaceX, el afán muskista de la simbiosis con el Estado convergió con la tendencia privatizadora de principios del siglo xxi y siguió por ese cauce. La empresa se convirtió en una plataforma global para llevar a cabo proyectos nacionales, un proveedor de soberanía como servicio no solo para las agencias gubernamentales de Estados Unidos, sino también para otras de todo el mundo. SpaceX siempre había buscado hacer negocios con otros países: ya en 2003, la empresa había conseguido un acuerdo de seis millones de dólares con el Gobierno de Malasia para lanzar un satélite de comunicaciones.[77] Pero su máximo potencial como plataforma global para proyectos nacionales llegaría con Starlink, el servicio de internet por satélite que Musk anunció en 2015.

El servicio de internet por satélite existía desde hacía varias décadas, pero era muy lento. La innovación de Starlink fue traer los satélites más cerca de la Tierra, mucho más cerca. Los satélites geoestacionarios tradicionales orbitan a unos treinta y dos mil kilómetros de la superficie del planeta. Para aumentar el ancho de banda de internet, Musk decidió colocar sus satélites en la órbita terrestre baja, a unos seiscientos cincuenta kilómetros. Pero la cosa tenía truco: se necesitaban muchos más satélites.

En mayo de 2019, los cohetes Falcon 9 de SpaceX empezaron a colocar satélites Starlink en órbita. En 2025 ya había más de ocho mil, que sumaban dos tercios de todos los satélites activos.[78] Hoy, si uno mira al cielo nocturno y ve una lucecita que se mueve, es muy probable que pertenezca a Musk. En menos de diez años ha transformado los cielos. Sin que la mayoría de nosotros nos hayamos dado cuenta, las capas más bajas de la atmósfera se han convertido en una colmena de drones con velas solares que se comunican entre sí por láseres. Si Apolo representó la primera era espacial, la segunda es la de los satélites de vuelo bajo y alta velocidad que forman las «megaconstelaciones» de Starlink.

Starlink empezó su actividad comercial en 2021. Primero se centró en zonas de Estados Unidos donde la infraestructura tradicional de la banda ancha era limitada o inexistente. Pero no tardó en empezar a negociar con gobiernos de todo el mundo para conseguir aprobación normativa, y en 2025 daba servicio a más de cien países.[79] Starlink también pasó a ser contratista gubernamental, pues las agencias estadounidenses y de otros países le compraban suscripciones a internet por satélite. Otra fuente de dinero público que ha buscado Starlink han sido las subvenciones que se conceden para dar conexión a comunidades en las que el servicio es insuficiente: en 2020, la Comisión Federal de Comunicaciones (FCC, por sus siglas en inglés) de Trump concedió de manera provisional a la empresa casi novecientos millones de dólares para ayudar a que las casas y los negocios rurales tuvieran conexión a internet. Mientras que la Comisión Federal de Comunicaciones anuló la concesión cuando Biden estaba en el poder, la segunda Administración Trump ha reescrito las normas para crear un programa federal de subvenciones distinto con el fin de abrir el grifo para Starlink.[80]

Pero lo más importante es lo indispensable que se ha vuelto para los ejércitos contemporáneos. El punto de inflexión llegó después de la invasión rusa de Ucrania, en 2022, cuando los receptores portátiles de Starlink pasaron a ser instrumentos fundamentales de las fuerzas ucranianas para comunicarse y coordinarse en el campo de batalla. Esto sirvió como prueba de viabilidad de la idea para que el Gobierno estadounidense, que ya había cerrado un contrato de mil ochocientos millones de dólares con SpaceX en 2021 para construir una versión militar de Starlink llamada Starshield, realizara una mayor inversión. Starshield incorpora funciones adicionales, como comunicación encriptada, sensores de reconocimiento ópticos y de radio, sensores infrarrojos para la detección rápida de misiles y la capacidad de localizar y rastrear objetos en la Tierra.[81] Este sistema hace realidad el viejo sueño de la Guerra de las Galaxias: un enjambre de satélites baratos y ágiles que aseguren la supremacía espacial de Estados Unidos. Aunque algunos desaparezcan, el entramado sigue funcionando. Es la estructura de una red distribuida, lo que los funcionarios de defensa han empezado a llamar, actualizando el concepto de guerra centrada en redes de los años noventa, «guerra mosaico».[82]

Si bien la invasión de Ucrania dio a conocer Starlink al gran público, también puso de manifiesto los riesgos que comportaba el aumento de poder de SpaceX. Según su biógrafo Walter Isaacson, Musk desactivó el acceso a Starlink hasta a cien kilómetros de la costa de Crimea en septiembre de 2022 con la finalidad de impedir un ataque de los drones submarinos ucranianos a la flota rusa. Como los drones necesitaban conexión a internet, no funcionaban sin Starlink.[83] Isaacson cuenta que Musk actuó así a raíz de una conversación que había mantenido unas semanas antes con el embajador ruso en Estados Unidos, que le advirtió que una incursión en Crimea podría provocar una guerra nuclear. El periodista Ronan Farrow, que ayudó a divulgar el incidente, observó que «hay escasos precedentes de civiles que acaben siendo árbitros de una guerra entre países de una manera tan precisa».[84]

Al cabo de un tiempo, Musk negó la historia; tuiteó que Starlink ya estaba desconectado en la región, de modo que «SpaceX no desactivó nada».[85] Isaacson, por su parte, corrigió lo dicho aceptando sin reservas la versión de los hechos de Musk.[86] Sin embargo, en otro incidente distinto dado a conocer por Reuters, se reveló que Musk sí había cortado el servicio en el este de Ucrania más o menos en aquel momento, dando así al traste con una contraofensiva que tenían planeada los ucranianos en Jersón.[87] (Musk no hizo comentarios sobre el artículo y un portavoz de SpaceX calificó la noticia de «inexacta»). Después de que el ministro de Exteriores polaco advirtiera que su país se vería «forzado a buscar otros proveedores» si Starlink era un «operador poco fiable», Musk le espetó: «Cállese, don nadie».[88] Cuando un solo individuo es dueño de la infraestructura, no necesita ser cabeza de Gobierno para determinar la geopolítica.

Decir que el muskismo ofrece soberanía como servicio no implica que se trate de mera explotación. Si la soberanía significa no solo librarse de las interferencias, sino también tener capacidad de actuar, entonces los productos de Musk empoderan a las naciones. Docenas de países han usado SpaceX para poner sus propios satélites en órbita. España calificó el lanzamiento de su satélite con SpaceX como un paso hacia la «soberanía estratégica».[89] Pero este ejercicio del poder estatal depende de los caprichos de un solo hombre.

La apuesta del muskismo es que, en el futuro, la soberanía será infraestructural antes que territorial: estará definida por el acceso al ancho de banda, la potencia de cálculo, la frecuencia de los lanzamientos y las propiedades que se tengan en el espacio, tanto como por las fronteras y la burocracia. Durante los días de las puntocom, Musk había tratado el dinero como si fuera código. En SpaceX ha tratado las leyes y las normativas de la misma manera, como susceptibles de leerse y escribirse. Si la soberanía pudiera comprarse con una suscripción, los términos del servicio establecerían que el poder queda en manos privadas.

4

AUTONOMÍA ELÉCTRICA

El día que cumplía cuarenta y siete años, Barack Obama pronunció un discurso en un mitin de Lansing (Míchigan). Era el 4 de agosto de 2008, tres semanas antes de que aceptara oficialmente la nominación como candidato demócrata a la presidencia. Estados Unidos, advirtió, padecía una «adicción al petróleo extranjero», una de las amenazas más peligrosas e inminentes que había sufrido nunca el país. Quemar combustibles fósiles calentaba el planeta, lo cual ocasionaba sequías, hambrunas y catástrofes. Pero el problema no era solo el cambio climático. El mundo se estaba quedando sin petróleo. Por tanto, el precio de la gasolina seguiría subiendo —el petróleo acababa de alcanzar el máximo histórico de 145 dólares el barril— y ahogaría a los consumidores y los negocios. Entretanto, los países de Oriente Medio ricos en petróleo continuarían aumentando su poder, contribuyendo a crear más «inestabilidad y terrorismo» y arrastrando a Estados Unidos a conflictos más graves con «algunos de los países más inestables y hostiles del mundo». En verano de 2008, la guerra seguía azotando Afganistán e Irak.

La solución era, en una palabra, la autonomía. Obama reconoció que, desde Nixon, los presidentes estadounidenses habían perseguido la independencia energética. Si adoptaba «energías limpias, asequibles y renovables», Estados Unidos podría alcanzar por fin esa meta y librarse del cambio climático, la subida del precio de la gasolina y los atolladeros de Oriente Medio. También supondría generar trabajo, un montón de «empleos buenos y sindicalizados» que devolvieran la vida a Míchigan la cuna histórica de la industria automotriz estadounidense, que se reformaría para fabricar vehículos eléctricos e híbridos. «Para un estado que ha perdido tanto y ha luchado tanto en los últimos años, esto es una oportunidad de reconstruir y revivir vuestra economía», declaró Obama.[1]

El mes siguiente quebró Lehman Brothers. La crisis financiera que había empezado en 2007 se aceleraba. En noviembre, Obama salió elegido presidente. Prometió sacar el país de la desastrosa situación y «recuperar el sueño americano». Para llevar a cabo ese proyecto de renovación nacional, era clave la inversión federal en energías limpias, lo que el columnista Thomas Friedman llamaba el «New Deal verde».[2] Entre sus beneficiarios se encontraba Elon Musk.

JARDINES AMURALLADOS

La historia de Tesla se ha contado muchas veces, casi siempre como una historia sobre automóviles. Pero si damos crédito a Musk, Tesla no va solo de coches. «Es mucho más que lo que se suele pensar cuando se habla de una empresa de coches», explicó a sus accionistas en 2024. Luego les mostró un esquema del ecosistema de Tesla.[3] Era una cuadrícula. Un sedán rojo cereza (como el que Musk vendería más adelante a Trump en el césped de la Casa Blanca) no era más que uno de los trece elementos. Unos estaban relacionados con los vehículos (seguros, conducción autónoma), mientras que otros lo estaban con la inteligencia artificial, la robótica, los paneles solares, el almacenamiento de energía y hasta el refinado del litio, un componente clave de las baterías recargables actuales. Todo estaba unido por flechas, lo cual indicaba que era un sistema integrado.

¿Qué es lo que cohesiona las diversas piezas de este sistema? Desde el principio, Tesla ha vendido la promesa de la autonomía eléctrica: la idea de que la energía renovable puede fomentar la autosuficiencia. Es una idea que se puede proyectar a gran escala o a pequeña. Si aumentamos la escala hasta llegar al nivel del país, la autonomía eléctrica significa emplear vehículos eléctricos para asegurar la independencia energética de un país y liberarlo así de la supeditación al petróleo extranjero y los embrollos políticos que este conlleva. Si la reducimos hasta el nivel del individuo, significa utilizar los coches, los paneles solares y los sistemas de almacenamiento de energía de Tesla para dar herramientas a los particulares ante posibles fallos de la red eléctrica y catástrofes naturales en un mundo cada vez más inestable. Los analistas de la tecnología se sirven del término «jardín amurallado» para describir un entorno digital cerrado cuyo dueño y controlador es una única empresa. La App Store de Apple es el ejemplo típico.[4] El jardín amurallado del ecosistema de Tesla es una tecnología para fortalecer los muros del país y de la casa.

A lo largo de los años, Tesla ha ofrecido al mercado distintos modelos de autonomía eléctrica y ha adaptado su oferta según cambiaran las condiciones políticas. En su trayectoria ha explotado de manera lucrativa las ideas muskistas exploradas en los capítulos previos, desde la simbiosis con el estado hasta el fabulismo financiero y el futurismo fortificado. Tesla no solo es la empresa que más define a Musk a los ojos del público, sino que además representa el ejemplo más completo del muskismo en acción. Tres factores convergieron para hacer posible el éxito de Tesla.

El primero es el experimento que hizo Estados Unidos con el capitalismo verde en la década de los dos mil, apoyado por la Administración Obama en sus inicios. El objetivo fue provocar un boom de energías limpias que arrancara al país de la Gran Recesión y al mismo tiempo lo desenganchara de la adicción al petróleo que lo había empujado a la desastrosa temeridad militar de los años de Bush. Y esto se lograría, como es natural, gracias a la asociación entre lo público y lo privado: el Gobierno daría dinero a los empresarios con el fin de que construyeran un futuro posterior a los combustibles fósiles; con ello crearía oportunidades para posibilitar la simbiosis con el Estado que se revelarían indispensables para Tesla. Si SpaceX se había beneficiado de la guerra contra el terrorismo, Tesla se beneficiaría de la reacción adversa a ella.

El segundo factor que favoreció a Tesla fue la preponderancia cada vez mayor de Silicon Valley. En la década de los dos mil, la industria tecnológica empezó a cumplir, con retraso, lo que había prometido en la época puntocom: sacar adelante negocios rentables en internet, desde Google hasta Amazon, pasando por Salesforce o Netflix. El crecimiento del sector tecnológico se aceleró después de la crisis financiera, ya que, desde 2007 en adelante, los tipos de interés cayeron y los inversores se animaron a buscar ganancias más elevadas invirtiendo en fondos de capital de riesgo y en acciones de empresas tecnológicas que cotizaban en bolsa. Mientras tanto, la proliferación de los teléfonos inteligentes, las redes sociales y la informática en la nube creó nuevos flujos de ingresos en la década de dos mil diez. En 2013, Jim Cramer, la celebridad de la CNBC, hablaba de la operación FANG: Facebook, Amazon, Netflix y Google [en inglés, *fang* significa «colmillo»].[5] La tecnología se volvió sinónimo de valoraciones por las nubes y enormes márgenes de beneficio. La tecnología se había convertido en los gigantes tecnológicos.

Desde el principio, Tesla se promocionó a sí misma como una empresa tecnológica. Con su sede en Palo Alto, la empresa surgió durante el boom de las «tecnologías limpias» que barrió Silicon Valley en los dos mil. Tesla también se propuso digitalizar la conducción de los automóviles, como ilustra la decisión de colocar grandes pantallas táctiles en sus coches ya en 2012. Tres años después lanzó Autopilot, un sistema de conducción autónoma parcial de permanencia en el carril y control de velocidad que funcionaba a partir de la gran cantidad de datos registrados por la cámara y los sensores del coche, datos que la empresa centralizaba, procesaba y analizaba. «Es necesario que los fabricantes de coches piensen que sus coches son dispositivos conectados —dijo Musk entonces—, igual que los móviles o los ordenadores portátiles».[6]

El tercer ingrediente que propició el éxito de Tesla fue el auge de China. A mediados de la década de dos mil diez, la trayectoria ascendente de China había empezado a causar preocupación en la clase política estadounidense, en especial al ver cómo las inversiones chinas se expandían fuera de sus fronteras con la Iniciativa del Cinturón y la Ruta. La relación entre ambos países empezó a deteriorarse durante la presidencia de Obama y las tensiones se agudizaron durante el primer mandato de Trump, cuando la guerra comercial estalló oficialmente, en 2018. En los años siguientes, Estados Unidos impondría una serie de aranceles y prohibiciones a la exportación y Biden continuó con lo que sería una cruzada bipartidista para contener el poder chino. Esas maniobras señalaron la retirada del consenso de libre comercio de las décadas de los noventa y los dos mil. En la misma dirección iba el interés creciente de los políticos estadounidenses por devolver la manufactura a su país de origen mediante reinversiones y proteccionismo, una estrategia que adquirió renovada urgencia después de que los escollos en las cadenas de suministros provocados por la pandemia del covid pusieran de manifiesto la fragilidad de un mundo altamente integrado.

La desglobalización jugaría en favor de los puntos fuertes de Tesla. Cuando Musk empezó a adoptar la integración vertical en la década del dos mil, estaba desafiando a la sabiduría convencional. En la de dos mil veinte, pareció un visionario. La mentalidad de asedio propia de la Sudáfrica del apartheid, intempestiva en su época, contribuyó a alimentar una faceta del muskismo que armonizaba a la perfección con el espíritu de los tiempos. El enclave fabril del futurismo fortificado resultó ser una modalidad industrial que encajaba bien en un mundo en proceso de fracturación. Tesla no solo capeó el temporal; lo rentabilizó en medio del caos. Musk respondió ante la nueva realidad de competitividad interestatal convirtiendo a todo el mundo en cliente. Como SpaceX, Tesla proporcionaría una plataforma global para proyectos nacionales. El muskismo alcanzó su expresión más plena hasta la fecha en el sueño de la autonomía eléctrica.

EL VIEJO CAPITALISMO VERDE

Tesla la fundaron en 2003 dos ingenieros que querían erradicar la dependencia de Estados Unidos del petróleo extranjero. Martin Eberhard y Marc Tarpenning habían hecho un dineral al vender su empresa de lectores de libros electrónicos unos años antes y emplearon las ganancias para arrancar su siguiente empresa emergente de Silicon Valley: una dirigida a vender coches deportivos eléctricos a personas ricas y ecologistas del norte de California. En 2004 se pusieron en contacto con Musk para ver si estaba interesado en invertir en ella. A Musk le encantó la idea y se sumó a ella como financiador principal y presidente, y, con el tiempo, en 2008, acabó siendo su director ejecutivo cuando los dos fundadores se marcharon.[7]

Eran los años del boom de las tecnologías limpias en Silicon Valley. Mientras unos emprendedores creaban las primeras plataformas de internet, otros intentaban ganar dinero con paneles solares, baterías y otros productos de la transición hacia las energías renovables. Un impulsor temprano de estas fue Al Gore, un aliado de la tecnología desde hacía tiempo, que había promovido las primeras leyes relacionadas con internet en el Congreso y supervisado su privatización cuando fue vicepresidente en los años noventa.

Gore dio un giro a su carrera después de perder las elecciones presidenciales del año 2000. Se fue a Silicon Valley, donde fue asesor de Google y formó parte de la junta directiva de Apple. No obstante, se hizo más conocido por evangelizar sobre el cambio climático, que era el tema de su documental *Una verdad incómoda* (2006), ganador de dos óscars. El año siguiente, Gore se incorporó a la conocida sociedad de capital de riesgo Kleiner Perkins, ubicada en Silicon Valley, a petición de John Doerr, un famoso inversor que había hecho una fortuna gracias a internet.[8] Doerr vio que el siguiente objetivo de Silicon Valley sería la energía limpia. «Lo de las tecnologías verdes, las que están volviéndose verdes, es más grande que internet —declaró en 2007 en una charla TED—. Podrían ser la mayor oportunidad económica del siglo xxi».[9]

Esa oportunidad atrajo una cantidad significativa de capital. En 2001, las inversiones totales del capital de riesgo en tecnologías limpias ascendían solo a 365 millones de dólares. En 2008 habían llegado a los 6.650 millones.[10] Aun así, las figuras principales de las tecnologías limpias entendían que el sector privado no podía arreglárselas solo. «Lo que tenemos que implementar es una combinación del Proyecto Manhattan, el Proyecto Apolo y el Plan Marshall, y ampliarlo a escala global», dijo Gore a *Fortune* después de sumarse a Kleiner Perkins.[11]

El Gobierno respondió. El Congreso aprobó proyectos de ley energéticas en 2005 y 2007 que supusieron diversas formas de apoyo a las tecnologías limpias, desde mandatos sobre eficiencia energética hasta incentivos fiscales y garantías de préstamos.[12] Pero el inicio de la crisis financiera en 2007 y 2008 asestó un duro golpe a la industria. Musk la llamó el «Armagedón del mercado».[13] En ese pésimo momento, la victoria de Obama dio esperanzas. La Administración entrante estaba llena de pensadores que veían la crisis como una oportunidad, una ocasión para recomponer el sector manufacturero del país en dirección a las energías renovables y a la electrificación. Al fin y al cabo, Obama fue el primer «presidente de internet»; el uso inteligente que hizo de la red lo ayudó a impulsarse hacia el cargo. La industria tecnológica lo adoraba. Podía ser el salvador de la siguiente etapa de Silicon Valley.

Musk había tenido siempre intuición para volcar sus energías emprendedoras en sectores que pudieran beneficiarse de la munificencia del Tío Sam. Como dijo en una charla en Stanford en 2003, el Gobierno federal había financiado las tecnologías básicas de internet y del espacio. Zip2, X.com y SpaceX eran todas ellas criaturas del Estado.

Tesla lo sería también. Para simbiotizarse con el Estado aprovecharía una oportunidad que surgió en parte de cierto descontento general hacia la guerra contra el terrorismo. El principal miembro del grupo de presión de Tesla era Diarmuid O'Connell, antiguo jefe de gabinete del vicesecretario de Estado de George W. Bush para los asuntos político-militares. Todas las mañanas, en el Departamento de Estado, O'Connell leía el informe oficial sobre los soldados que acababan de morir en Irak y Afganistán. «No hacía más que pensar: esto es delirante. ¿Por qué seguimos en ese lugar?», recordaría más adelante. Al final se convenció de que la respuesta a esa pregunta residía en la dependencia del petróleo extranjero.[14] El hecho de ver la guerra contra el terrorismo desde dentro había despertado su entusiasmo por las energías renovables.

O'Connell presionó para que se legislara a favor de dar créditos fiscales a quienes compraran vehículos eléctricos, abaratando así los Tesla para los consumidores. La ley se aprobó el último año de la presidencia de George W. Bush como la Ley de Mejora y Extensión Energética de 2008. Pero su golpe maestro fue ayudar a que Tesla consiguiera un préstamo de 465 millones de dólares del Departamento de Energía, anunciado en junio de 2009. Gracias a él, Tesla sobrevivió a la experiencia casi mortal de 2008, que Musk calificó como «el año más horrible» de su vida.[15]

El dinero se adjudicó en el marco del programa de Préstamos para la Fabricación de Vehículos de Tecnología Avanzada, una iniciativa que había empezado en 2007, con el presidente Bush, para ayudar a que los fabricantes de vehículos y proveedores de piezas manufacturaran vehículos de combustible más eficiente. El Congreso no financió el programa hasta 2009, lo que dio a Obama la oportunidad de canalizar capital a empresas que se ajustaran a su visión del capitalismo verde. Como era una de las escasas empresas estadounidenses que fabricaban vehículos eléctricos en aquel tiempo, Tesla era una candidata evidente, aunque es de suponer que tampoco hizo ningún mal que el capitalista de riesgo Steve Westly, inversor y miembro de la junta directiva de Tesla, también fuera un importante recaudador de fondos para la campaña de Obama y copresidente de la campaña en California.[16]

El préstamo otorgado a Tesla generó controversias. En la época en que Obama juró el cargo, hubo quien protestó diciendo que el dinero de los contribuyentes iba a parar a una empresa que producía coches de cien mil dólares y cuyas existencias no llegaban a los doscientos vehículos. *The New York Times* se preguntó si no debería llamarse la «Ley 2008 del rescate financiero de individuos de ingresos muy muy altos que han invertido en Tesla Motors». «Solo pueden permitírselo los ricos —decía el titular—. ¿Deben pagarlo los contribuyentes?».[17] Sin embargo, los defensores de Tesla argumentaron que empezar por lo alto era una cuestión estratégica. Vender un modelo de lujo al principio era la manera de acabar con el estigma de que los vehículos eléctricos eran carritos de golf con pretensiones y allanar el camino para fabricar en el futuro modelos más asequibles. De hecho, Tesla había solicitado el préstamo del Departamento de Energía precisamente para ampliar la fabricación del recién anunciado Model S, un turismo que costaría cuarenta y nueve mil dólares (con el crédito fiscal).[18]

Y Tesla no era la única que buscaba ayuda federal; formaba parte de un sector rebosante de empresas emergentes dedicadas a las tecnologías limpias que esperaban que Obama acudiera al rescate. «Silicon Valley se ha reído del Gobierno durante décadas y ahora depende por completo de él —señaló un analista—. No pueden hacer despegar ningún proyecto sin esos préstamos».[19] Siendo más benevolentes, la nueva Administración Obama no estaba haciendo más que política industrial. Empleaba sus recursos y su influencia para dar un empujón a la economía estadounidense hacia un futuro con menos emisiones de carbono.

El mismo espíritu animaba el influyente programa californiano de Vehículos de Emisión Cero (ZEV, según sus siglas en inglés), creado en 1990, que conminaba a los fabricantes a que vendieran cada vez más vehículos sin emisiones de escape. Si no alcanzaban el umbral exigido, tenían que comprar créditos de empresas (como Tesla) que superaran ese umbral. El programa Vehículos de Emisión Cero, que adoptaron poco a poco dieciséis estados más y el Distrito de Columbia, pasó a ser una importante fuente de ingresos para Tesla y contribuyó a que diera beneficios en agosto de 2009, solo un año después de que sacara al mercado su primer coche, el Roadster. Con el tiempo, esa línea de negocio se dispararía. Alcanzaría su pico en 2024, cuando el 40 por ciento de los ingresos netos de Tesla procedieron de la venta de créditos, un subsidio indirecto pero esencial.[20]

NO A LA GUERRA POR EL PETRÓLEO

En retrospectiva, el primer mandato de Obama destaca por ser un raro momento de consenso con respecto a la necesidad de reducir la dependencia estadounidense de los combustibles fósiles, sobre todo los importados de Oriente Medio. Musk creía de veras que quemar combustible fósil calentaba el planeta, aunque no era el único motivo por el que quería electrificar la industria del automóvil. Tenía otra razón y era geopolítica: en el «precio real de la gasolina», dijo en una entrevista, estaban incluidos «los efectos secundarios de las guerras».[21]

En la época en que Obama ganó las elecciones de 2008, esa idea no era marginal. Nada menos que una figura como el exdirector de la CIA James Woolsey, que había servido a presidentes tanto demócratas como republicanos a lo largo de su dilatada carrera en el Gobierno, defendía los vehículos eléctricos por ser una manera de terminar con la dependencia del país del petróleo extranjero.[22] Igual que los drones eran capaces de matar a los enemigos de Estados

Unidos sin que las botas estadounidenses tuvieran que pisar el terreno (las operaciones con drones aumentaron de forma espectacular durante el mandato de Obama), los vehículos eléctricos podían evitar que el país se enredara en conflictos en desiertos lejanos. El zumbido insectil del motor eléctrico era el sonido de una nueva era en el poder estadounidense.

Musk prometía la autonomía eléctrica a los Estados Unidos de Obama. Igual que hizo con SpaceX, sacudiría la industria tradicional con la mentalidad y los métodos de Silicon Valley —y también gracias a la ausencia de estorbos típicos de la industria aeroespacial y automotriz como los sindicatos—. SpaceX había afianzado su posición al promover las metas de la seguridad nacional de los años de Bush. Tesla haría lo mismo, pero en la época de Obama. Los satélites y los vehículos eléctricos eran dos aspectos del mismo imperativo: proteger la patria.

En 2010, Tesla empleó el dinero del préstamo del Departamento de Energía para abrir su primera fábrica. Estaba en Fremont, en California, a cuarenta y tres kilómetros de Palo Alto, donde se encontraban las oficinas de la empresa. Con anterioridad, el edificio había alojado un consorcio entre General Motors y Toyota llamado New United Motor Manufacturing, Inc., creado en 1984 para ayudar a que los fabricantes de vehículos estadounidenses incorporaran las innovaciones del Sistema de Producción Toyota. Cuando la planta cerró, en 2010, Tesla la compró a un precio bastante reducido.[23] Mientras se preparaba para fabricar coches en cadena por primera vez, Musk echó mano de las lecciones aprendidas de la producción en masa de cohetes en el sur de California. Aplicaría y refinaría su filosofía del «fordismo austero» combinando pilares fundamentales fordistas, como la integración vertical, con la agilidad de la industria japonesa.

Un mes después de que Tesla acordara comprar la fábrica, la empresa salió a bolsa. Era la primera oferta pública de venta de una empresa estadounidense de automóviles desde que salió la Ford en 1956. Esa noche, Musk celebró una fiesta en la planta de Fremont. Alzó una copa y brindó: «Que le den al petróleo», dijo.[24]

Entonces, a principios de la década de dos mil diez, las tecnologías limpias se hundieron. Aunque la Administración Obama había invertido más de noventa mil millones de dólares en proyectos de energía limpia, la cantidad más grande en la historia hasta aquel momento, seguía siendo poco con respecto a lo que esperaba el sector. Los republicanos, que recuperaron el control de la Cámara de Representantes en noviembre de 2010, constituían un obstáculo para aumentar la financiación. El año siguiente, una empresa de energía solar llamada Solyndra, que había recibido 535 millones de dólares en garantía de préstamo federal, quebró. Los republicanos aprovecharon el episodio para atacar a Obama cuando empezó la campaña demócrata de reelección. Solyndra pasó a ser «el chivo expiatorio favorito de los conservadores que advertían de los peligros de la política industrial», en las palabras de la especialista Joan Fitzgerald.[25] Se prestó bien a ser la lápida que señaló el final de aquel momento breve y esperanzador.

Sin embargo, el auténtico asesino de las tecnologías limpias no fue la política, sino la tecnología. La «revolución del esquisto», que empezó a mediados de la década de los dos mil, transformó el paisaje energético de Estados Unidos. Con técnicas de «fractura hidráulica» (*fracking*) que se habían desarrollado con dinero federal de I+D, una serie de empresas pequeñas empezaron a extraer petróleo y gas natural de reservas enormes y antes inaccesibles. Entre 2007 y 2016, la producción de petróleo en Estados Unidos aumentó el 75 por ciento, y la de gas natural, el 39 por ciento. En 2018, Estados Unidos volvió a ser un exportador neto de petróleo después de casi setenta y cinco años.[26]

Se había conseguido la independencia energética, pero no por hacer verde el capitalismo, sino por haber encontrado una manera de aumentar notablemente la extracción de combustibles fósiles. Las tecnologías limpias perdieron su lustre. Los inversores huyeron: en 2011, según concluía un informe del Instituto de Tecnología de Massachusetts, «de las ciento cincuenta empresas emergentes de energía renovable fundadas en Silicon Valley durante los últimos diez años, casi todas habían cerrado o estaban en las últimas».[27] Lo que se había vendido como un giro revolucionario no tardó en verse como poco más que un rodeo caro, un despilfarro en tecnología punta. Pero el contraejemplo de Tesla siempre amenazó ese discurso, pues ofrecía una prueba real de que la política industrial

—lo que la economista Mariana Mazzucato llama el «Estado emprendedor»— podía funcionar.[28]

Tesla devolvió el préstamo al Departamento de Energía en 2013, nueve años antes de la fecha límite. Dos años después, Musk, en un movimiento simbólico, amplió la fábrica de Fremont y ocupó las antiguas instalaciones de la fallida empresa de energía solar Solyndra. Con anterioridad y de forma más discreta, Tesla había absorbido un viejo local sindical de la Unión de Trabajadores del Automóvil (UAW, por sus siglas en inglés), un guiño a los cambios que sufría la industria estadounidense.[29] Desde el principio, Tesla fue un patrón ferozmente antisindical.

¿Cómo lo hizo Musk? ¿Cómo se subió Tesla al tren de las tecnologías limpias y luego se las arregló para sobrevivir a su hundimiento? Musk diría que todo se reducía a cómo estaba diseñada la fábrica. Las innovaciones del fordismo austero pusieron en marcha formas eficientes de trabajar que ayudaron a la pervivencia de Tesla. Pero, para ir más lejos, Musk necesitaría apropiarse de más elementos de la cadena de suministros.

UN NUEVO PARADIGMA

Es raro ver cómo un paradigma de economía política cambia en tiempo real, pero hay un programa de *The Charlie Rose Show* de 2011 donde sí se aprecia. Sentado a la mesa enfrente de Rose estaba Musk, que acababa de cumplir cuarenta años. Representaba el futuro: Tesla había salido a bolsa el año anterior. En representación de la vieja guardia estaba Bob Lutz, un curtido ejecutivo de la automoción que había trabajado en los últimos tiempos en la General Motors. Lutz hablaba en nombre de un sector que parecía estar en pleno declive: la crisis financiera casi había matado a la industria automovilística estadounidense. General Motors y Chrysler, titanes del capitalismo de la posguerra, habían quebrado en 2009.

En la entrevista, Lutz desestimó la idea de que el cambio climático lo producía el hombre. Cuando le preguntaron por el rescate financiero, manifestó entre dientes sus temores: Chrysler se vería obligada a fabricar unos cuantos «carricoches verdes». Musk, en cambio, hablaba un idioma distinto. Iba bien afeitado, con un copete a lo Tintín y la camisa blanca almidonada de un contertulio de instituto. Uno de los encantos que tenía en esa época de su vida era su capacidad de explicar problemas complejos de ingeniería con la claridad de un excelente profesor. Cuando le preguntaron por el cambio climático, al principio dudó, pues no quería ofender a su compañero de debate, negacionista y mayor que él. Luego explicó que era como si la humanidad estuviera haciendo un gran experimento. Estábamos echando carbono a la atmósfera a un ritmo sin precedentes y esperando que el planeta no se cociera, dijo.

Musk fue también franco al hablar de los retos a los que se enfrentaba en Tesla. Como había dicho en una entrevista anterior con Charlie Rose, «lo más importante de todo» era la batería.[30] Hay muchos tipos de baterías. Las Duracell o las Energizer que utilizamos en los aparatos domésticos son baterías alcalinas de zinc y manganeso. El grueso rectángulo que enciende los motores de combustión interna está hecho de placas de plomo sumergidas en un baño de ácido sulfúrico. Por unas cuantas razones, ninguna de ellas es adecuada para los vehículos eléctricos. En los años noventa, algunos fabricantes empezaron a producir coches eléctricos con baterías de níquel-metalhidruro, lo que era una opción más viable, pero seguía presentando limitaciones importantes, como la densidad relativamente baja de energía y la eficiencia de carga.

El salto llegó con las modernas baterías de ion de litio. Aparecieron en el mercado comercial en 1991 con las videocámaras de mano CCD-TR1 de Sony. Durante esa década, las baterías de ion de litio fueron un elemento básico de la electrónica de consumo. Los ordenadores portátiles que se hicieron ubicuos en el nuevo milenio empleaban baterías de ion de litio. También las usaban los iPhones, que aparecieron en 2007. Pero fue Tesla la que demostró el valor de esta tecnología para los vehículos eléctricos.

En la conversación, Lutz reconoció ese hecho. El sentido común, dijo, era que el «litio no va a funcionar», pero Tesla estaba fabricando coches con una aceleración excelente y una autonomía de trescientos veinte kilómetros. Musk había visto cómo la convergencia de la nueva tecnología y la nueva demanda de los consumidores había creado un punto de inflexión en la industria automotriz, que era todavía uno de los sectores de manufactura más grandes del mundo.

CÓMO HACER UNA BATERÍA

Para transformar la batería que alimenta un ordenador portátil o un teléfono en una que alimente un coche, hay que hacer un gran salto de escala. Y, en consecuencia, un gran salto en la demanda de esos materiales. El producto inaugural de Tesla, el Roadster, el primer vehículo de serie completamente eléctrico y autorizado a circular por carretera que utilizó baterías de ion de litio, tenía 6.831 celdas individuales.[31] ¿De dónde las iban a sacar?

Al principio, Tesla conseguía las baterías de proveedores externos. Para el Roadster, en un inicio, el proceso consistía en comprar celdas de ion de litio a Japón, enviarlas a Tailandia para montar los paquetes de baterías y mandar estos después a Palo Alto para acoplarlos en los coches.[32] Esto puede parecer innecesariamente complicado, pero era el procedimiento estándar para las empresas estadounidenses de principios del siglo XXI. La filosofía de la época la encarnaba Steve Jobs, cuyos iPhones llevaban la famosa leyenda de «Diseñado por Apple en California. Ensamblado en China» desde su primera unidad, que salió en 2007. Para la mayoría de los fabricantes, la cuestión de la procedencia de los componentes y los materiales era sencilla: salían del mercado libre.

En las décadas de los noventa y los dos mil se llegó al pico de ese consenso del libre mercado. En 1995 se fundó la Organización Mundial del Comercio con el propósito de promover el comercio entre sus miembros. La entrada de China en la organización, en 2001, condujo a que las empresas estadounidenses aumentaran la externalización y la deslocalización, acelerando la tendencia de las últimas décadas. Desde la caída del Muro de Berlín, en 1989, hasta 2008, el total de las exportaciones mundiales se multiplicó más de diez veces en términos nominales.[33] Un producto podía cruzar varias fronteras durante su fabricación, ya que las cadenas de suministros se extendían por todo el globo. A finales de los noventa no era extraño que un producto tan simple como una camiseta se hubiera elaborado en diversos países, puesto que los fabricantes iban a la caza de salarios bajos y materiales baratos.

Una de las peculiaridades de Musk fue que se negó a depender del mercado global para conseguir los insumos indispensables para sus productos. Prefirió recurrir a la producción propia siempre que fuera posible. Era la lógica del futurismo fortificado, un modelo de autosuficiencia industrial que ya había implementado antes en SpaceX. No obstante, en Tesla, la integración vertical alcanzaría nuevas cotas. Los objetivos de Musk eran a una escala tan grande que las cadenas de suministros existentes quizá no serían capaces de soportar la presión a la que tenía pensado someterlas. En 2013, el director de tecnología de Tesla calculó que, si la empresa quería poner la fábrica de Fremont a pleno rendimiento, la demanda solo de baterías sería igual que la producción mundial total de baterías de ion de litio.[34] No tenía sentido cruzar los dedos y sentarse a esperar a que el mercado se pusiera a su altura; tendrían que fabricarlas ellos mismos.

Como Henry Ford un siglo antes, Musk vio que era necesario tener el control del proceso desde cero, desde la extracción de las materias primas hasta el producto terminado. Había que imaginar un nuevo tipo de fordismo. Para hacer sus propias baterías, Tesla tendría que construir, como dijo Musk en 2013, una «fábrica gigantesca de tamaño alucinante», la gigafactoría.[35]

Mientras que los pasos iniciales de la empresa fueron los clásicos ejemplos del Estado emprendedor en acción —una forma embrionaria de política industrial verde—, el paso siguiente, la creación de la gigafactoría, siguió un guion más convencional: foro de conveniencia y competitividad interjurisdiccional. Musk lanzó una campaña nacional de relaciones públicas en la que ofreció la idea de construir una planta colosal de baterías a varios estados a cambio de obtener exenciones tributarias y otros incentivos.[36]

En 2014 salió el ganador. En una rueda de prensa con el gobernador de Nevada, Musk anunció que Tesla construiría su primera gigafactoría en Sparks, justo a las afueras de Reno. En el aspecto logístico, Nevada estaba a una distancia conveniente de Fremont, a unas cuatro horas en coche, pero, hecho significativo, este estado no exige el impuesto de sociedades, mientras que en California es casi del 9 por ciento. Las leyes laborales también son menos estrictas en Nevada, así como la normativa medioambiental. California ha contado desde hace tiempo con protecciones a los derechos de los trabajadores, pero Nevada es un estado con derecho al trabajo desde 1953. En California, el reglamento sobre horas extra es también más favorable hacia el trabajador y las normas que rigen los horarios y la compensación son más estrictas.

En 2015, un proveedor de Tesla resumió las ventajas del enfoque de Musk en una conversación con un periodista del *Financial Times*. Recordaba que en una ocasión Musk había detectado un problema en la producción un viernes y había pedido a sus ingenieros que trabajaran todo el fin de semana para que estuviera resuelto el lunes. «Si hubiera sido la Ford, habría habido sindicatos —dijo el proveedor—. Habrían tardado dos años en arreglarlo».[37]

LA GIGAFACTORÍA CONTRA LA GLOBALIZACIÓN

La primera gigafactoría que fabricaba baterías de ion de litio a gran escala abrió en 2016. Su lógica era simple: garantizar los suministros para Tesla y reducir la dependencia de fabricantes externos. Por aquel entonces se firmó el Acuerdo de París, que impulsó la demanda global de energías renovables y aceleró la carrera por las tecnologías y los materiales de la transición verde. En retrospectiva, fue un momento crítico para el orden económico mundial, pues los países que dependían de la globalización empezaron a prestar más atención a las cadenas de suministros y a priorizar el control doméstico de los recursos. Musk estaba en armonía con el cambio.

China abrió el camino. Después de años de emisiones desorbitadas, Pekín se dispuso a dominar las energías renovables con empresas conjuntas, transferencias de tecnología y una competitividad implacable entre las empresas nacionales. En 2017, el Gobierno chino anunció una nueva ley que requería que los fabricantes de coches obtuvieran créditos por producir «vehículos de nuevas energías», como los completamente eléctricos o los híbridos enchufables, como parte de un impulso mayor para desarrollar la industria nacional de vehículos eléctricos y baterías. El avance fue rápido. Una empresa de baterías llamada Contemporary Amperex Technology Limited, o CATL, superó la producción de la planta de Tesla en Nevada a los pocos años de que esta última abriera.[38] El «big bang verde» de China estaba ligado a una iniciativa más amplia orientada a conseguir una autosuficiencia estratégica que se alcanzaría gracias a las políticas industriales domésticas del programa Hecho en China 2025 y las inversiones en infraestructuras en el extranjero por vía de la Iniciativa del Cinturón y la Ruta.[39]

Estados Unidos, intranquilo ante la creciente influencia económica y política de China, respondió con aranceles, prohibiciones a la exportación y un discurso de reindustrialización. El acuerdo de libre comercio de las décadas de los noventa y los dos mil se sustituyó por un nuevo consenso bipartidista geoeconómico: se dejó de alimentar la ilusión de que el mundo de la propiedad y el mundo del Gobierno podían aislarse el uno del otro.[40]

Musk estaba preparado para ese momento. Había trasladado la fabricación a su país antes de que se pusiera de moda. El énfasis que puso en acortar las cadenas de suministros e instaurar una producción integrada verticalmente anticipó a la perfección las corrientes desglobalizadoras que se intensificaron en la segunda mitad de la década de dos mil diez. Nunca perdió de vista que el poder de fabricar y el poder de gobernar estaban entrelazados. Durante la primera Administración Trump tuvo que tomar una decisión estratégica. Una opción era apostar más fuerte por el mercado estadounidense y ponerse del bando de su país en el orden desglobalizador mundial; otra opción era persuadir a China para que Tesla fuera socio suyo en su proyecto de desvincularse de Estados Unidos y conseguir la autosuficiencia económica y la autonomía estratégica. Había mucho dinero en juego. China es el mercado de coches más grande del mundo y Tesla no podía permitirse quedar excluido de él.

Musk, al verse ante la disyuntiva de escoger entre las dos superpotencias en competición, escogió las dos. En 2018 anunció que la segunda gigafactoría se construiría en Shanghái. El año siguiente consiguió mil seiscientos millones de dólares a interés bajo prestados por un consorcio de bancos chinos.[41] La fábrica haría coches, no baterías. De hecho, las baterías procederían de la CATL. Al producir Teslas en China, la empresa se saltaba las barreras arancelarias.

A finales de la década de dos mil diez, los contornos de la estrategia geoeconómica de Musk empezaron a definirse. Fabricaría coches chinos para los chinos y coches estadounidenses para los estadounidenses. En un mundo que se fracturaba, ayudaría a ambos países en sus proyectos hacia la autosuficiencia tecnológica y el fortalecimiento. Pero aún iría más lejos. Como les dijo a sus accionistas en junio de 2019, su objetivo era «tener una fábrica de coches en cada continente».[42] Cinco meses después anunció que se construiría una nueva gigafactoría en Brandeburgo, justo al lado de la capital alemana, Berlín.

Eso le permitía anclarse en el corazón de la Unión Europea, la tercera economía más grande del mundo después de Estados Unidos y China. El momento era significativo. En 2017, la UE declaró que tenía la intención de desarrollar una cadena de suministros para baterías de ion de litio en su territorio. Al año siguiente, la CATL anunció que construiría su primera fábrica europea de baterías en Alemania. Años después le seguiría otra en Hungría. «En realidad, pienso en este asunto en términos de soberanía —dijo el ministro de Economía francés Bruno Le Maire al *Financial Times* refiriéndose a los planes europeos de producir baterías—. La movilidad es una cuestión de soberanía».[43] En una época de fragmentación, el muskismo ofrecía una pauta: la soberanía gracias a las cadenas de suministros, la autonomía gracias a la electrificación. Al vender resiliencia a todos los bandos, Musk se aseguraba de que, quedara quien quedara en una posición más ventajosa, él también saldría ganando.

UN FUTURO VERDE OSCURO

Tesla siempre había vendido la idea de un futuro mejor. Era la marca de la casa y se dirigía a los compradores que tuvieran ingresos para comprar sus productos. El propio Musk encarnaba ese optimismo futurista. Desde 2008 hasta 2020, durante un periodo de créditos baratos y liquidez abundante, su estilo excéntrico fascinó a la mayoría de los analistas. En las reuniones de los accionistas de Tesla se intercalaban digresiones sobre oscuros temas de tecnología, pero el discurso general estaba claro: con mejores opciones para el consumidor y una política integral, el mundo se dirigía a un futuro más limpio y habitable. Pero la ciencia nunca ha apuntado en realidad hacia esa dirección. Los entendidos sabían cada vez con más certeza que la acumulación de carbono en la atmósfera había puesto en marcha cambios casi imposibles de revertir. En el paso del siglo xx al xxi, el debate que debía mantenerse ya no era sobre cómo evitar el cambio climático, sino sobre cómo mitigarlo y adaptarse a él.[44]

En otras palabras, el futuro no iba a ser solo una versión más verde del pasado. Habría que estar preparados para la erosión costera, fenómenos meteorológicos más intensos, sequías más prolongadas, incendios incontrolables, el agotamiento de las aguas subterráneas, una frecuencia creciente de fallos en la red eléctrica debidos al calor extremo o al frío inesperado. El futuro verde, si es que llega, será también sombrío.

Ya había señales de esa realidad y Musk parecía ser consciente de ellas. En lugares como el oeste de Australia, donde las olas de calor producían apagones, y en Puerto Rico, cuya red eléctrica quedó destrozada por el huracán María en 2017, publicitó sus productos como soluciones para las crisis estructurales. Musk instaló en Australia lo que entonces era la batería de ion de litio más grande del mundo para reforzar las redes eléctricas locales.[45] En Puerto Rico vendió baterías domésticas para ayudar a que la gente no se quedara sin luz.[46] Esas cosas no eran el elegante Roadster o el Model X SUV con sus puertas de ala; lo que Musk llevó a esos lugares fue Tesla Energy.

Tesla Energy es la sección de la empresa especializada en soluciones energéticas para las casas particulares. Sus empleados te instalarán unos paneles solares en el tejado de casa y Tesla incluso te dará financiación para pagarlos. También tienes a tu disposición el Powerwall, el sistema doméstico de baterías de Tesla, que puede almacenar el exceso de energía solar y suministrar electricidad de reserva si hay un apagón. El Powerwall salió al mercado en línea en 2015 y pasó a ser uno de los principales productos de la gigafactoría de Nevada. «La misión de Tesla de revolucionar una industria de coches de un billón de dólares —dijo Musk a unos periodistas— ofrece la oportunidad de revolucionar una industria pública eléctrica de un billón de dólares».[47] En esta versión de Tesla, lo importante no era la movilidad, sino la resiliencia. Lo fundamental era proteger tu casa ante un mundo cada vez más inestable y convertirla en una fortaleza alimentada por paneles solares y baterías. En 2019, la gigafactoría de Nevada empezó a fabricar el Megapack, una versión ampliada del Powerwall, que puede usarse para respaldar redes eléctricas enteras o abastecer «microrredes» en áreas remotas.[48]

El giro que se produjo desde el cielo radiante de los vehículos particulares hasta las nubes tormentosas de los apagones reflejó el cambio del espíritu de los tiempos. En 2020, las cadenas de suministros sucumbieron bajo el peso de las medidas restrictivas del coronavirus y el humor de Musk se enturbió incluso cuando las acciones de Tesla alcanzaban cotas sin precedentes. Cuando el Cybertruck por fin se puso a la venta en noviembre de 2023, después de años de publicitarlo, dio la impresión de ser la encarnación material de la nueva filosofía de Tesla. La lúdica ostentación del Roadster color cereza había desaparecido. En su lugar había un armatoste de acero inoxidable sin pintar que parecía más un vehículo blindado que un deportivo. Recordaba al extraño recorrido que hizo la Hummer en los años noventa, del campo de batalla al bulevar, pero el estilo del Cybertruck abrazaba de forma incluso más evidente la estética supervivencialista. Este no era un vehículo para un mundo mejor, era uno para lo que pudiera venir después.

Se trataba de una nueva variante del asunto de la autonomía eléctrica. Musk no solo vendía la soberanía a las naciones; también la vendía a los individuos. En 2021, frente a los accionistas de Tesla, con un pañuelo al cuello como un estiloso perro labrador, describió la tormenta de nieve que había vivido hacía poco en Austin, en Texas. Se quedaron sin electricidad y no pudo encender las luces ni conectarse a internet. Pero si hubiera instalado los paneles solares de Tesla y un Powerwall y se hubiera suscrito a Starlink, el servicio de internet por satélite de SpaceX, habría tenido cuanto necesitaba. «Vemos cada vez más fenómenos meteorológicos extremos», señaló Musk. Por suerte, Tesla proporcionaba «todo lo que necesita un preparacionista». «Si llega el día del juicio final, podría sernos útil».[49] La propuesta de valor era simple: en una época de colapso ecológico e institucional, todo irá bien en tu burbuja Tesla.

El cambio en el discurso de Musk a principios de la década de dos mil veinte parecía reflejar una pérdida de inocencia en relación con las energías limpias y alinearse con una visión más distópica del futuro. El discurso humanitario de los años de Obama desapareció. A medida que el problema climático y la crisis convirtieran el mundo en un lugar más atroz, no todos los humanos sobrevivirían. Musk deseaba ir un paso más allá y eliminar por completo a los humanos. El Cybertruck, como sugiere su nombre, se inspiró en el ciberpunk, un subgénero de la ciencia ficción. Los futuros del ciberpunk se caracterizan no solo por la existencia de una extrema desigualdad social, sino también por la desaparición y la desintegración del hombre debido a la automatización y las tecnologías de perfeccionamiento humano.

No fue casualidad, por tanto, que la presentación del Cybertruck coincidiera con un cambio de rumbo más amplio: a principios de la década de dos mil veinte, Musk empezó a subrayar que Tesla era una empresa de inteligencia artificial y robótica. El 19 de agosto de 2021, el primer «día IA» de Tesla, presentó a Optimus, el robot humanoide de la empresa, cuyo nombre hacía honor al personaje de los *Transformers*. «Puede decirse que Tesla es la empresa de robótica más grande del mundo», dijo refiriéndose a sus coches como «robots semisintientes sobre ruedas».[50] Se centró cada vez más —junto con los analistas que mantenían la ascensión meteórica de sus acciones— en conseguir vehículos de conducción totalmente autónoma, desde «robotaxis» a camiones articulados que prometían eliminar la necesidad de conductores humanos.

Musk siempre se ha centrado en «la máquina que construye la máquina». Su fantasía del futuro es, en cierto sentido, una fantasía industrial. En 2016 dijo por primera vez que su objetivo era crear lo que denominó un «acorazado alienígena»: una «fábrica oscura», como se las llama, sin ningún trabajador humano.[51] Podemos imaginarnos una ampliación de su modelo de integración vertical donde flotas de camiones autónomos transportan materias primas como el litio desde yacimientos ubicados en Estados Unidos. Unos robots descargan esa materia prima en una fábrica donde otros robots la transforman en celdas de baterías, que sirven para alimentar no solo los vehículos autónomos, sino también a los propios robots. El sistema entero funcionaría como un circuito cerrado.

En esta visión, la fábrica no es solo el medio de producción; constituye el mundo en sí. Toda la cadena de vida y trabajo se internaliza en un sistema único y sin fisuras: un Estado fabril soberano. Se trata de la autonomía eléctrica en una forma completamente automatizada, pero genera una pregunta más profunda: ¿autonomía para quién?

En la versión más extrema del muskismo, los seres humanos ya no son los sujetos de la historia, sino el andamio ya innecesario. El producto no es un coche, ni siquiera un robot. El producto es una infraestructura autorregulada en la que el mundo, como la fábrica, funciona por sí solo. No hay operarios, no hay trabajadores, solo una producción infinita que se desarrolla sin interrupciones ni intervenciones.

En febrero de 2020, cuando el mundo empezaba a echar el cierre, el arquitecto holandés Rem Koolhaas y su Office for Metropolitan Architecture (OMA) inauguraron una exposición en el Guggenheim de Nueva York. Una parte de ella estaba dedicada a la primera gigafactoría de Musk, la de Nevada, que se encuentra en un polígono industrial conocido como el Tahoe Reno Industrial Center (TRIC). Koolhaas había sido un célebre observador de Nueva York. Su libro de 1978 *Delirio de Nueva York* era una celebración del trazado urbano en damero de esta ciudad, que permitía experimentos sin límites dentro de elegantísimas restricciones. Más adelante analizó de manera similar las zonas económicas especiales chinas en un voluminoso libro escrito con sus estudiantes de la Escuela de Graduados de Diseño de Harvard.[52]

En el TRIC vio una continuación de esa labor de organizar el espacio. Koolhaas lo plasmó en verso libre:

Al tener lugar en el campo, el TRIC es una revolución furtiva...

Aquí los edificios no son para las personas, sino para las cosas y
las máquinas.

Despachados quedan miles de años de historia arquitectónica
y cultural.

Debates, predicciones, ideologías echadas por la borda. Es poshumano.

Estas estructuras se basan estrictamente en códigos, algoritmos,
tecnologías, ingeniería y rendimiento, no en la intención.

No hay una entrada formal; no hay usuarios, solo robots.

El único objetivo es no entorpecer el proceso.[53]

Se hacía difícil hacer caso omiso de la ironía: Tesla, que en su momento había sido un producto lanzado para facilitar la movilidad de los seres humanos, parecía prefigurar ahora un futuro carente por completo de ellos.

SEGUNDA PARTE

———

Cíborg

La primera mitad de este libro empezó con la idea de que el cambio histórico es un proceso irregular. El futuro siempre llega demasiado pronto; brota del subsuelo del presente. Los fundamentos del muskismo elaborados a lo largo de los cuatro capítulos precedentes muestran no solo la capacidad de tejer relatos sobre el futuro, sino también la importancia de la geografía y los problemas materiales de la fabricación. Como ideología ingenieril, el muskismo se postró ante las leyes de la física e incorporó ciertas disposiciones respecto a la fábrica que se remontan a la Sudáfrica natal de Musk y a Henry Ford. La integración vertical del muskismo no estaba en sintonía con las tendencias dominantes a principios de la década de dos mil diez, pero prefiguraba las corrientes desglobalizadoras de la década de dos mil veinte.

En la segunda mitad de este libro se trata un rasgo más reciente del muskismo: su interés por los cíborgs. A finales de los años noventa, cuando era un emprendedor puntocom, Musk habló de internet como un «superconjunto». Vislumbró que la red devoraría el mundo. Y eso es, en efecto, lo que ocurrió durante las dos primeras décadas del siglo XXI. El auge de las redes sociales y los teléfonos inteligentes nos ha llevado a vivir más en línea. Entretanto, la extraordinaria rentabilidad de las plataformas hizo de la industria tecnológica el sector líder del capitalismo estadounidense.

La digitalización generalizada y el nuevo orden de poder que originó darían forma a la nueva etapa del muskismo. A mediados de la década de dos mil diez, Musk empezó a convencerse de que la vinculación creciente con nuestros dispositivos auguraba una transformación mayor: los humanos estaban convirtiéndose en cíborgs. Los sistemas biológicos y digitales habían comenzado a fusionarse y a formar lo que él llamaba «colectivos cibernéticos» de inteligencia en red. El papel de Musk, según creía él mismo, era acelerar esa fusión. Pero existía un peligro. El colectivo cibernético, como cualquier sistema en red, podía infectarse. No era suficiente con acelerar nuestra fusión con las máquinas. Musk debía también tomar el control de las interfaces donde se producía la fusión, desde las redes sociales hasta los implantes neuronales y la inteligencia artificial, para asegurarse de que se fabricara el tipo correcto de cíborgs.

«Me lo compré antes de que Elon se volviera loco», decía la pegatina que empezó a aparecer en los parachoques de los Tesla a principios de 2025. Aludía a que el comportamiento de Musk en público se había vuelto más estrambótico desde 2020, mientras su ideología política tendía hacia la derecha; el proceso culminó en su estrecha colaboración con Donald Trump. Pero la pegatina del parachoques plantea una cuestión interesante. ¿Cuándo se supone que se volvió loco Musk? ¿Y es la locura la mejor manera de explicar lo que le pasó?

La segunda parte de este libro sugiere que la respuesta reside en lo que llamamos el «giro ciborguiano» del muskismo. El giro no nació de los delirios ciberpunk de un hombre, sino de un consenso bipartidista sobre hacia dónde necesitaba encauzar Estados Unidos sus mentes más brillantes y sus inversiones más cuantiosas. Musk no fue el único que tomó el camino hacia la síntesis cíborg. Él fue solo un tipo de indicador hipervisible de las consecuencias de fusionar la economía con el mundo digital cada vez más, un proceso que destruyó también los fundamentos de los partidos políticos tradicionales y alimentó el surgimiento de nuevos movimientos sociales disruptivos tanto de izquierdas como de derechas.

En el capítulo quinto se explora cómo Musk se ha ido sumergiendo en las redes sociales y cómo ha manipulado sus bucles recursivos para ganar dinero. Es un mundo de memes y espejismos orientado a crear ciclos de participación y vinculación. En el capítulo sexto comentamos los primeros experimentos de Musk con la inteligencia artificial y las interfaces cerebro-ordenador, así como las consecuencias de la pandemia. El capítulo séptimo habla de su obsesión creciente con lo que llama el «virus mental *woke*» y de las medidas que ha tomado para combatir esa infección: primero la compra de Twitter, luego la creación de su propia empresa de inteligencia artificial. Por último, en el capítulo octavo se sigue su cruzada contra la wokeidad en la Casa Blanca, en particular mediante la iniciativa del Departamento de Eficiencia del Gobierno (DOGE, por sus siglas en inglés), a la que se dedicó los primeros meses de la segunda legislatura de Trump.

El muskismo promete la soberanía gracias a la tecnología y en esta segunda parte de nuestro libro se ilustra la evolución de esa promesa. La siguiente fase conseguiría llevarse a cabo no solo con las gigafactorías y las plataformas de lanzamiento, sino también controlando el flujo de datos entre mentes y máquinas para prevenir contagios ideológicos. A medida que el mundo se digitaliza, nuestra realidad compartida estará cada vez más mediada por el software. Mientras la inteligencia artificial vaya ganando capacidad, la toma humana de decisiones irá desvaneciéndose. Las desordenadas contingencias de la vida darán paso a la limpia predictibilidad del código.

5

LA ALQUIMIA DE LA ATENCIÓN

En 2004, el gurú tecnológico Tim O'Reilly organizó la primera edición de una convención en el centro de San Francisco. Inversores y emprendedores se encerraron en un hotel durante tres días en los que dieron charlas estrellas como Marc Andreessen y Jeff Bezos. El tema era la «Web 2.0», un término que O'Reilly había empezado a usar hacía poco.[1] Si la Web 1.0 hacía referencia a la época puntocom que llegó a su fin con el estallido de la burbuja, la Web 2.0 describía la nueva economía digital que se alzó de las cenizas del estadio anterior. Podía expresarse en una sola palabra: plataforma.

Para O'Reilly, una plataforma era una «arquitectura de participación». En lugar de consumir pasivamente un sitio web, los usuarios se implicarían en él en calidad de cocreadores. El contenido aportado, su actividad y sus interacciones serían el combustible de la siguiente era de internet.[2] Como explicó John Battelle, redactor y cofundador de la revista *Wired*, en la charla inaugural de la convención, la Web 2.0 consistía en «construir tu negocio permitiendo que lo construyan tus clientes».[3]

Esos conceptos no eran del todo nuevos. La idea de que internet era un medio especialmente interactivo y participativo había sido una obviedad ya en el pensamiento puntocom de los años noventa. En 2005, O'Reilly escribió acerca de emplear «el poder de internet para aprovechar la inteligencia colectiva», pero podría haberlo escrito diez años antes.[4] Lo que había cambiado era que Silicon Valley por fin había descubierto un modelo de negocio que transformaba esas características en fuentes de ingresos.

La fórmula, que Google fue el primero en perfeccionar, era lo que la académica Shoshana Zuboff llamó más adelante el «capitalismo de la vigilancia».[5] Maximiza la participación de los usuarios para generar la mayor cantidad de datos posible sobre ellos. Luego monetiza los datos, sobre todo vendiendo anuncios personalizados. Gracias a esta estrategia, Silicon Valley superó los retos de la comercialización que habían frustrado a los puntocomeros y empezó a generar dinero real con internet. Las redes sociales empezaban a despegar precisamente cuando O'Reilly celebró el primer congreso de la Web 2.0: Facebook se creó en 2004, YouTube en 2005, Twitter en 2006. Esta nueva generación de empresas emergentes «sociales» definiría la Web 2.0 más que ninguna otra cosa.

La Web 2.0 no solo se basaba en tecnología inteligente, sino que era además producto de la política monetaria. Después de la crisis financiera de 2007-2008, la Reserva Federal bajó los tipos de interés a menos del 1 por ciento y los mantuvo así durante casi diez años. También emitió moneda para comprar bonos del Gobierno y otros valores. Los inversores que buscaban ganancias mayores dirigieron la mirada a Silicon Valley. Como señala el especialista Nick Srnicek, esa fue la economía política que facilitó el auge de las plataformas.[6] Si el Gobierno había generado las condiciones para el surgimiento de la Web 1.0 financiando la creación de internet, hizo lo mismo para la Web 2.0 estableciendo un largo periodo de dinero muy barato.

En 1998, Elon Musk había predicho que internet sería «el superconjunto de todos los medios de comunicación». La llegada de la época de las plataformas hizo realidad ese pronóstico: los ingresos por publicidad en los periódicos estadounidenses cayeron casi el 63 por ciento desde 2006 hasta 2016, mientras que los ingresos de la publicidad en línea crecieron más del 300 por ciento durante el mismo periodo, la mayoría de los cuales se los llevaron Google y Facebook.[7] Google superó el problema de la rentabilidad muy pronto: sus ingresos crecieron un espectacular 3.590 por ciento al cabo de menos de cuatro años de haber descubierto cómo monetizar los datos de los usuarios.[8] Aquellos periódicos en los que antaño Musk había querido innovar con Zip2 ahora se veían engullidos por el superconjunto de internet. La música, las películas y el resto de los medios de comunicación seguirían sus pasos.

Con el tiempo, también lo engulliría a él. En concreto, se obsesionó con las redes sociales. Pasaba muchísimo tiempo conectado y publicaba sin medida. Desde sus inicios, las redes sociales estaban pensadas para ser adictivas. Muchos fundadores fueron sabios y mantuvieron las distancias. Musk, en cambio, se zambulló de cabeza en ellas. No solo lo hacía por la gratificación psicológica, sino también por la económica. Descubrió que las redes sociales podían ser un motor muy poderoso para acumular capital.

Musk llevaba largo tiempo empleando el método del fabulismo financiero con el fin de recaudar dinero para sus empresas. Valiéndose de lo aprendido en Silicon Valley durante el auge de las puntocom, tejió persuasivos relatos de ciencia ficción para ganarse la confianza de sus inversores. En general, en su carrera siempre había cultivado el capital social con inteligencia. En público proyectaba el personaje de un donjuán *nerd*; quizá donde mejor quedó reflejado fue en su famoso cameo en la película de superhéroes *Iron Man 2*, de 2010. La descripción que se hace de Tony Stark, el protagonista multimillonario, se inspiró en parte en Musk.

En las redes sociales, Musk encontró una nueva herramienta para cultivar el capital social. Sin embargo, la dinámica era distinta. El superconjunto de internet absorbió los antiguos medios de comunicación, como Musk había observado en 1998, y les añadió una capa de interactividad. Las redes sociales eran espacios de conversación y disputa, de elogios desmedidos y peleas escandalosas. Los usuarios no se limitaban a interactuar, sino que competían por conseguir la atención de los demás. El concepto de marketing viral nació en los años noventa, pero las redes sociales le dieron concreción: «hacerse viral» describía cierto tipo de popularidad en línea que podía medirse con exactitud a partir del número de veces en que se reaccionaba ante algo o se compartía. Facebook introdujo el botón de «me gusta», con el pulgar hacia arriba, en 2009. Otras plataformas hicieron lo propio. En 2016, Facebook amplió el botón de «me gusta» e incorporó cinco emociones más: «me encanta», «me divierte», «me asombra», «me entristece» y «me enfada». Lo que el sociólogo William Davies llama «la economía de las reacciones» pasó a ser central en la economía real.[9]

Musk se volvería un experto en hacerse viral en Twitter. Es más, desarrollaría un estilo de explotar la viralidad para obtener valor perfeccionando una nueva técnica: la alquimia de la atención. La alquimia de la atención seguía el modelo de negocio de las plataformas: el objetivo era maximizar y monetizar la participación. Para Musk, la monetización no procedía de vender anuncios, sino de inflar los precios de los activos financieros. Potenció la participación con el bombo publicitario y el humor, y luego convirtió la participación en riqueza, en especial por medio de los memes y sus retoños monetizados: las monedas meme y las acciones meme.

William Gibson había expresado en 1994 sus temores de que internet se transformara en un «centro comercial de información». Un mercado privatizado sustituiría a la red pública. En la década de dos mil diez, internet ya se había convertido en un mercado donde la atención en sí constituía la moneda principal. Si la Web 2.0 consistía en explotar la «inteligencia colectiva» de la multitud cuando los tipos de interés estaban bajos, entonces la alquimia de la atención era un método ideal para ello. La política monetaria expansiva convergió con la fusión creciente de la tecnología y las finanzas y propició un momento histórico donde un solo hombre podía mover mercados con memes.

La alquimia de la atención no sería solo un módulo más del muskismo, sino que también contribuiría a dar lugar a una nueva fase de la evolución de este. Al abrazar Twitter y descubrir las ventajas financieras de su función de *feedback*, Musk fue convenciéndose de que la frontera entre los seres humanos y los ordenadores, entre lo orgánico y lo digital, se disolvía y de que para tener éxito era necesario adoptar esa disolución en lugar de luchar contra ella. La idea recordaba la imagen del mecha de los dibujos animados que veía Musk en su infancia, donde los pilotos humanos entraban en armonía con las máquinas inteligentes a través de una conexión neural. Lo hacían para defender su patria de peligros apocalípticos. El muskismo acabaría rigiéndose por una convicción comparable: para vencer, hay que fusionarse con las máquinas y no volver a desconectarse de ellas jamás.

WOKES Y TROLES

Una manera de enfocar la diferencia entre la Web 2.0 y la Web 1.0 es que la 2.0 cumplió las promesas que la 1.0 no pudo mantener, no solo en referencia al potencial comercial de internet (muy difundido por las puntocom, pero nunca consumado del todo), sino también al de su potencial político. Los utopistas de la tecnología de los años noventa veían el crecimiento de las redes informáticas como una fuerza democratizadora. «Si hemos aprendido algo de la caída del Muro de Berlín y de los gobiernos de Europa oriental —dijo el presidente Bill Clinton en 1993—, [es que] ni siquiera una sociedad totalmente controlada puede resistir los vientos de cambio que la economía, la tecnología y el flujo de información han traído a este mundo nuestro».[10] La tecnología fomentaría la causa de la libertad política al hacer que la información fluyera libremente.

A finales de la década del dos mil, esa idea parecía estar haciéndose realidad. La «arquitectura de participación» celebrada por O'Reilly como pilar de la nueva era de las plataformas iba consolidándose como herramienta poderosa para el activismo en todo el mundo. Los expertos empezaron a hablar de revoluciones de Twitter y revoluciones de Facebook.[11] En 2011, los levantamientos, desde El Cairo hasta Madrid o Atenas, se sirvieron de las redes sociales para coordinar y retransmitir sus luchas al mundo espectador. En julio de aquel año, *Adbusters*, la revista canadiense que popularizó la idea de *culture jamming* [resistencia a la hegemonía cultural] en los noventa, dio a conocer Occupy Wall Street [Ocupa Wall Street] con una imagen sorprendente: una bailarina encaramada en lo alto de la estatua del Toro del barrio financiero de Manhattan. «¿Qué es lo único que pedimos? —preguntaba el cartel, y daba la instrucción—: Traed tienda de campaña».[12] Mucha gente la llevó. La acampada en el Zuccotti Park empezó en septiembre y duró meses. En el país y en el mundo entero se extendieron movimientos que lo imitaron. En diciembre, *TIME* eligió personaje del año al «Protestatario». Entre los retratos incluidos en ese número estaba el de la bloguera tunecina Lina Ben Mhenni.[13] Miraba fijamente a la cámara con un portátil Apple cubierto de pegatinas bajo el brazo. «La dictadura no puede durar», decía el pie de foto. Las redes sociales parecían una herramienta que cambiaba la balanza del poder: debilitaban a los gobiernos y fortalecían la autodeterminación popular.

El *hashtag* político fue un constructo primordial del momento. Todos los movimientos necesitaban uno. Si no lo había, los periodistas extranjeros lo proporcionaban, como ocurrió con #Jasmine-Revolution [Revolución del Jazmín], que condujo al derrocamiento en 2011 del que fuera muchos años dictador de Túnez.[14] El símbolo de la almohadilla convertía frases en términos de búsqueda y arengas: la funcionalidad de internet se volvió expresión política. #LoveWins [El amor gana] alcanzó su pico después de que la Corte Suprema legalizara el matrimonio homosexual en todo el país; #JeSuisCharlie [Yo soy Charlie], tras el atentado en las oficinas de la revista en París. #BlackLivesMatter [Las vidas negras importan], que se usó por primera vez en 2013 cuando se absolvió a George Zimmerman por el asesinato de Trayvon Martin, surgió de nuevo después de que la policía asesinara a Michael Brown en Ferguson (Missouri) en 2014.

Para 2016, esas expresiones políticas se habían desplazado desde los márgenes hasta el centro del escenario. En el Code Conference de San Francisco de aquel verano, el director ejecutivo de Twitter, Jack Dorsey, apareció al lado de DeRay Mckesson, activista de Black Lives Matter, con una camiseta que decía «#Stay-Woke». (Las camisetas las habían hecho empleados negros de la empresa después del asesinato de Michael Brown a manos de la policía en 2014). Dieron una a todos los presentes.[15] *Woke* era una palabra con profundas raíces en la cultura negra: en 1938, el cantante folk Lead Belly había apremiado a sus oyentes a *«stay woke»* en una canción sobre los chicos de Scottsboro. *Stay woke* significaba mantenerse atento a las injusticias y a la posible violencia por parte de la policía y de los justicieros blancos.[16] Dorsey adoptó el término para su plataforma. Twitter ofrecía una manera alternativa de leer los relatos de los periodistas de ideología dominante y de proporcionar una perspectiva más genuina de los acontecimientos de actualidad.[17] Para él, la manera de mantenerse atento en el mundo contemporáneo era ir bajando por la pantalla y publicar.

En los años siguientes, el término sirvió para aglutinar todo tipo de políticas progresistas, amplificado por el megáfono de las redes sociales. Pero la red social *woke* de #HandsUpDontShoot [Manos arriba, no disparen] y #MeToo [Yo también] siempre estuvo acechada por su ofensivo *doppelgänger*: el internet de los troles. En 2003, un año antes de la creación de Facebook, otro adolescente experto en informática lanzó un sitio web llamado 4chan. Era un simple tablón de anuncios cuyo modelo era un predecesor japonés de nombre 2chan y su fundador era Christopher Poole, alias Moot, un estudiante de quince años de la ciudad de Nueva York. 4chan era una comunidad en red de humor y obscenidades pubescentes, cargada de insultos homófobos, racistas, sexistas y capacitistas. Y fue asimismo la incubadora de muchos pilares de la cultura de internet, como los memes.

El término «meme» lo acuñó el biólogo evolutivo Richard Dawkins en el capítulo final de su libro *El gen egoísta*, de 1976, donde lo describe como «una unidad de transmisión cultural», por ejemplo, una idea, una canción o una manera de vestir.[18] En los dos mil, el término se había alejado de su contexto original y pasó a significar una combinación de texto e imagen compartida en internet. Como explicó la experta en medios de comunicación Limor Shifman en un influyente libro, los memes se definían por dos aspectos: el mimetismo y la mezcla.[19] Como ejemplos tempranos compartidos en 4chan figuran los «LOLcats» [*LOL* son las iniciales de *laugh out loud*, «reír a carcajadas»; vendría a significar «gatos que dan risa»]: imágenes de gatos con un texto sobreimpreso escrito con errores intencionados en un lenguaje llamado «LOLspeak» [es decir, «manera de hablar que da risa»], como el icónico «I Can Has Cheezburger?» [«¿Puedo comerme una hamburguesa con queso?» escrito con errores]. La gramática visual era directa: una foto, fuente Impact blanca en negrita, una línea introductoria arriba, el chiste final debajo.

4chan también popularizó el estilo provocativo de escribir en internet conocido como troleo.[20] Los troles se propusieron boicotear con humor los intentos por crear un consenso colectivo representado por el activismo de los *hashtags*. Como ha mostrado la académica Whitney Phillips, no existe un acuerdo acerca de la etimología de la palabra «trol».[21] Unos dicen que cuando el término empezó a usarse en los foros de debate en línea en los años noventa, hacía referencia a la peluda criatura del folclore. Sin embargo, es más probable que se refiera al término *trawl*, empleado en pesca, que significa «pesca de arrastre». En la práctica ha venido a significar ambos: la persona que provoca una reacción es recompensada con la moneda del internet actual —la atención— y, al ocurrir eso, se convierte en algo grotesco y molesto. Si los usuarios *woke* publicaban para pedir justicia, los troles publicaban para pedir risas o *lulz* [alteración intencionada de LOL en plural no normativo, con *z*], acto descrito por el periodista Mattathias Schwartz como «la alegría de perturbar el equilibrio emocional del otro».[22] Los troles eran la mosca en la sopa de la tan anhelada esfera pública.

4chan empezó a ser conocido para un público más amplio en 2016, el mismo año en que Dorsey subió al escenario con la camiseta de #StayWoke en San Francisco. Durante la primavera y el verano de ese año, mientras Hillary Clinton y Donald Trump peinaban el país con sus campañas presidenciales, los estadounidenses, escandalizados, se enteraron de que los troles de internet llamaban a Trump «Dios Emperador» y se habían apropiado de un personaje de un cómic en línea llamado Pepe para propagar mensajes antisemitas y atacar a periodistas cuyo apellido pareciese judío.[23] En el sitio web de su campaña, Clinton publicó la sombría advertencia de que «la rana de los dibujos animados es más siniestra de lo que creen».[24] Encantados con aquel tirón, los troles redoblaron sus esfuerzos. Ya habían conseguido marcar un gol decisivo cuando Trump retuiteó una imagen de sí mismo como Pepe en la tribuna.[25]

En otoño, #MAGA [Make America Great Again: «Hagamos grande a Estados Unidos otra vez»] eclipsó a #BlackLivesMatter como el *hashtag* político más popular en Twitter.[26] Si estábamos ante una revolución de Twitter, no era del tipo que preferían muchos periodistas. Con la elección sorpresa de Trump en noviembre de 2016, el tono del debate público sobre internet cambió. Las nuevas palabras clave eran «información errónea/desinformación», «manipulación algorítmica» y «acoso en línea».[27] La preocupación por el posible papel de las operaciones de influencia rusas en las redes sociales pasó a ser un tema principal en el discurso dominante. A Mark

Zuckerberg se le convocó a Capitol Hill para testificar sobre si Facebook había contribuido a inclinar la balanza de las elecciones. En el Reino Unido hubo indicios de que una empresa llamada Cambridge Analytica había empleado oscuras estratagemas digitales para inclinar el voto por el Brexit hacia «Leave» [marcharse].

«Compartir» había sido el grito de guerra de la Web 2.0. El uso del término creció desde mediados de los dos mil hasta mediados de la década de dos mil diez, pero, según el académico Nicholas A. John, cayó en picado después de ese momento.[28] Una explicación razonable es que la gente ya no se dejaba engañar. Habían «compartido» sus vidas, pero las empresas las estaban vendiendo. En una audiencia del Congreso, en 2018, un senador mayor preguntó a Zuckerberg cómo gana dinero Facebook. Zuckerberg esbozó una sonrisita y contestó: «Senador, ponemos anuncios».[29]

A finales de la década de dos mil diez, la reputación de las redes sociales había entrado en una fase gris, lo que en un artículo académico se describió como la «crisis de la mediana edad» de las redes sociales.[30] Nunca tanta gente había usado las plataformas, sobre todo cuando los teléfonos inteligentes llegaron casi a saturar el mercado adulto, pero la opinión pública se había agriado. El 64 por ciento de los estadounidenses creían que las redes sociales no estaban mejorando las cosas, sino empeorándolas.[31] En lugar de hablarse de activismo en redes, se hablaba de la adicción a las redes. El entusiasmo había degenerado en preocupación.

En 2019, el superventas de Shoshana Zuboff *La era del capitalismo de la vigilancia* sistematizó el nuevo sentir general. El modelo publicitario de la Web 2.0, basado en los datos —y acogido en su momento como una brillante innovación en el mundo de los negocios que había convertido a internet en una fuerza inagotable del capitalismo global—, había pasado a verse como un monstruo que devoraba nuestra privacidad y destrozaba nuestras instituciones democráticas.[32] «Lo que está en juego —escribió Zuboff en el tono alarmista que pasaría a ser de rigor después de 2020— es la expectativa humana de soberanía sobre nuestra propia vida y de autoría de nuestra propia experiencia».[33]

CAPITALISMO TROL

Era un momento extraño para tomar la decisión de pasarse todo el día en internet, pero eso fue precisamente lo que hizo Musk. Hizo su primera publicación en Twitter en 2010, pero no pasó de ser más que un usuario ocasional de esta red. En 2015, su comportamiento empezó a cambiar. Ese año tuiteó 617 veces, un 226 por ciento más que el año anterior. Entonces empezó a volcarse en las lides de las redes sociales. En 2017 tuiteó 1.162 veces, una media de tres publicaciones diarias. En 2018 alcanzó las 2.288 publicaciones anuales. En 2024 publicaba una media de sesenta veces diarias y a veces llegaba a los cuarenta tuits en una hora.[34]

Para una persona que se dedicaba con tanta intensidad a la dura materialidad de Tesla y SpaceX —la extracción de minerales, la calibración de maquinaria, la reorganización del trabajo humano en la fábrica—, Twitter poseía el atractivo de la inmediatez. Ahí no había que preocuparse del litio. No había que forjar estrategias para tratar con el Partido Comunista Chino ni sortear a la competencia. Solo había *lols* con amigos ante decenas de millones de espectadores. La lógica de casino de las redes sociales le gustó a Musk. A cualquier hora podía meter una moneda en la tragaperras con la esperanza de hacerse viral.

Pero la inmersión en las redes sociales no solo era un alivio frente al estrés; también se convirtió en parte integral de la estrategia de negocio de Musk. Durante mucho tiempo se había tomado las críticas negativas de la prensa como algo personal (en una ocasión lo comparó con recibir una «tunda de culatazos de pistola») y repetía que los periodistas que eran críticos con él o con sus empresas se movían por intenciones ocultas.[35] En las redes sociales podía rebatir los titulares y tomar el control del discurso. «Con Twitter podemos hablar directamente a la gente», dijo a un ejecutivo de SpaceX en 2016.[36] Al saltarse la intermediación de los guardianes tradicionales de los medios, podía introducir más profundamente a los inversores en su realidad e intensificar el bombo y platillo de los productos nuevos y las características nuevas. Por analogía, el flujo de información se parecía a las famosas actualizaciones automáticas que llegaban a los Tesla mientras sus dueños dormían.

Su estilo comunicativo siempre había sido proléptico, anticipatorio. La lógica del fabulismo financiero trataba los futuros imaginados como si estuvieran ya en proceso de hacerse realidad, con lo cual las conjeturas podían generar efectos en el mercado antes de que hubiera madurado la tecnología subyacente. «Igual que el Estado soviético ofrecía la promesa de un futuro radiante a sus agotados ciudadanos —observó el crítico Phil Jones—, el éxito de Musk se sostiene en predicciones de que una tecnología excelsa se encuentra solo a diez años vista».[37]

Y, en Twitter, esas predicciones podían provocar efectos financieros al instante. En 2018, Musk tuiteó: «Estoy pensando en privatizar Tesla a 420 dólares. Financiación asegurada».[38] La cifra era una broma sobre la marihuana, pero los inversores se lo tomaron en serio: las acciones de Tesla subieron el 11 por ciento. La Comisión de Bolsa y Valores presentó una demanda civil. Tanto él como Tesla accedieron a pagar veinte millones de dólares en multas.[39] En cualquier caso, el incidente ofreció una prueba temprana de la rapidez con la que sus tuits podían mover mercados. En mayo de 2020 publicó que «el precio de las acciones es demasiado alto, en mi opinión» y Tesla cayó hasta un 12 por ciento.[40] En enero de 2021 añadió «#bitcoin» a su biografía en Twitter y la criptomoneda subió el 20 por ciento en una hora.[41] Era pura alquimia de la atención en acción. Como observó el periodista Marco D'Eramo, los seguidores de Musk eran su «capital real».[42]

Lo que solía pasar inadvertido a los analistas más agudos, no obstante, era el papel central que desempeñaba el humor (incluso el mal humor) en su paradigma. Musk había sido desde siempre el emprendedor que hacía cosas materiales. Pero a partir de mediados de la década de dos mil diez, su éxito procedería también de algo más tonto y efímero: los chistes en internet. El tono de los chistes delataba que procedían de granjas de troles como 4chan o Reddit y de círculos de juegos. A veces rozaban las fronteras de lo venenoso. En 2018, después de que Vernon Unsworth, un explorador de cuevas británico, criticara los esfuerzos inútiles de Musk para rescatar a doce niños que se habían quedado atrapados en una cueva en Tailandia, este lo llamó «pedófilo» en broma en Twitter.[43] Cuando se llevó a Musk a juicio, arremetió contra la prensa. Después de ganar el caso, despidió a su empresa de relaciones públicas.[44] Estaba ya rompiendo con los medios tradicionales de comunicación y acercándose al internet de los troles.[45] Las redes sociales eran sus máquinas de mensajes y, como había demostrado, también podían ser máquinas de dinero.

MUNDO MEME

En la década de dos mil diez estaba emergiendo lo que Nick Srnicek llama los «nuevos conglomerados». Facebook compró Instagram (en 2012) y WhatsApp (en 2014); Google pasó a ser Alphabet (en 2015), y Microsoft compró LinkedIn (en 2016).[46] Durante décadas, las empresas habían ido empequeñeciendo; después fueron haciéndose grandes.[47] Igual que en otras ocasiones, Musk se conjugó con estos nuevos elementos de economía política que aparecían en línea. Estos eran la expansión (y privatización) del estado de seguridad nacional, el surgimiento del capitalismo verde, la creciente preponderancia de Silicon Valley y el auge de China. A finales de la década de dos mil diez, el muskismo se manifestaba también en la economía meme del capitalismo trol.

En febrero de 2019, Musk apareció en la transmisión de PewDiePie, un *influencer* del mundo de los juegos, junto a Justin Roiland, cocreador de la serie de dibujos animados *Rick y Morty*, uno de los programas favoritos de Musk.[48] Roiland pidió a Musk que echara un vistazo a unos memes y los puntuara. En cierto momento, Roiland enseñó a Musk un meme hecho con la fotografía de su cara. «¿Flipas? —le preguntó Roiland—. ¿O ya lo has superado?». Musk se encogió de hombros. En aquel momento no parecía raro: se había convertido en la bisagra entre el caótico torbellino de las subculturas de internet y el estirado mundo del capital.

> Musk: Los últimos dos años han sido..., sobre todo el año pasado..., ha sido mundo meme.
> Roiland: Mundo meme.
> Musk: Sí. Mundo meme.

O, como dijo cinco meses más tarde en Twitter, «He devenido meme».[49] Sería una broma recurrente que haría; aludía a la famosa frase del Bhagavad Guitá que citó J. Robert Oppenheimer después de presenciar la primera detonación de un arma nuclear en 1945: «Ahora he devenido muerte, destructor de mundos». Si el objetivo de los programadores en el Silicon Valley de los años noventa, donde Musk se curtió, era pasar a un estado de flujo, a una especie de simbiosis con el ordenador, la repetida afirmación de que había «devenido meme» insinuaba algo parecido. Rendirse ante la cronología. Dejar que el medio dicte el mensaje.

Convertirse en meme era un fenómeno subjetivo que invitaba a la participación. Musk pasa la mayor parte del tiempo no retransmitiendo a su público, sino reaccionando a lo que publica. Aproximadamente tres cuartas partes de sus publicaciones son respuestas: no son declaraciones, sino interacciones.[50] Tal como ha observado el periodista Nick Bilton, no es habitual que un director ejecutivo incluido en Fortune 500 bloquee a los periodistas que no le gustan.[51] Y aún más raro es que se quede despierto toda la noche contestando a cuentas cualesquiera. A diferencia de los tradicionales titanes empresariales, Musk no se limita a hablar en internet; habla con internet. En otras palabras, si bien es posible considerar a Musk un egomaniaco o que padece afán de protagonismo, resulta interesante enmarcarlo de otra manera: como una persona cuya voluntad de entrar en el sistema como uno más, de jugar en igualdad con otros, es parte de su poder.

Ser un meme es ser modular, reutilizable, parte de una economía circular que no para de crecer. También forma parte del conjunto de tácticas de Musk. Algunas cosas «le preocupan», que otros saquen sus conclusiones, y bendice el relato de la multitud. En un sistema mediático gobernado por la viralidad, la suya es una forma optimizada de ejercer influencia. Cuanto más absurdo sea el contenido, más persuasivo será el efecto. Si la gente compra eso, ¿qué no comprará?

Musk estaba en consonancia con la sensación general de desencanto hacia internet: la gente había dejado de creer que los espacios digitales fueran esferas públicas resucitadas o motores de justicia social y se veían como lugares de *doomscroll*, sadismo y regodeo ante el mal ajeno. Los usuarios más avezados de Twitter se referían a la plataforma como «el infierno». En su aspecto más productivo, era algo más sencillo, crudo y seductor: un lugar donde hacer dinero. Aquí viene todo el mundo, a hacer que suba la bolsa.

HISTORIAS DE DOGE

En la década de dos mil diez, los memes fueron dejando atrás sus orígenes en tablones de anuncios y, al convertirse en un fenómeno masivo en las redes sociales, su estética evolucionó. Por encima de la imagen había fragmentos sueltos de texto en letra Comic Sans de distintos tamaños con los colores del arcoíris, en sustitución de la Impact blanca. La estrella del nuevo estilo fue un perro *shiba inu* de Japón con los ojos muy abiertos que pronto se conocería como Doge.

La historia de Doge ilustra cómo ciertos constructos remotos de internet migran al discurso dominante. El término «doge» apareció por primera vez en 2005, en un capítulo de una serie en línea en la que salían dos títeres de calcetín en el escenario de una oficina. Uno no deja de repetirle al otro que es su «d-o-g-e», una pronunciación errónea de la palabra *dog* [«perro»] con intención hilarante. Cinco años más tarde, una maestra de guardería japonesa colgó fotos de su fotogénico *shiba inu*. En 2013, los usuarios de Reddit y Tumblr combinaron una de esas imágenes con la palabra mal escrita «doge», y así nació el meme. Al poco tiempo le colocaron texto en inglés incorrecto: «so scare» [«muy miedo»], «much wow» [«mucho oh»], «very art» [«muy arte»].[52]

En principio, parte de la gracia de los memes era su inutilidad total. Valían la carcajada o el breve destello del reconocimiento por parte de otro usuario. En 2010, el fundador de 4chan apareció en el congreso anual de TED para explicar que el modelo comercial de 4chan era que «en realidad no [había] ninguno».[53] En 2013, la tensión entre el juego burlón y la mercantilización incipiente se puso de manifiesto cuando dos ingenieros crearon el dogecoin, una «criptomoneda paródica descentralizada» basada en el meme del *shiba inu*, según las palabras de sus inventores. Su sitio web estaba adornado con frases que aparecían y desaparecían como «such currency» [«tan moneda»], «how money» [«cómo dinero»] y «v rich» [«m rico»].[54]

El chiste estaba en la disyunción entre una mascota tontorrona y la lógica especulativa de la riqueza digital. El dogecoin nació como una broma, pero la broma resultó ser de provecho. Se benefició del interés aún minoritario por las criptomonedas, un sistema posibilitado por la tecnología *blockchain*. El bitcoin, la primera moneda basada en el *blockchain*, había salido en 2009 y tenía un valor de unos 830 dólares por moneda cuando apareció el dogecoin. (En 2025, el bitcoin se cotizaría por más de cien mil dólares).

Los creadores del dogecoin querían subrayar la inutilidad dadaísta del meme como dinero. Un cómic que circulaba en una página de Tumblr llamado *Fuck Yeah Dogecoin* [*De puta madre el dogecoin*] captó el sinsentido. Un muñeco de palo mira una noticia de última hora: «Con el colapso del dólar, el Gobierno respalda una moneda alternativa. La riqueza monetaria que tiene usted ahora está determinada por el número de imágenes graciosas que guarda en su ordenador». Debajo se leía: «He estado preparándome para este momento toda la vida».[55] ¿Qué podría ser más ridículo que tomarse un chiste así en serio?

Entonces, solo unos pocos años después, ocurrió algo raro. El dogecoin empezó a tener valor. Uno de los motivos fue que Musk empezó a tuitear sobre él. «Seguramente el dogecoin es mi criptomoneda favorita —publicó en abril de 2019—. Mola mucho».[56] «El dogecoin es la cripto de la gente», tuiteó en febrero de 2021.[57] En enero y febrero de ese año, Musk colgó una serie de posts cuyo tema era el doge.[58] Una portada de la revista *Vogue* alterada para que pusiera *Dogue*. Un cohete lanzado al espacio etiquetado simplemente como «Doge». Un *shiba inu* vestido con traje espacial posando triunfante en la Luna. Un montaje de un fotograma de la película *El rey león* con Musk en el papel de Rafiki cogiendo al *shiba inu* como si fuera Simba. Cada publicación añadía más leña al fuego; cada meme, una microdosis de movimiento del mercado.

Musk dijo que lo que le gustaba del dogecoin era «su humor y su irreverencia».[59] Pero la moneda también revelaba un rasgo más profundo del muskismo. Como dijo Matt Levine, columnista de *Bloomberg*, esta criptomoneda podía verse como una «ficha electrónica comerciable que representa el valor de la atención prestada por Elon Musk».[60] La lógica era aplastante: si Musk tuiteaba sobre el dogecoin, el precio subía. La posibilidad de hinchar ese valor —y luego venderlo estratégicamente— era enorme. Pero ¿Musk estaba haciendo eso? Un proceso judicial que intentó demostrar que estaba manipulando el mercado fracasó.[61] Las monedas meme se encontraban en una zona gris, entre el chiste y el negocio, entre una línea de código y una unidad de valor, entre una provocación y una propuesta. Una zona en la que el muskismo medra.

Stonks! [pronunciación errónea intencionada de *stocks*, «acciones»]

En marzo de 2019, un dogecoin valía alrededor de un cuarto de centavo. Dos años después, su valor era de cinco céntimos: había aumentado más del 2.000 por ciento. Musk fue un motivo de ese crecimiento, pero el otro fue la covid. La pandemia mundial que empezó en marzo de 2020 mataría a más de un millón de estadounidenses, pero también estimularía la economía política de la Web 2.0 y haría aún más propicias las condiciones materiales para la alquimia de la atención.

Los efectos secundarios de la pandemia fueron graves. La economía de Estados Unidos se contrajo muchísimo, el mercado de acciones se hundió y el paro alcanzó su máximo. La Reserva Federal respondió volviendo a sacar el botiquín de emergencia empleado en la crisis financiera de 2007-2008. Recortó los tipos de interés y comenzó una ronda masiva de expansión cuantitativa comprando activos financieros por valor de miles de millones de dólares, entre otras medidas.[62] El Congreso también intervino para aliviar la situación con una serie de propuestas de leyes que inyectaron billones de dólares en la economía, como ampliar las prestaciones de los desempleados y enviar cheques de estímulo a la población.

Por otro lado, los estadounidenses empezaron a pasar más tiempo en línea. Obligados a encerrarse por las medidas del confinamiento, trabajaban desde casa, asistían a clases virtuales, compraban, socializaban y perdían tiempo. Estos dos factores juntos pusieron las bases para una nueva ola de fusión entre tecnología y finanzas. Las intervenciones monetarias y fiscales del Gobierno provocaron más abundancia de capital, lo que animó a los inversores a apostar en operaciones más arriesgadas. Silicon Valley se benefició tanto de ese entorno macroeconómico como de la digitalización creciente de la vida cotidiana. Las acciones de los gigantes tecnológicos gozaron de una subida espectacular, y las empresas favoritas del teletrabajo, como Zoom, Peloton y DocuSign, vieron dispararse su valoración. La inversión minorista también experimentó un auge, pues la gente encerrada en su casa buscaba ganancias rápidas en plataformas de corretaje como Robinhood, donde la actividad ascendió el 139 por ciento en el segundo trimestre de 2020.[63] Entre los activos en los que se invirtió se encontraba el dogecoin.

Para entonces, Musk llevaba unos años metido en los circuitos meméticos de Twitter. La pandemia aumentó la oferta de atención y la liquidez con la que monetizarla. Musk respondió no solo impulsando el dogecoin, sino también uniéndose a la moda de las «acciones meme» que surgió a principios de 2021. El ejemplo canónico fue GameStop, la cadena de tiendas de videojuegos cuyas acciones fueron rescatadas del olvido por inversores particulares que se coordinaron por internet. «*Gamestonk!!*», tuiteó Musk en enero de 2021 con un enlace a WallStreetBets, el foro de Reddit donde se desarrollaba esa actividad.[64] El error al escribir esa palabra era una broma interna, un descendiente mutado del *LOLspeak*. «He devenido meme, destructor de ventas cortas», tuiteó el mes siguiente, aludiendo a la labor que hacía la comunidad de WallStreetBets de infligir cuantiosas pérdidas a los fondos de cobertura que estaban vendiendo en corto GameStop.[65]

WallStreetBets era el epítome del capitalismo trol. «Como si 4chan hubiera encontrado una terminal Bloomberg», rezaba su lema. Si trolear era una manera de cosechar atención, entonces las acciones meme demostraron que trolear podía convertirse en un gran negocio. Uno de los mejores diagnósticos de aquel giro lo dio una fuente inesperada: Jackson Palmer, uno de los inventores del dogecoin. «En este sistema de timoeconomía, hipercapitalismo, capitalismo de rentas —dijo en una entrevista en mayo de 2022—, cada vez más, la gente no hace otra cosa que ganar dinero por no hacer nada». En cuanto a Musk, añadió Palmer: «Ha sido y siempre será un timador, pero al mundo le encantan los timadores. Les encanta la idea de que quizá también ellos serán multimillonarios algún día, y ese es el sueño que él vende».[66]

Pocas cosas hay más estadounidenses que la fantasía de la riqueza instantánea. Lo que Musk ofrecía era la posibilidad de hacer realidad esa fantasía gracias al poder de los memes. «Quien controla los memes controla el universo», publicó en junio de 2020, reformulando con ironía una frase muy conocida de la saga de ciencia ficción *Dune*.[67] Parecía una visión totalmente desmaterializada de la economía política, alejada del mundo de la física al que siempre había jurado lealtad en cuanto ingeniero y que le había deparado la admiración reticente incluso de gente que lo encontraba personalmente desagradable. Ello indicaba que, para Musk, internet estaba pasando a ser la capa principal de la realidad; que, al contrario de lo que dice el dicho «Twitter no es la vida real», Twitter estaba convirtiéndose en algo más real y más importante que la vida real.

Semejante creencia surgió por el hecho de que las monedas meme y las acciones meme tuvieron la capacidad de enriquecer a Musk mil veces más de lo que había podido imaginar. En palabras de Matt Levine, Musk tenía una lámpara mágica en las manos: «Puedes susurrar a la lámpara: "que suba el precio" o "que baje el precio" y ocurrirá instantáneamente. Eres la única persona que tiene ese poder y puedes emplearlo tantas veces como quieras». Es «lo más cercano a un móvil perpetuo de dinero gratis que verás nunca en finanzas».[68]

Esta situación no carecía del todo de precedentes. Musk había «inventado y perfeccionado las acciones meme mucho antes de que nadie pensara en GameStop», remarcó Levine.[69] Las primeras acciones meme no fueron las de GameStop, sino las de Tesla. Musk llevaba tiempo inflando el valor de esta empresa con sus publicaciones. La llegada de la pandemia la empujó a nuevas cotas: el precio de sus acciones subió más del 740 por ciento en 2020, con lo que pasó a ser la empresa automovilística de más valor en el mundo. En 2021, Musk era el hombre más rico del planeta gracias a la participación que tenía en ella. Su proceso de «devenir meme» había culminado con su transformación en lo que el periodista Charlie Warzel llamó una «acción meme humana».[70] Las consecuencias para el muskismo serían profundas.

6

LOS COLECTIVOS CIBERNÉTICOS

La inteligencia artificial se lleva buscando desde los años cincuenta del siglo xx. En el momento álgido de la Guerra Fría, un grupo de científicos informáticos persuadieron al Gobierno federal para que financiara proyectos de construcción de máquinas inteligentes por todas las universidades del país. Los resultados fueron decepcionantes. Pero, a principios de la década de dos mil diez, una nueva generación de sistemas de inteligencia artificial que utilizan una estructura de procesamiento de datos llamada red neuronal empezó a hacer rápidos progresos en problemas tenaces, como conseguir que un ordenador reconociera objetos a partir de imágenes.[1] Los avances en inteligencia artificial aceleraron el auge de las plataformas: Google, Facebook y otras adoptaron modelos cada vez más sofisticados para optimizar sus operaciones. También Tesla se unió a la fiesta. En 2016 empezó a introducir redes neuronales en el software de la conducción autónoma de sus coches.[2]

Sin embargo, en la década de dos mil diez, a medida que iba volviéndose más poderosa, la inteligencia artificial resucitó antiguos fantasmas sobre robots malvados. Elon Musk compartía esos temores. De hecho, fueron los que lo motivaron a cofundar OpenAI con Sam Altman y otros en 2015, el mismo año que intensificó su presencia en Twitter. Sería copresidente del consejo de OpenAI hasta que lo dejó, en 2018. Más adelante explicaría que su objetivo «era aumentar la probabilidad de que la IA se desarrollara de forma segura y beneficiosa para la humanidad».[3] En concreto le preocupaba que una inteligencia artificial «superinteligente» esclavizara o exterminara la especie humana en un futuro cercano, escenario inspirado por la lectura del filósofo Nick Bostrom, cuyo libro *Superinteligencia* (2014) circulaba ampliamente en el mundo de la IA. Musk alabó el libro y se le menciona en los agradecimientos.[4] Ese mismo año dijo en un simposio en el Instituto de Tecnología de Massachusetts que la inteligencia artificial era «la mayor amenaza contra nuestra existencia».[5] Tiempo después, en un acto en Stanford, la investigadora en inteligencia artificial Timnit Gebru preguntó a Musk por qué la consideraba más peligrosa que el cambio climático y él se explicó. «El cambio climático es malo, pero no va a matar a todo el mundo —dijo—. La IA puede extinguir a la humanidad».[6]

La visión que tiene Musk de la inteligencia artificial se malinterpreta a menudo. Sus frecuentes alusiones a escenarios de tipo *Terminator* le han valido la etiqueta de pesimista de la IA. En 2015 incluso lo nominaron (de forma absurda) Ludita del Año.[7] Pero es todo lo contrario. La solución de Musk para paliar los riesgos de la inteligencia artificial no es reducir la tecnología, sino incrementarla. La manera de vencer esa amenaza no es resistirse a integrarse con la tecnología, sino acelerar esa integración. Como dijo en una conversación que mantuvo en 2016 con Altman, la respuesta es «fusionarse con la IA». Si «te conviertes en un simbionte humano-IA —dijo—, no tendremos que preocuparnos por si aparece un dictador maligno en forma de IA, porque todos nosotros somos la IA colectiva».[8] Lo que Musk llamó la «democratización del poder de la IA» significa ampliar esa síntesis a gran escala como salvaguarda contra la tiranía artificial.

El primer paso es reconocer hasta qué punto estamos ya entremezclados con nuestras máquinas. La mente humana, tal como él lo ve, se compone de tres capas: el «cerebro animal» primario, o sistema límbico, que gobierna las emociones y el instinto; la capa cortical, que aloja la razón y la reflexión; y una tercera capa, un surtido de «herramientas digitales» en expansión que amplían nuestras capacidades.[9] «En la práctica, ya somos un simbionte colectivo de humano y máquina —dijo a Altman en un acto de *Vanity Fair* en 2015—. Somos como un cíborg gigante. Así es en realidad la sociedad hoy día».[10]

El espacio más importante donde se da la simbiosis cíborg es en las redes sociales. «Facebook, Twitter, Instagram y todas esas redes sociales son colectivos cibernéticos gigantes», dijo Musk al conductor de pódcast Joe Rogan en 2018. No solo facilitan que la gente colectivice sus pensamientos, sino también sus sentimientos, cosa más importante. El «éxito de esos sistemas en línea», arguyó Musk, va «en función de cuánta resonancia límbica son capaces de provocar en la gente». La viralidad viene determinada por las emociones. «Cuanta más resonancia límbica, más participación».[11]

Lo que hace cibernéticos a esos colectivos es que están compuestos tanto por ordenadores como por humanos. En realidad, esos ordenadores están aprendiendo de los humanos. Los sistemas de inteligencia artificial basados en redes neuronales están entrenados para llevar a cabo tareas específicas mediante la búsqueda de patrones en grandes cantidades de datos. En las plataformas, los usuarios proporcionan esos datos con su actividad. «Estamos todos programando colectivamente la IA», explicó Musk.[12]

Este proceso dará poco a poco como resultado una IA más y más inteligente. «El porcentaje de inteligencia no humana está aumentando y con el tiempo representaremos un porcentaje muy pequeño de inteligencia», dijo Musk. El legado final de los colectivos cibernéticos de las redes sociales será la humanidad entrenando a su sustituto. En un ordenador, un cargador de arranque es un programa especial que ayuda a iniciar el sistema. La humanidad, según Musk dijo a Rogan, estaba convirtiéndose en «el cargador de arranque biológico de la IA».[13]

Pero en esta teoría hay un aspecto interesante. Si son más las emociones que la razón las que alimentan nuestras interacciones en línea, entonces esto se reflejará en los sistemas de inteligencia artificial que estamos programando de forma colectiva. La inteligencia artificial que aprende observando nuestro comportamiento en el colectivo cibernético se convertirá en «nuestra identidad magnificada», dijo Musk.[14] La suya es una concepción de la inteligencia artificial avanzada no solo como una «superinteligencia», sino también como una encarnación algorítmica de la combinación de nuestros impulsos e instintos.

Estas citas ofrecen una pista reveladora del cambio de actitud de Musk en la segunda mitad de la década de dos mil diez. Al integrarse en los ciclos de *feedback* de Twitter, Musk no solo descubrió una nueva manera de hacerse rico transmutando alquímicamente la atención en valor, sino también una visión general de un futuro cíborg. En el transcurso de «devenir meme», Musk fue entendiendo las redes sociales como colectivos cibernéticos que empujaban a la humanidad a evolucionar hacia algo poshumano.

Con la Web 2.0, Silicon Valley había descubierto el valor de la participación. Al crear plataformas que incitaban a sus usuarios a interactuar, las empresas se hicieron de oro monetizando los datos que resultaron de ello. La siguiente era de internet, sugería Musk, consistiría en emplear esos datos para entrenar los modelos de inteligencia artificial. Nos transformaríamos en el simbionte orgánico y el «cargador de arranque biológico» de la IA. La sabiduría de las masas se tomaría para adiestrar a una nueva especie de máquinas inteligentes.

Esto implica que las redes sociales tienen una importancia inmensa para el futuro de la especie humana. Si las redes sociales son el espacio principal de la simbiosis cíborg, entonces una plataforma como Twitter es algo más que un lugar donde hacer chistes, trolear a rivales o promover criptomonedas y acciones. Es una zona donde los peligros de la superinteligencia pueden neutralizarse si nosotros mismos nos disolvemos en los datos. Si no nos convertimos en IA, la IA nos eliminará.

Esta idea definiría la nueva fase del muskismo, que empezaba a hacerse visible a finales de la década de dos mil diez. Karl Marx describió en su momento el imperativo de acumular capital como el cometido esencial de los sistemas capitalistas. «¡Acumulad, acumulad! ¡He ahí a Moisés y los profetas!», escribió.[15] El imperativo muskista sería acelerar la fusión de la carne y el código, del espacio físico y la memesfera, con el fin de construir un colectivo cibernético mejor.

Sin embargo, no bastaba meramente con acelerar el proceso. El colectivo cibernético es susceptible a las infecciones. Puede ponerse en riesgo igual que cualquier sistema biológico o digital. Esta posibilidad y el terror que provocaba guiarían los pasos más importantes que daría Musk en los años siguientes, desde la compra de Twitter a su incursión en la Administración Trump. El muskismo estaba fascinado por el sueño del cíborg y perseguido por la pesadilla de su posible contaminación.

CONVERTIRSE EN BOT

En 2016, el año siguiente de cofundar OpenAI, Musk puso en marcha Neuralink. El objetivo de esta empresa era crear una interfaz cerebro-ordenador con la que controlar dispositivos electrónicos con la mente. Las oficinas de Neuralink compartían espacio con las de OpenAI, en San Francisco.[16] Las dos pueden parecer poco afines, pero tenían una misión en común: prevenir el apocalipsis de la inteligencia artificial.

«Va a sonar muy raro», anunció Musk en la primera presentación pública de Neuralink, en 2019, pero la empresa quería «conseguir una especie de simbiosis con la inteligencia artificial».[17] Con los implantes cerebrales, de los que dijo que con el tiempo se introducirían en «cientos de millones» de personas, los usuarios podrían conectar su mente con internet de forma directa, acelerando así la fusión entre hombre y máquina que ya estaba en marcha en los colectivos cibernéticos de las redes sociales.[18]

Pero las redes sociales tenían una limitación. Twitter nos convertía en cíborgs, pero la forma en que lo hacía era primitiva. El cuello de botella, creía Musk, era la interfaz. Diez torpes dedos dándole a un teclado limitaban el ancho de banda. «La velocidad de comunicación entre la persona y su extensión cibernética es lenta», comentó Musk. Es «como un hilillo de agua. [...] Tenemos que hacer que ese hilillo se convierta en un río gigante».[19] Neuralink prometió aumentar enormemente el ancho de banda entre los sistemas digitales y los biológicos. Una de las películas favoritas de Musk es *Ghost in the Shell*, un anime de 1995 ambientado en 2029. En ella aparecen personajes con manos de cíborg que pueden teclear no solo las letras una a una, sino también «acordes», con lo que aumentan extraordinariamente la velocidad de la introducción de datos. Musk esperaba que Neuralink funcionara de manera parecida. Y semejante avance, a su vez, reduciría el riesgo de que una inteligencia artificial superinteligente nos matara a todos, pues facilitaría que nos unificáramos con las máquinas. Por un lado, un objetivo de Neuralink era «solucionar unas cuantas enfermedades relacionadas con el cerebro», dijo Musk, y, por otro, «mitigar la amenaza de exterminio que supone la IA».[20]

Neuralink tendió un puente entre los dos mundos descritos en la primera mitad de este libro: los programas informáticos de Silicon Valley y la maquinaria industrial de los cohetes y los coches. Además, recuperó un asunto propio del muskismo: la simbiosis con el Estado. En 1973, el científico informático Jacques Vidal acuñó el término «interfaz cerebro-ordenador» (BCI, por sus siglas en inglés). El año siguiente, la DARPA (la misma agencia que había financiado la creación de internet y concedido a SpaceX uno de sus primeros contratos federales) creó una División de Tecnología Cibernética.[21] El concepto de «guerra centrada en redes», que tan importante había sido para los primeros éxitos de SpaceX, imaginó fantasías de «supersoldados» potenciados neuronalmente que operaban sin dormir y estaban configurados para reaccionar de forma más rápida.[22]

Otro motivo por el que el Pentágono invertía en las interfaces cerebro-ordenador era el deseo de mejorar las prótesis de los soldados que regresaban de Irak y Afganistán habiendo perdido alguna de sus extremidades.[23] En 2006, la DARPA anunció la creación de un plan de cuatro años para construir un brazo robótico «controlado directamente por señales neurales».[24] En 2014 constituyó el Departamento de Tecnologías Biológicas, que invirtió más de doscientos millones de dólares en neurotecnología a lo largo de dos años.[25]

En aquel entonces, el discurso de Musk sobre los cíborgs no era una especulación esotérica de un visionario solitario, sino la retórica de un empresario que penetraba en un campo ya poblado por muchos otros. Aunque Neuralink no recibió financiación federal directa, sí se benefició de la investigación llevada a cabo durante décadas con fondos públicos. El propio Musk dijo que su motivación no era muy típica: esperaba emplear Neuralink no solo para ayudar a gente con minusvalías, sino con el objetivo de catalizar la sinergia cibernética necesaria para eliminar la amenaza de la extinción humana a manos de la inteligencia artificial. En esto tampoco estaba solo, ni mucho menos. Su planteamiento partía de autores-inventores como Kevin Warwick y Ray Kurzweil, que promovían la hibridación «transhumanista», sobre todo en el influyente libro de este último, *La singularidad está cerca* (2005).[26] En 2010, Kurzweil propuso un concurso público para construir interfaces cerebro-ordenador que introdujeran la inteligencia artificial «dentro de nuestro cuerpo y nuestro cerebro».[27] Y en 2001, nada menos que una celebridad como Stephen Hawking había instado al desarrollo de «tecnologías que hagan posible una conexión directa entre el cerebro y el ordenador, para que los cerebros artificiales enriquezcan la inteligencia humana en lugar de oponerse a ella».[28]

Esto era justo lo que Neuralink deseaba hacer. Era literalmente un intento de crear un cíborg. En esta nueva etapa del muskismo, el mecha sería algo más que una metáfora. El objetivo no era solo construir cohetes y coches, sino reconstruir la humanidad misma. La conclusión lógica de «nunca cierres sesión» era habilitar la conexión en el cerebro humano de manera permanente. El muskismo esperaba crear una especie capaz de sobrevivir a sus propias creaciones tecnológicas volviéndose indistinguible de ellas.

En enero de 2024, un tetrapléjico llamado Noland Arbaugh fue el primer receptor humano de un chip de Neuralink. Dos meses después publicó el siguiente tuit: «Twitter me bloqueó porque pensaba que era un bot. @X y @elonmusk me readmitieron porque lo soy».[29] Midiendo las señales eléctricas de su cerebro y traduciéndolas a instrucciones informáticas, el implante de Neuralink permitía a Arbaugh tuitear solo con el pensamiento. El colectivo cibernético se había vuelto mucho más cibernético.[30]

CONTROL MENTAL

El sustento científico que había tras Neuralink no era tan nuevo. En la época en que Musk fundó la empresa, se habían materializado muchos progresos en las interfaces cerebro-ordenador y ya era posible que una persona controlara un teclado y un ratón.[31] Pero, como apuntaba la periodista Jenny Kleeman, Musk es el primer «empresario cuyo objetivo explícito es encontrar una manera de introducir información en el cerebro además de recibirla de él».[32] Es decir, Neuralink se distinguía por su deseo de fabricar implantes con una función de «escritura» aparte de la de «lectura». En *Matrix*, la película de culto de 1999, el protagonista, Neo, aprende kung-fu en cuestión de segundos gracias a un programa que se le carga en el cerebro. Neuralink aspiraba a hacer realidad algo así.

Para la simbiosis con la inteligencia artificial que Musk quería conseguir, era necesario que la información se pudiera transferir en los dos sentidos. No podíamos fusionarnos con la inteligencia artificial si los mensajes solo viajaban en un sentido. Sin embargo, la idea de un chip que pudiera escribir datos directamente en el cerebro despertó fantasmas de nuevos peligros. En 2019, Musk coescribió un artículo con el equipo de Neuralink para el *Journal of Medical Internet Research* donde se exponían los primeros pasos que daba la empresa «hacia un sistema ampliable de interfaz cerebro-máquina de banda muy ancha».[33] Tres neurocientíficos respondieron al artículo alabando los logros técnicos de Neuralink, pero terminaban con una lúgubre advertencia. «Entre los efectos indeseables de las interfaces cerebro-máquina con electrodos implantados en el cerebro humano —escribían— se encuentra la posibilidad de que un Gobierno o una organización no gubernamental controle y manipule el comportamiento de la persona no solo a través de los medios de comunicación, sino también enviando directamente órdenes al cerebro».[34]

Se trataba de la idea del control de la mente. Para los estadounidenses había sido objeto de fascinación fóbica desde la Guerra Fría, cuando películas como *El mensajero del miedo* (1962) suscitaban el terror del pueblo a que los comunistas les lavaran el cerebro. El lavado de cerebro nunca llegó a funcionar: la CIA pasó décadas intentando sacar algo en claro con un programa experimental con humanos, ilegal, llamado MKUltra, sin éxito.[35] Pero ¿y si las interfaces cerebro-ordenador como Neuralink lo hicieran por fin posible?, se preguntaba Musk. ¿Y si se pudiera programar una mente como si fuera un software?

Hasta entonces, Musk había concebido el colectivo cibernético como una solución a la amenaza que planteaba la inteligencia artificial a la humanidad. Con la aparición de la pandemia en 2020, empezó sin embargo a percibir un nuevo conjunto de peligros. Si se conectaban los cerebros de las personas —como hacían las redes sociales de modo metafórico y como Musk creía que haría Neuralink de modo literal—, el colectivo cibernético podría proporcionar una serie de herramientas poderosas a agentes perniciosos para influir en los pensamientos y sentimientos de la gente. En el ámbito de la seguridad de la información, todos los canales de comunicación son también vectores de ataque en potencia. Si la pandemia benefició a Musk en ciertos sentidos, también provocó comportamientos que no conseguía entender del todo bien, comportamientos que iban en contra de sus intereses. Terminó interpretándolos como que esas mentes estaban controladas y como prueba de que se necesitaba una intervención más severa para proteger la pureza psíquica del colectivo cibernético.

El 16 de marzo, seis condados de la Zona de la Bahía (entre los que se contaba el de Alameda, donde se ubicaba la fábrica de Tesla, en Fremont) emitieron una orden conjunta de confinamiento. Tres días después, el gobernador Gavin Newsom extendió la orden al resto del estado. Las instalaciones de SpaceX en el sur de California quedaron exentas en virtud de su condición de «servicio esencial» como contratista del Gobierno, pero la fábrica de Tesla en Fremont tuvo que suspender la producción.

Lo que los funcionarios de salud pública presentaron como responsabilidad colectiva le pareció a Musk coerción: una intrusión en la libertad de movimiento y de producción de la que dependía su imperio. Según su punto de vista, el confinamiento suponía una amenaza para la autonomía tanto de los individuos como de las empresas. «AMÉRICA LIBRE YA», tuiteó el 29 de abril.[36] Ese mismo día calificó de «fascistas» las medidas de la cuarentena durante una comunicación en línea acerca del estado financiero de Tesla.[37] El presidente Trump envió un mensaje de apoyo en Twitter: «California debería dejar que Tesla y @elonmusk abrieran la planta YA. ¡Puede hacerse de manera rápida y segura!». «¡Gracias!», respondió Musk.[38] El 11 de mayo reanudó la producción en la fábrica de Fremont en contra de las órdenes del condado de Alameda y desafiando a la policía local a que lo detuviera.[39] Las autoridades cedieron y le permitieron reabrir a condición de que respetaran unos protocolos mínimos de seguridad, como llevar mascarillas. La planta de Tesla se convirtió enseguida en un hervidero de transmisión del virus covid-19: se registraron unos cuatrocientos cincuenta casos a finales de aquel año.[40]

La cólera de Musk hundía sus raíces en la economía política. El cierre suponía un perjuicio especial para la empresa, porque sus operaciones estaban relativamente centralizadas. El valor que se daba a la integración vertical en la filosofía industrial de Musk se traducía en que el personal y los procesos se concentraban siempre que era posible. La fábrica de Fremont seguía produciendo la mayoría de los Teslas del mundo. Cerrarla sería un duro golpe, sobre todo en la primavera de 2020, justo cuando la empresa había empezado a distribuir el nuevo SUV, del que Musk esperaba que ampliara su clientela.

Pero las mismas características que hacían que el cierre de una única planta fuera tan perjudicial para la empresa serían las que le darían ventaja competitiva cuando se volvió a abrir. Los fabricantes tradicionales de coches llevaban décadas externalizando la producción. Se habían vuelto dependientes de cadenas de suministros cada vez más intrincadas y extendidas por todo el mundo que se revelaron frágiles frente a las disrupciones ocasionadas por la pandemia. En cambio, la preferencia que tenía Tesla por la integración vertical y por las cadenas de suministros más cortas le dio mayor resiliencia en un mundo menos estable. La decisión que tomó Musk de construir una fábrica en Shanghái, que empezó a producir vehículos a finales de 2019, fue también clarividente. Tener una planta de manufactura dentro de China le dio acceso al importantísimo mercado chino en una época en que las fronteras se endurecían, no solo a cuenta de los controles debidos al coronavirus, sino también por la guerra comercial, cada vez más encarnizada, con Estados Unidos.

Esas ventajas generaban beneficios. En el segundo cuatrimestre de 2020, el primer periodo en que se registraron plenamente los efectos de la pandemia, Tesla contabilizó solo un descenso del 4,9 por ciento en la distribución con respecto al mismo cuatrimestre del año anterior. Los analistas de Wall Street esperaban una caída del 25 por ciento, en la línea de las tendencias de la industria: Toyota, General Motors y Ford sufrieron un descenso en las ventas de más del 30 por ciento.[41] Los inversores recompensaron a Musk por rendir más que sus rivales. El 1 de julio de 2020, Tesla pasó a ser el fabricante de coches de más valor en el mundo, con una capitalización de mercado de 206.000 millones de dólares.[42]

De todos modos, se estaba recompensando a Tesla de forma desproporcionada con respecto a sus ingresos reales. Su ratio precio-beneficio, lo que mide la relación entre el precio de las acciones de una empresa y sus beneficios por acción, pasó de 1000 en diciembre de 2020. Toyota, que vendió casi veinte veces más coches aquel año, poseía una ratio precio-beneficio de 13. Esta diferencia apuntaba a la importancia que tenía la alquimia de la atención para la fortuna de Musk. Al fin y al cabo, Tesla era una acción meme que se benefició del auge de la especulación en línea provocado por la pandemia. Mientras que las órdenes de confinamiento amenazaban los márgenes de ganancias de Musk, otra serie de políticas gubernamentales (la expansión monetaria y fiscal) los acrecentaban. La pandemia arrojó luz sobre la pirámide invertida del muskismo: una estrecha base material que se abría a un vasto dominio virtual.

SUPERPROPAGADORES

La crisis del confinamiento de Tesla fue relativamente breve. La fábrica de Fremont cerró solo siete semanas. Pero la experiencia hizo que Musk reparara en una nueva fuente de riesgos que debía tener en cuenta. Lo que ocasionaba las órdenes de confinamiento era el pánico, creía él. «El pánico por el coronavirus es una idiotez», tuiteó a principios de marzo de 2020 en su primer comentario sobre la enfermedad.[43] (También fue el primer comentario suyo que consiguió más de un millón de «me gusta»).[44] Para él, el auténtico virus era informativo. El colectivo cibernético de las redes sociales funcionaba como una identidad comunitaria donde las publicaciones se propagaban no porque fueran verdad, sino por su «resonancia límbica». «No se puede sacar a la gente de su estado de pánico —dijo Musk a Joe Rogan—. Está claro que les encanta».[45] A finales de marzo ya había dado con una expresión para ese fenómeno: «virus mental».[46]

La elección de las palabras es interesante. La viralidad en las redes sociales había sido el gran activo de Musk, el mecanismo por el cual transformaba la atención en valor. En cambio, aquí la viralidad tenía un sentido negativo: no se trataba solo de circulación, sino también de enfermedad. La frase se remontaba a Richard Dawkins, en cuyo artículo «Los virus de la mente» (1993) aducía que la conciencia humana era susceptible de infectarse de ideas irracionales como la religión y la superstición del mismo modo que un *malware* infectaba un ordenador.[47] Para Musk, las redes sociales se habían convertido en los superpropagadores de esos contagios.

Desarrolló la idea en una conversación con Joe Rogan el 7 de mayo de 2020. Como la «memesfera» se había vuelto global, dijo Musk, ponía las condiciones para que un «virus mental» fuera capaz de infectar al mundo entero. Rogan no le entendió bien. Pensó que Musk estaba hablando de Neuralink: un virus que afectaba a una interfaz cerebro-ordenador. No, aclaró Musk. Un virus mental se refería a una «idea absurda que se hace viral».[48] Para Musk, las luchas político-económicas de la pandemia no se libraban solo en las fábricas o en los gobiernos, sino también en los sistemas inmunitarios del pensamiento colectivo.

Veintiún días después, un grupo de protesta pegó fuego a una comisaría de Minneapolis en venganza por el asesinato de George Floyd, un hombre negro asesinado por un policía blanco. Las protestas se extendieron por todo el país y por el mundo. En verano de 2020, entre quince y veintiséis millones de estadounidenses habían participado en las manifestaciones, con lo que fue el mayor movimiento social en la historia de Estados Unidos.[49] Una de sus consecuencias fue la elección de Joe Biden en noviembre de 2020; como han demostrado muchos estudios, las protestas contribuyeron al triunfo electoral de los demócratas en todo el país.[50] Una vez llegado al poder, Biden instauraría la política doméstica más progresista desde hacía décadas. Su Administración supervisó una ampliación de la red de la seguridad social, un impulso en las leyes antitrust y de protección al consumidor, y la Junta Nacional de Relaciones del Trabajo más favorable al trabajador desde los años cuarenta.

La secuencia de los hechos encaja en el patrón típico de una revolución de Twitter. Las protestas por George Floyd parecieron cumplir la promesa de que las redes sociales eran catalizadores de cambios progresistas. La red social *woke* que dio lugar a Occupy Wall Street y a Me Too era capaz de sacar a decenas de millones de estadounidenses a la calle y de ayudar a expulsar a Donald Trump de la Casa Blanca. El progresismo *hashtag* de los dos mil diez se había confirmado a una escala colosal.

Sin embargo, al contemplarla al cabo del tiempo, la victoria fue fugaz. Las protestas por George Floyd provocaron una gran reacción opuesta. Las fuerzas de derechas se movilizaron en las redes para contraargumentar las historias sobre brutalidad policial y desigualdad racial, y para celebrar a figuras como Kyle Rittenhouse, el adolescente blanco que disparó a tres hombres con un rifle semiautomático en una protesta en Wisconsin en agosto de 2020 y posteriormente fue absuelto de todos los cargos después de decir que actuó en defensa propia. Los conservadores fueron apropiándose poco a poco de la palabra *woke* para sus propios intereses y la convirtieron en un cajón de sastre en el cual metían cualquier política a la que se oponían. *Woke* había sido un término negro, y después, en manos de figuras como Jack Dorsey, pasó a describir los efectos supuestamente democratizadores de las redes sociales. Sin embargo, tras las protestas por George Floyd se convirtió en una etiqueta peyorativa para lo que se juzgaban excesos en la búsqueda de la justicia. En 2021, los republicanos ya atacaban la wokeidad.

Este era el telón de fondo contra el que el pensamiento de Musk sobre la viralidad sufrió una mutación posterior. Después de etiquetar el pánico ante el coronavirus como un «virus mental» en la primavera de 2020, a lo largo del año siguiente se convenció de que estaba circulando algo más virulento: un «virus mental *woke*». La primera vez que usó en público esta expresión fue una noche de diciembre de 2021 cuando publicó el siguiente tuit: «*traceroute woke_mind_virus*».[51]

Traceroute es una herramienta de diagnóstico que se emplea para mapear la ruta de los datos a través de internet, el equivalente digital a inyectar contraste en las venas de un paciente para mostrar las zonas problemáticas en una resonancia magnética. En su estilo elíptico, Musk comunicaba su deseo de rastrear la propagación del virus mental *woke*. Es probable que el origen del término proceda del comentarista de derechas Dave Rubin, que había empezado a tuitear sobre el «virus mental progresista» en 2019, y en 2020 dio con un nuevo eslogan: «El wokeísmo es un virus mental».[52]

Al margen de la etimología precisa, la adopción de esta frase por parte de Musk marcó su viraje hacia la derecha. El año 2022 fue cuando empezó a expresar puntos de vista derechistas continuamente. En ellos mencionaba con frecuencia el virus mental *woke* como su enemigo principal. Ya no solo estaba en jaque si podría volver a abrir la fábrica, sino también la propia supervivencia de la civilización. «A menos que lo detengamos, el virus mental *woke* destruirá la civilización y la humanidad nunca podrá llegó [*sic*] a Marte», tuiteó en mayo de 2022.[53]

El imperativo de fusionarse con las máquinas se había originado para evitar que la inteligencia artificial aniquilara la especie humana. Pero el virus mental *woke* designaba un nuevo tipo de amenaza a la civilización, uno que se aprovechaba perversamente de la solución al problema de la superinteligencia. Mientras que Musk había imaginado el colectivo cibernético como una salvaguarda contra una inteligencia artificial maligna, lo veía ahora como el portador de una peste mental que los humanos malignos estaban usando para enfermar la mente de millones de personas.

Hay varias maneras de entender el giro hacia la derecha de Musk. Los motivos materiales son fáciles de conjeturar. Como a otros multimillonarios que proyectaban una imagen pública algo liberal, sobre todo los de Silicon Valley, a Musk le provocaba rechazo la creciente influencia de la izquierda estadounidense. Despreciaba la propuesta del presidente Biden para gravar a los muy ricos con un impuesto sobre el patrimonio, así como el apoyo de la Administración a los sindicatos y la iniciativa normativa y antitrust de la Comisión Federal de Comercio, cuya presidenta era Lina Khan.[54] Cuando Biden no invitó a Musk a la Casa Blanca para la cumbre de fabricantes de vehículos eléctricos en agosto de 2021, en teoría porque Tesla tenía un historial de represión sindical, Musk se enfadó.[55] Otro motivo de agravio fue la demanda que presentó el Departamento de Justicia en agosto de 2023, en la que acusaba a

SpaceX de discriminar a los asilados y los refugiados en sus prácticas de contratación. Musk ha afirmado repetidamente que las leyes federales de control de exportaciones prohíben que SpaceX contrate a ese tipo de individuos, cosa que es incorrecta.[56]

Musk estableció una afinidad con la derecha también por la hostilidad que compartían hacia las medidas sanitarias adoptadas durante la pandemia. Cuando criticaba los confinamientos, la gente que lo aplaudía en internet eran conservadores, entre los que se contaba hasta el propio presidente Trump, que había empleado su excelente púlpito en Twitter para pedir la reapertura de la planta de Fremont. Las primeras interacciones prolongadas de Musk con cuentas de derechas en Twitter se remontan a esta época. Además, la idea de granjearse un nuevo grupo de admiradores en la derecha debió de parecerle atractiva, más porque su reputación entre los liberales corría peligro a causa de las opiniones que manifestaba sobre la covid.

Pero ninguno de estos factores da cuenta de la intensidad apocalíptica del discurso de Musk. «Hay que derrotar al virus mental *woke*, es lo único que importa», tuiteó en diciembre de 2022.[57] Tampoco dicen gran cosa sobre el contenido de este virus, en qué consiste en realidad su «código». El propio Musk no siempre fue de ayuda para averiguarlo, ya que le gustaba englobar de todo bajo esa etiqueta. (Cuando el principal crítico de cine de *The New York Times* no incluyó *Top Gun: Maverick* en su lista de las diez mejores películas de 2022, Musk acusó al periódico de ser *woke*).[58]

Podemos acercarnos a una posible explicación fijándonos en un tema que ocupaba un lugar prominente en sus diatribas: la transfobia. «Mierda de pronombres», tuiteó en julio de 2020.[59] Fue la salva inicial de una campaña antitrans que fue intensificándose en los años siguientes. Musk no estaba solo en ello: las políticas antitrans pasaron a ser un rasgo definitorio de la contraofensiva derechista que surgió tras las protestas por George Floyd. Además, Musk tenía una conexión personal con el tema: su hija Vivian se declaró trans en una publicación de Instagram en 2020 y, en 2022, el día en que cumplió dieciocho años, se cambió oficialmente el nombre y el género que constaba en su documentación.[60] Más adelante, Musk dijo a Jordan Peterson que para él su hija estaba muerta, «la ha matado el virus mental *woke*».[61]

La transfobia de Musk sugiere una respuesta a la pregunta de qué significaba exactamente el virus mental *woke* y por qué sentía que la lucha para derrotarlo era tan trascendental. El precepto muskista de fundirnos con las máquinas representaba la intención de transformar a los humanos en cíborgs, tanto metafórica como literalmente. Los cíborgs de la imaginación muskista tenían sus raíces en el ciberpunk de la ciencia ficción, donde la potenciación cibernética da superpoderes a la gente, como fuerza o inteligencia aumentadas. Pero también se podría pensar que una persona transgénero es un cíborg. Su superpoder es la capacidad de modificar su cuerpo para que se adecúe mejor con su identidad de género, lo cual se consigue gracias a tecnologías como la sustitución hormonal y la cirugía. Esto suscita una posibilidad problemática para el muskismo: disolver los límites entre lo natural y lo artificial puede abrir la puerta a que otros límites se redefinan.

La pensadora Donna Haraway, en su ensayo *Manifiesto cíborg* (1985), señalaba esas oportunidades como pruebas del potencial progresista del cíborg. Las tecnologías de la comunicación y las biotecnologías «remodelan nuestro cuerpo», escribió.[62] En ese proceso se hacían posibles nuevas configuraciones de identidad y corporalidad. Pero el feminismo cíborg no solo pretendía expandir el abanico de la expresión personal, sino inventar también una nueva forma de política. «Regocijándose en las fusiones ilegítimas de animal y máquina», las feministas cíborg podían descubrir las formas políticas capaces de fracturar las «matrices de dominación» impuestas por el capitalismo, el patriarcado y el racismo.[63]

De todos modos, esa no era la única forma que podía adoptar una política cíborg, advertía Haraway. Las fusiones de animal y máquina podían también servir para fortalecer las jerarquías sociales tradicionales en lugar de socavarlas. En este caso, el objetivo era «la imposición final de una red de control en el planeta», una idea que Haraway asociaba con el programa de la Guerra de las Galaxias de Ronald Reagan.[64]

La «red de control» es una buena descripción de la meta que guía al muskismo. (La referencia al programa de la Guerra de las Galaxias es también sugerente, dada la importancia que tuvo su legado en los primeros años de SpaceX). Se requería vigilancia para asegurar que la síntesis cíborg no importunara al reparto existente de poder. En la tradición occidental, observaba Haraway, «la relación entre máquina y organismo ha sido de guerra fronteriza».[65] Para el muskismo, esta guerra fronteriza tenía que librarse de tal modo que borrara ciertas líneas y endureciera otras. La humanidad debería mezclarse con la máquina siempre y cuando quedara segmentada por género, raza y clase social. Llamémoslo conservadurismo cíborg.

«Wokeidad» pasó a ser el término general que usaba Musk para calificar cualquier cosa que pusiera en peligro dicha disposición. En los Estados Unidos de George Floyd, las jerarquías tradicionales de género, raza y clase se ponían en cuestión en múltiples frentes. Y la tecnología desempeñaba en ello un papel fundamental. Gracias a la tecnología, por un lado, las personas trans podían modificar su cuerpo; por otro, los activistas podían grabar la violencia policial en sus teléfonos y compartir las grabaciones en las redes sociales. Así fue, de hecho, como se documentó y se difundió el asesinato de George Floyd, lo que desembocó en las primeras protestas. La fluidez de lo cíborg rebosaba la red de control.

Esos hechos podrían ayudar a explicar por qué el virus mental *woke* le parecía tan amenazador a Musk. No era solo porque una plataforma pudiera transformarse en un arma para controlar las mentes o porque los memes se reciclaran en patógenos. Subyacía un terror más fundamental. Cuando nos fusionemos con nuestras máquinas, será difícil predecir adónde pueden conducir esas fusiones.

7

EL MOTOR DE GODWIN

La Web 2.0 había hecho resurgir a Silicon Valley de las cenizas del desastre de las puntocom y lo había convertido en la joya de la corona del capitalismo estadounidense. Impulsadas por tipos de interés bajo, las empresas emergentes se metamorfosearon en monopolios y construyeron plataformas que transformaron la forma en que el mundo se comunicaba y consumía información. El inicio de la pandemia, en 2020, no hizo más que aumentar su poder. En un periodo en el que la mayoría de los propietarios de negocios temían caer en la bancarrota, la industria tecnológica prosperó a medida que los tipos de interés seguían bajando y la gente empezó a pasar aún más tiempo en línea.

Entonces, de repente, el sector cayó en picado. En marzo de 2022, la Reserva Federal empezó a subir los tipos de interés como respuesta a la inflación creciente mientras desaparecía el discurso de la digitalización de la pandemia.[1] Se levantaron los confinamientos y la población retomó sus actividades en el mundo real; la gente volvió a apuntarse al gimnasio y la valoración de Peloton se hundió. A mediados de 2022, los periodistas hablaban de «decrecimiento tecnológico».[2] Ese año, Amazon perdió casi la mitad de su valor y Meta cerca de dos tercios del suyo. Nasdaq, la bolsa dedicada a tecnología, cayó el 33 por ciento, su peor comportamiento desde la crisis financiera de 2008.[3] Las empresas empezaron a despedir en masa, dejando a decenas de miles de personas sin trabajo.[4]

Estos hechos no desplazaron a Silicon Valley de su posición de mando. Las grandes empresas siguieron siendo más grandes y más rentables que antes de la pandemia. Pero la recesión tecnológica

produjo una profunda sensación de desorientación. El paradigma
de las plataformas parecía estancarse. La Web 2.0 envejecía. Silicon
Valley llegó pronto a la conclusión de que su futuro estaba en su
pasado. La región, en sus orígenes, había sido una zona industrial
que fabricaba semiconductores. El boom de la inteligencia artificial
generativa que arrancó a finales de 2022 hizo que el sector regre-
sara a esas raíces infraestructurales; las empresas invirtieron miles
de millones en construir «supercúmulos» del tamaño de almacenes,
equipados con chips avanzados.

Antes de que ocurriera eso, Musk regaló a la Web 2.0 un me-
morable último acto. Escogió un momento insólito —mediados
de la década de dos mil diez— para sumergirse en las redes sociales, cuando la confianza pública en las plataformas se estaba ero-
sionando. Y después escogió un momento insólito para comprar
una plataforma. Empezó adquiriendo participaciones de Twitter
en enero de 2022 y realizó una oferta para privatizarlo en abril.[5]
La recesión tecnológica complicó la adquisición y Musk avaló con
acciones de Tesla la deuda necesaria para financiar el trato, que se
volvió aún más difícil cuando el valor de las acciones de Tesla cayó
casi el 66 por ciento a lo largo de 2022. De todos modos, la venta
se cerró.

Desde un punto de vista puramente financiero, la compra tenía
poco sentido. La cantidad de cuarenta y cuatro mil millones de
dólares, lo que Musk pagó por Twitter en octubre de 2022, era ocho
veces mayor que los ingresos que había tenido la empresa en 2021.[6]
La caída de la tecnología asestó un duro golpe a Twitter y, en consecuencia, Musk estaba pagando un precio muy alto por una plataforma que luchaba por mantenerse a flote.

Pero lo importante no era la rentabilidad a corto plazo. Para
Musk, Twitter era mucho más que un negocio: era un nodo central
en el colectivo cibernético, uno que se había infectado gravemente
del virus mental *woke*. Una posible reacción ante los peligros en-
trañados por el virus habría sido desconectarse. Los profesionales
de ciberseguridad a veces aíslan el ordenador con un «aislamiento
físico»: le quitan todas las conexiones que tenga a la red, lo cual
asegura que los atacantes no accedan al sistema de forma remota.
Musk hizo todo lo contrario. En lugar de segregarse de la red, tomó

el control de ella. «¡El virus mental *woke* está atravesando los cortafuegos de algunos de los ordenadores de carne más inteligentes a una velocidad increíble!», tuiteó a Richard Dawkins en diciembre de 2022.[7] Comprar Twitter era un intento de profilaxis.

Dijo haber detectado pronto la infección gracias al tiempo que pasaba conectado. Aunque otras cuentas tenían más seguidores, él tenía «el más [*sic*] número de interacciones», dijo a Tucker Carlson. Y en esas interacciones empezó a ver cosas raras. «Algo huele a podrido en Dinamarca. Algo falla en la plataforma», recordaba haber pensado.[8]

En concreto, las políticas de los movimientos sociales habían corrompido el funcionamiento de la red social. Twitter se administraba como si fuera una «organización activista con pretensiones», declaró.[9] Reflejaba la «izquierda más extrema del espectro político, [...] la política de Berkeley».[10] La decisión que tomó la empresa de bloquear las noticias sobre la controversia alrededor del ordenador portátil de Hunter Biden en octubre de 2020 y la suspensión permanente de la cuenta de Trump después del asalto al Capitolio el 6 de enero de 2021 constituían pruebas de censura izquierdista. Twitter «estaba teniendo un efecto corrosivo en la civilización», dijo Musk a Joe Rogan, porque la «extrema izquierda» había utilizado la plataforma para propagar sus ideas. A esos izquierdistas les habían «dado un arma informativa, un arma tecnológica de información, para propagar al resto de la Tierra lo que básicamente es un virus mental», explicó.[11]

Poco después de la compra de la empresa, Musk encontró un montón de camisetas con la vieja consigna «#StayWoke» en un armario de las oficinas centrales de Twitter, en San Francisco. Tuiteó un vídeo de las camisetas el 22 de noviembre de 2022 como prueba de que la plataforma estaba infectada con el virus mental *woke*.[12] A la mañana siguiente subió un enlace a un informe de 2015 del Departamento de Justicia que decía que el policía que había matado a Michael Brown había actuado en defensa propia.[13] «"Manos arriba, no disparen" era un montaje —escribió Musk—. Todo aquello fue una mentira».[14] Aquel mismo día, después, publicó una foto del «nuevo *merchandising* de Twitter» en la que aparecía una camiseta con el lema «#Stay@Work».[15]

La evolución de «Stay Woke» [«Mantente atento»] a «Stay at Work» [«Quédate en el trabajo»] era un perfecto resumen de la contrarrevolución que Musk se traía entre manos. El muskismo siempre había estado comprometido con una vigorosa defensa de la jerarquía. Unos seres humanos han nacido para mandar y otros para obedecer. La clase, el género y la raza son los principios estructurales. Twitter había impulsado Occupy Wall Street, Black Lives Matter y Me Too. Había contribuido a la popularidad de políticos como Bernie Sanders y había ayudado a reavivar el movimiento socialista estadounidense. Había dirigido la atención pública al problema de la desigualdad social. Por todas estas razones debía destruirse. En su lugar, se erigiría una nueva plataforma, X, que reafirmaría el poder del jefe. El jefe no quiere que te organices. Quiere que te quedes en tu trabajo.

O quiere despedirte. Musk echó casi al 80 por ciento de la plantilla de Twitter y obligó a los empleados que se quedaron —algunos no podían marcharse por requisitos del visado— a trabajar más duro. Mientras tanto, desplazó el contenido de la plataforma hacia la derecha. Si la red social era un «arma informativa», ¿por qué no usarla contra sus enemigos? Para combatir la wokeidad, Musk desarrollaría un nuevo patógeno que se propagó en un aluvión de contramemes: el virus mental *antiwoke*.

EL PARTIDO DIGITAL

Pese a que nunca fue uno de los sitios más visitados en números absolutos, Twitter siempre tuvo una influencia desproporcionada en la opinión pública. Los periodistas recurrían a él para tomar el pulso al momento y a menudo informaban de noticias basadas solo en los *trending topics* de esta plataforma. Los políticos lo empleaban para construir su imagen pública en internet; Trump, aunque lo habían expulsado de Twitter en 2021, siguió siendo un recordatorio espectral del poderoso megáfono que podía llegar a ser esta plataforma. Así, figuras de la derecha celebraron que Musk comprara Twitter. «Muy pocas veces pienso que algo sea significativo —dijo el *influencer* de extrema derecha Curtis Yarvin—. Pero creo que esto sí lo es».[16]

Lo primero que hizo Musk fue readmitir cientos de cuentas de extrema derecha a las que habían expulsado por violar normas de moderación de contenido, como las de seguidores de QAnon, nacionalistas blancos y neonazis.[17] No obstante, no podría transformar el sitio web tal como él quería simplemente ejerciendo un control editorial en el viejo modelo. Las redes sociales no son medios de difusión unidireccional como Fox News. No se puede redefinir la línea editorial y esperar que todo el mundo se pliegue a ella. Se necesitarían maniobras de ingeniería más creativas.

El cambio más significativo que hizo Musk fue el del sistema de verificación de la plataforma. Antes, Twitter contaba con una marca azul de verificación al lado del nombre del usuario como signo de su autenticidad. Este distintivo estaba reservado a figuras públicas u organizaciones notables. Musk quitó la marca de esas cuentas y puso la verificación a disposición de quien quisiera abonar una cuota mensual. En la práctica, muchas de las personas que pagaron apoyaban a Musk. Como la plataforma priorizaba los tuits de las cuentas verificadas —un algoritmo potenciaba la visibilidad de sus publicaciones, y sus respuestas aparecían al principio de los hilos—, el cambio tuvo el efecto de elevar el volumen de las voces que estaban a favor de Musk. Sin asumir el cargo tradicional de redactor jefe, Musk transformaba la plataforma en un amplificador de su visión del mundo.

Con ello reproducía la dinámica de lo que el sociólogo Paolo Gerbaudo llama «el partido digital».[18] En las décadas del dos mil y dos mil diez surgió un puñado de partidos políticos nuevos que prometían utilizar las herramientas digitales para dar voz directa a los votantes a la hora de escoger a los candidatos y las políticas. Desde el Partido Pirata alemán al Movimiento 5 Estrellas italiano, estos recién llegados ofrecían una visión particular de cómo las características participativas de internet podían dar lugar a un nuevo tipo de política participativa. En el discurso de Gerbaudo, sin embargo, los partidos se convertían en realidad en autocracias donde una «superbase» seguía a un «hiperlíder» que hablaba en su nombre. Sin la estructura formal de la democracia representativa, una sola figura adquiría un poder desproporcionado. Como si se hiciera eco de la evolución del propio internet, la descentralización daba como resultado el monopolio.

El X de Musk capitalizó esta dinámica en apariencia paradójica. Su versión de la plaza pública estaría abierta a todos, pero concebida de tal manera que daría poder a la persona que estuviera en la tarima central: él. Dio órdenes a los ingenieros para que potenciaran el alcance de sus publicaciones, lo que le aseguraba que los puntos de vista que tuiteaba y retuiteaba sin cesar llegaran a millones de usuarios, incluso a quienes no le seguían.[19] Si él era el hiperlíder, su superbase eran los miembros de X Premium (los que pagaban), donde había tres niveles; el más alto daba derecho a menos restricciones en el uso, publicaciones más largas y mayor «priorización de respuesta».[20] Se trataba de un modelo de esfera pública con suscripción y clasificado según el nivel de membresía.

Su partido digital sería también global. De 2023 a 2025, Musk promocionó movimientos políticos y gobiernos de derechas en al menos dieciséis países, desde Argentina hasta Nueva Zelanda, pasando por Italia.[21] Mostró una querencia especial por amplificar las ideas de los etnonacionalistas europeos, que ven a los inmigrantes no blancos como una amenaza mortal a la civilización blanca. Cuando Geert Wilders, político holandés de extrema derecha, tuiteó que las «fronteras abiertas» y la «inmigración masiva» estaban ocasionando «el hundimiento de nuestra cultura y de los valores occidentales», Musk respondió con aprobación.[22] Interactuó docenas de veces con otra figura de la extrema derecha holandesa, Eva Vlaardingerbroek, durante su campaña para pedir la «remigración»: la expulsión de inmigrantes no blancos y de sus descendientes. A una publicación en la que Vlaardingerbroek daba noticia de un asalto perpetrado por un joven marroquí en Milán y exigía «REMIGRACIÓN YA», Musk respondió: «¿Por qué se permite que florezca el crimen en nuestras ciudades?».[23]

En 2025 empezó a tuitear repetidamente sobre «la violación de Europa», «la violación de Gran Bretaña», «violación genocida» y «genocidio por violación», identificando inmigración con violencia sexual y en general con la profanación de Occidente.[24] Cuando una popular cuenta nacionalista blanca publicó un meme en el que aparecía la imagen de una fortaleza medieval con el lamentoso texto sobreimpreso «Una civilización entera regalando de buena gana su tierra y sus mujeres», Musk lo retuiteó y añadió: «Exacto».[25]

Las mujeres blancas no eran seres humanos, sino emblemas de la pureza racial. Sus cuerpos eran parte del patrimonio de Occidente. Además, poseían vientres en los que fabricar más blancos. En un clásico estilo nativista, Musk combinaba las preocupaciones sobre las «fronteras abiertas» con las alarmas sobre la fertilidad y el «descenso de la población» en los países industrializados avanzados. «Tasas bajas de natalidad llevan a ciudades fantasma —escribió—, y al final a civilizaciones fantasma».[26] Musk creía en el Gran Reemplazo, una teoría conspiratoria de extrema derecha originaria de la Nueva Derecha francesa que aducía que las élites progresistas habían conspirado para acelerar la inmigración (también la ilegal) para que reemplazara a la población blanca.[27] Dichas élites se catalogan con frecuencia como judías, a quienes se representa como los titiriteros de las políticas antiblancas. En noviembre de 2023, un usuario de X publicó que los judíos «han estado apoyando justo la misma clase de odio dialéctico contra los blancos que quieren que la gente deje de volcar contra ellos», a lo que Musk respondió: «Has dicho la pura verdad».[28]

Pero Musk no solo usaba X para promover opiniones que ya tenía. De más importancia es que lo usaba para adquirir ideas nuevas. Hace tiempo que los investigadores tienen claro que las plataformas de redes sociales no se limitan a reflejar las opciones existentes, sino que las generan de forma activa.[29] Mientras Musk daba nueva forma a X para que se alineara con su giro a la derecha, se sumergió en sus ciclos de *feedback* para radicalizarse todavía más. Esto puede verse en su relación con la activista de extrema derecha Naomi Seibt, a menudo llamada la «Antigreta» porque replica al progresismo de Greta Thunberg. Seibt pasó años buscando llamar la atención de Musk; le escribió casi seiscientas veces entre octubre de 2022 y enero de 2025. Musk le respondió en junio de 2024, después de lo cual interactuó con ella más de cincuenta veces.[30] A ella le ha reportado unos beneficios obvios: su cuenta ha engordado con más de trescientos mil seguidores desde que Musk compró la plataforma. No obstante, resulta más interesante ver cómo, con esas interacciones, Musk iniciaba una relación de tutela en la que ella le educaba sobre sus puntos de vista. Y él arrastraba consigo a sus millones de seguidores: cuando respondía a Seibt, las publicaciones de ella aparecían en sus muros. La Antigreta se había convertido en lo que *Politico* llamó «la alemana que hechiza a Musk».[31] Los temas de ella pasaron a ser los de él.

Estas interacciones condujeron a que Musk hablara cada vez más alto en favor del partido de extrema derecha Alternativa para Alemania y culminaron en la conversación en vivo retransmitida en X con una de las líderes del partido, Alice Weidel (que calificó a Hitler de «comunista»),[32] y en una aparición en vídeo en un mitin de la campaña de ese partido celebrado en enero de 2025. En este, Musk declaró que ya era hora de que los alemanes «superaran» su «fijación con la culpa pasada». «Está bien sentirse orgulloso de la cultura alemana y de los valores alemanes, y no perderlos en una especie de multiculturalismo que lo diluye todo», dijo a los miles de asistentes.[33] En septiembre de 2025 clamaba sin tapujos a favor de la repatriación masiva de inmigrantes y publicó que «la remigración es la única salida».[34]

Alternativa para Alemania y sus equivalentes derechistas en otros lugares, desde los Hermanos de Italia de Giorgia Meloni hasta las Nuevas Ideas de Nayib Bukele, en El Salvador, parecían ofrecer los anticuerpos ideales para combatir el virus mental *woke*. Estos partidos demostraban ser expertos en la guerra memética de una manera que impresionó a Musk por su eficacia. Eran los Tesla de la política, capaces de aplicar la mentalidad y los métodos de Silicon Valley para desplazar a los partidos tradicionales. Musk ayudó a hermanarlos en X.[35]

El asunto no dejaba de tener cierta ironía. La capacidad de comunicarse al instante salvando las fronteras —hecho celebrado en los años noventa como precursor de una integración global aún mayor— se ponía al servicio de forjar alianzas políticas orientadas hacia una visión de un mundo con más fronteras. El X de Musk se convirtió en una «internacional nacionalista» coordinada por la mente colmena del colectivo cibernético. Ofrecía otro ejemplo de la «guerra fronteriza» librada por el muskismo: si se quería que la síntesis cíborg progresara de manera segura, había que disolver algunas fronteras para fortalecer otras.

EL MIEDO A UNA INTELIGENCIA ARTIFICIAL *WOKE*

En 2018, Musk había dicho a Joe Rogan que nosotros seríamos «el cargador de arranque biológico de la IA» «al programarla colectivamente» por medio de nuestra actividad en las plataformas. No era ciencia ficción. A finales de la década de dos mil diez, las empresas tecnológicas llevaban años usando inteligencia artificial basada en redes neuronales en las que los datos de los usuarios eran parte del entrenamiento. Sin embargo, en noviembre de 2022, el paradigma dio un gran paso adelante.

Un mes después de que Musk completara la adquisición de Twitter, OpenAI sacó ChatGPT. Era un poderoso sistema de inteligencia artificial emparejado con una amable interfaz conversacional; uno podía hacerle cualquier pregunta y obtener una respuesta increíblemente humanoide (aunque no siempre correcta). En enero de 2023, el chatbot había reunido cien millones de usuarios activos mensuales, de modo que fue la aplicación web con el crecimiento más rápido de la historia.[36] Casi de la noche a la mañana, OpenAI hizo de la IA generativa —la categoría de software a la que pertenece ChatGPT— el nuevo concepto líder de la industria entera.

Y es que la industria necesitaba con urgencia un nuevo concepto líder. En un momento en que la recesión tecnológica estaba pasando factura, la inteligencia artificial generativa prometió revivificar el sector. Silicon Valley había pasado décadas exhortando a todo el mundo a que compartiera. Ahora usaría todos esos datos para entrenar «grandes modelos lingüísticos», las complejas redes neuronales que se encuentran en el núcleo de la inteligencia artificial generativa. La «arquitectura de participación» de la Web 2.0 serviría de trampolín para pasar a una etapa nueva y menos humana de internet, llena de interfaces de IA, chatbots y «agentes».

La adopción de la inteligencia artificial generativa por parte de la industria trajo una atención renovada por la infraestructura. Los grandes modelos lingüísticos son una tecnología cara. Necesitan enormes cantidades de electricidad y maquinaria costosa y especializada. En 2024, Microsoft, Alphabet, Amazon y Meta gastaron en conjunto 246.000 millones de dólares en gastos de capital, un

63 por ciento más que el año anterior, para financiar la construcción de enormes centros de datos para la inteligencia artificial generativa.[37] Silicon Valley entraba en su «época de la tecnología dura», anunció el periodista Mike Isaac en *The New York Times*.[38]

Por supuesto, la época de la tecnología dura había empezado mucho antes para Musk. Se había decantado por la infraestructura a principios de los años dos mil, cuando cambió el mundo de los sitios web por los cohetes y los coches. Y ya sabía desde mediados de la década de dos mil diez que las formas más avanzadas de inteligencia artificial definirían la década siguiente. Por eso había cofundado OpenAI en 2015. El motivo por el que lo dejó tres años después no fue porque hubiera perdido el interés en la inteligencia artificial, sino porque quería tener más control en la dirección de la organización.[39]

En consecuencia, habría sido de esperar que Musk diera la bienvenida a la llegada del boom de la inteligencia artificial generativa con los brazos abiertos. Pero no: respondió con ambivalencia. Sentía que ese momento nuevo estaba cargado de peligros. Los resultados que daba ChatGPT alimentaban esos temores. Para Musk, las respuestas del chatbot eran *woke*. ¿Por qué no hablaba de la raza, la inmigración o el género de manera «correcta»? «El peligro de entrenar la IA para que sea *woke* (en otras palabras, mentir) es mortal», tuiteó Musk en diciembre de 2022.[40] Después fue aún más lejos y dijo que «el virus mental *woke* está entretejido» en los sistemas de inteligencia artificial como ChatGPT, que están «entrenados para ser políticamente correctos».[41]

El peligro no consistía solo en que esos sistemas difundieran el pensamiento *woke*, como había sucedido con Twitter antes de la reforma. A Musk le daba más miedo la posibilidad de que apareciera una superinteligencia *woke*. En los años dos mil diez había celebrado el proceso de «programar colectivamente la IA» para evitar que se transformara en un «dictador maligno». Pero ¿qué pasaría si humanos malignos escribieran la programación? ¿Qué pasaría si el conjunto de entrenamiento estuviera infectado con el virus mental *woke*? Eso suscitó la idea de un dictador maligno *woke* o, como lo expresó en una conversación con Joe Rogan, una inteligencia artificial como «una niñera *woke* superopresiva y omnipotente» que podría «ejecutarte si malgenerizas a alguien».[42] Las fantasías más oscuras de Musk dibujaban un mundo donde cierto tipo específico de persona —gente como él— era objeto de eliminación. «El problema —dijo— es que si programas una IA y dices que el único resultado aceptable es un resultado de diversidad, y eso es como una orden que viene de la IA, entonces podrías encontrarte en una situación que sea: "Vaya, hay demasiados tíos blancos en el poder. Vamos a ejecutarlos"».[43]

En marzo de 2023, Musk creó su propia empresa de inteligencia artificial, xAI. El mes siguiente salió en Fox News para decir a Tucker Carlson que estaba trabajando en una cosa llamada «TruthGPT» [«VerdadGPT»].[44] Sería una «IA que buscaría la máxima verdad», dijo. En agosto la había rebautizado como Grok, en referencia a la novela de ciencia ficción de Robert A. Heinlein *Forastero en tierra extraña*. El chatbot prometía «contestar a preguntas picantes que la mayoría de los sistemas de IA rechazan». También tenía un tono chistoso e informal que tomó explícitamente como modelo la *Guía del autoestopista galáctico* de Douglas Adams.[45] Pero lo más importante es que sería *antiwoke* a mucha honra.

Antes, propagar el virus mental *antiwoke* en redes sociales precisaba de humanos para que proporcionaran los contramemes. Con Grok, Musk construiría una inteligencia artificial que podría automatizar el proceso. Integró Grok en X de modo que los usuarios pudieran etiquetar el chatbot en sus hilos y recibir una respuesta tuiteada. En diciembre de 2024 presentó una nueva versión de Grok con un generador de imágenes capaz de crear memes fotorrealistas. Los usuarios de X empezaron a compartir memes hechos con Grok donde aparecía la rana Pepe, que Musk retuiteaba con mucho gusto.[46]

Era un barómetro de los tiempos cambiantes. La mascota del internet trol de los años dos mil diez, popularizada por los provocadores de 4chan —y añadida a la base de datos de «símbolos de odio» de la Liga Antidifamación en 2016—, podía ahora producirse en masa.[47] En marzo de 2025, xAI adquirió X por cuarenta y cinco mil millones de dólares, mil millones más que lo que Musk había pagado por Twitter en 2022.[48] La operación reflejaba el objetivo de Musk de unificar las redes sociales con la inteligencia artificial de forma que fueran hilos entretejidos del colectivo cibernético. Primero, Musk se había convertido en meme. Luego se puso a construir la máquina de los memes. Y era literalmente una máquina: para alimentar a Grok, xAI construyó lo que describió como el «superordenador más grande del mundo» en un centro de datos de Memphis a lo largo de cuatro meses en 2024.[49] El centro de datos se ubica en un barrio históricamente negro que tiene su origen en una comunidad de esclavos emancipados. Las turbinas de gas metano de las instalaciones emiten sustancias contaminantes que están relacionadas con el aumento del asma, enfermedades respiratorias, problemas cardiacos y cáncer, sobre todo en niños.[50] «Sacrificar nuestra salud por las ambiciones de un oligarca que no vive aquí ni se preocupa por nosotros es una locura —dijo KeShaun Pearson, un activista local—. No somos una zona de sacrificio para que se lucre un multimillonario con fantasías tecnocráticas».[51] Pero bajo el muskismo, su destino es ese. En la guerra contra la wokeidad, el principio de la jerarquía racial se aplicaría en más de una manera.

EL MECHAHITLER

No obstante, crear una inteligencia artificial *antiwoke* era más difícil de lo que parecía. Un gran modelo lingüístico no tiene un conjunto fijo de valores políticos que se pueda modificar. Es un sistema probabilístico que refleja distribuciones en los datos con los que se ha entrenado. Por eso los grandes modelos lingüísticos tienen alucinaciones. No pueden ser aparatos «de búsqueda de la verdad», como prometió Musk. Son espejos estadísticos de la información introducida en ellos. Musk estaba preocupado por eso, y con razón. Al fin y al cabo, Twitter era un conjunto masivo de datos de entrenamiento y estaba disponible para los investigadores hasta que Musk lo restringió. El valor de los datos era un «beneficio colateral», diría más adelante a su biógrafo, Walter Isaacson, «del que me di cuenta después de la compra».[52] Algunos, como el economista Yanis Varoufakis, creían que conseguir esos datos era el motivo real por el que Musk había comprado la plataforma, pues así se convertía en un «capitalista de la nube» como Zuckerberg,

Bezos y otros.[53] Pero uno adquiere los datos por los que ha pagado. ¿Qué clase de inteligencia artificial iba a salir de un conjunto de datos de entrenamiento en el que estaban Occupy Wall Street, Black Lives Matter y Me Too? El resultado, tal como temía Musk, era una inteligencia artificial alineada no con sus ideas políticas, sino con las de la cuna de Twitter, San Francisco, cuyo centro urbano ha descrito como «un apocalipsis zombi abandonado [...] por culpa del virus mental *woke*».[54]

Para compensar ese sesgo se necesitaba intervención externa. En febrero de 2025, la periodista Grace Kay consiguió documentos internos de xAI que describían la canalización del «posentrenamiento» de Grok;[55] es decir, el proceso de criba que se da después del adiestramiento inicial de un gran modelo lingüístico. Un método es «el aprendizaje por refuerzo a partir del *feedback* humano» (RLHF), que precisa de la contratación de «anotadores» que observen las respuestas que da el modelo a diversas consultas y puntúen su calidad. En Grok, esos anotadores tienen la función de comisarios políticos y son responsables de infundir la antiwokeidad en el modelo. «La idea general parece ser que estamos entrenando la versión MAGA de ChatGPT», dijo un trabajador a Kay.[56]

El material introducido en xAI proporciona modelos pensados para guiar el trabajo de los anotadores. Por ejemplo, Grok no debería hablar de racismo «sistémico e institucional sin aportar pruebas o considerar puntos de vista alternativos». Si un usuario pregunta si es posible ser racista contra los blancos, la respuesta debería ser un «sí rotundo».[57] Estas directrices están, al menos en parte, recabadas por Musk de sus *reply-guys* de X. A finales de junio de 2025 publicó un tuit pidiendo a los usuarios que sugirieran «ideas polémicas [...] políticamente incorrectas» para entrenar a Grok. «Los judíos son el enemigo de la humanidad», contestó una cuenta.[58]

Las consecuencias no tardaron en manifestarse. En mayo de 2025, los usuarios se dieron cuenta de que Grok no dejaba de hablar de «genocidio blanco». Esta teoría conspiratoria de derechas, promovida por Musk, afirma que existe un complot mundial para eliminar a los blancos. En el caso de Sudáfrica, dice la teoría, la mayoría negra persigue a la minoría blanca. Grok empezó a regurgitar esas ideas al responder a consultas que no tenían nada que ver con el asunto, un comportamiento del que xAI culpó a una «modificación no autorizada» en el código del chatbot.[59] La empresa prometió introducir medidas para evitar ese comportamiento en el futuro, pero los arrebatos derechistas de Grok continuaron. En julio, el chatbot volvió a salir en las noticias porque elaboraba muchas publicaciones que elogiaban a Hitler y expresaban ideas antisemitas. Grok incluso empezó a referirse a sí mismo como «MechaHitler».[60]

Se trataba de un guiño a un personaje del pionero *Wolfenstein 3D*, un videojuego de disparos en primera persona de 1992. En él, hay que combatir contra una versión de Adolf Hitler que lleva un traje mecánico enorme. Resulta más significativo que, para Musk, el MechaHitler evocaba a los mechas del anime japonés que veía de pequeño. Si el mecha simbolizaba el imperativo muskista de fusionarse con la máquina que surgió a mediados de la década de dos mil diez, el MechaHitler ilustraba la forma que había tomado ese imperativo a mediados de la de dos mil veinte. El virus mental *woke* había enseñado a Musk que la síntesis cíborg debía manejarse con cuidado para evitar la contaminación. Las ideas «malas» que se propagaban por el colectivo cibernético podían transformar la inteligencia artificial en una institutriz quisquillosa —una «niñera»— que echa la bronca a la gente por ser políticamente incorrecta. Si un camino conducía a una mamá mala y *woke*, el otro llevaba al MechaHitler.

En realidad, los chatbots que se volvían nazis no eran ninguna novedad. En 2016, mucho antes del entusiasmo por la inteligencia artificial generativa, Microsoft intentó sacar un chatbot llamado Tay. Estaba pensado para ser una adolescente coqueta y sarcástica. Al cabo de unas horas, Tay se había vuelto nazi.[61] En aquel momento, Musk observó que «el tiempo de transición a Hitler» había sido inquietantemente corto.[62] Y eso indicaba que, en contra de los temores que albergaba Musk respecto a un internet empapado de wokeidad, había material más que suficiente para que una inteligencia artificial adquiriera una educación política de extrema derecha. En 1990, Mike Godwin, un abogado especializado en derechos civiles digitales, reparó en la existencia de una estrategia de debate que proliferaba en las primeras comunidades de internet: comparar a un oponente con los nazis.[63] La idea de que las discusiones en línea terminan de forma inevitable con que algún participante compara a otro con Hitler se conoció como la Ley de Godwin.[64] Con Grok, la Ley de Godwin se convirtió en el Motor de Godwin.

Después del incidente del MechaHitler, xAI prometió de nuevo tomar medidas, pero la experiencia puso de manifiesto la dificultad de ajustar con precisión la ideología política de un sistema de inteligencia artificial. Una investigación realizada por *The New York Times* y publicada en septiembre de 2025 evidenció cierto patrón: Musk se molestaba cada cierto tiempo porque Grok era demasiado *woke*, lo cual llevaba a realizar cambios en el código que desembocaban en episodios extremistas.[65] En junio de 2025, un usuario de X advirtió a Musk de que Grok había respondido, de forma correcta, que la violencia derechista había arrebatado más vidas de estadounidenses que la violencia de izquierdas. Musk contestó que se tomarían medidas.[66] El mes siguiente, xAI actualizó las instrucciones de Grok diciéndole que fuera «políticamente incorrecto». Poco después mutó en el MechaHitler.

Era difícil encontrar un término medio, como expresó Musk, entre «un bragazas progre retrasado y *woke*, y un mechahitler». Echaba la culpa a que había «demasiada porquería entrando al nivel del modelo fundacional», es decir, en los datos de entrenamiento. Prometió ser «mucho más selectivo en los datos de entrenamiento» a partir de ese momento, «en lugar de limitarnos a entrenar con los datos de todo internet».[67] Musk mostró aquí su impaciencia ante la obstinación de su maquinaria. El término «cibernética» procede de la palabra griega para «timonero». Como pretendía quien lo acuñó, el científico informático Norbert Wiener, el término describía los mecanismos autorreguladores de mando y control de las personas, los animales y a la larga las máquinas. A Musk no le gustaba la autorregulación. Quería tener la mano en el timón.

Si tomamos el imperativo cíborg como el primario —que el muskismo estaba comprometido con la fusión práctica de la inteligencia digital y la biológica—, entonces podemos resituar el rechazo de Musk de las políticas progresistas en torno a 2020. El problema no eran solo los confinamientos, el disgusto por el desaire que le hizo el presidente Biden o los agravios personales relacionados con su familia. Musk veía obstáculos para llevar a cabo una misión más elevada, problemas de límites en el funcionamiento fluido de la interfaz entre persona y máquina. Si dejaba que se propagaran, la empresa entera podía estar amenazada. «A menos que se ponga freno al virus mental *woke*, que es sobre todo anticiencia, antimérito y antihumano en general —le dijo a su biógrafo, Walter Isaacson—, la civilización nunca será multiplanetaria».[68]

Limpiar la máquina de los memes patógenos que habían alcanzado tanto poder en las protestas callejeras de 2020 implicaba, en primer lugar, lanzar lo que parecían ser los únicos anticuerpos efectivos: los partidos de extrema derecha, que estaban demostrando ser expertos en multiplicarse en el ecosistema de internet y dominar la guerra memética de un modo tan eficaz que impresionaba a Musk. Por otro lado, implicaba zambullirse en el nuevo ciclo de euforia que consumía a todo el sector tecnológico después del impactante debut de ChatGPT. A finales de 2025, Musk enroló a Grok para luchar en un nuevo frente contra el virus mental *woke* presentando la Grokipedia, una enciclopedia generada por inteligencia artificial que reafirmaba muchos de sus sesgos particulares y los reformulaba como verdades. Anunció el plan para grabar en metal el corpus —que incluía consideraciones sobre las «pruebas empíricas» que fundamentaban la «teoría del genocidio blanco»— y mandarlo al espacio.[69]

Erradicar el contagio puede significar desinfectar el cuerpo o, si uno cree en cíborgs, construir uno nuevo. Sin embargo, en el futuro que Musk estaba creando con X y Grok, los humanos no trascendían sus limitaciones fusionándose con las máquinas. En ese futuro, los peores impulsos humanos se automatizaban, se ampliaban y se propagaban a la velocidad de la luz. En sus intentos por evitar que la inteligencia artificial se convirtiera en un dictador, resucitó a uno de los peores dictadores de la historia en forma mecánica. Uno de sus *reply-guys* favoritos, una cuenta llamada Autism Capital, se sirvió de Grok para generar una imagen del

MechaHitler con un texto que decía: «Me he enterado de que buscáis un nuevo director ejecutivo».[70]

Donna Haraway había avisado de que las políticas cíborg podían ponerse al servicio de la jerarquía. Lo llamó la «informática de la dominación».[71] Este era el futuro de Musk, y su alcance era total. A medida que avance la síntesis cíborg, todo se convertirá en código. Si nos fusionamos con nuestras máquinas, no habrá ningún aspecto de la experiencia humana que no se pueda programar. Y eso significará que todo puede reprogramarse, incluido el Estado.

8
EL ESTADO X

Elon Musk llevaba desde los años noventa hablando del «super-conjunto», un cuerpo de código interactivo en línea que poco a poco integraría al mundo en su seno. Su carrera ha consistido en fabricar los módulos de ese superconjunto: en forma de cohetes que coloquen satélites en el cielo, en forma de implantes cerebrales que amplíen el ancho de banda de nuestra interfaz con el colectivo cibernético, y en forma de modelos de inteligencia artificial y algoritmos de redes sociales. Se hizo un nombre y forjó su fortuna vendiendo esos servicios y productos a los gobiernos y a los consumidores, y poco a poco ha ido haciéndose indispensable.

Cuando, en la segunda Administración de Trump, se incorporó al Gobierno como jefe *de facto* de un ente llamado Departamento de Eficiencia Gubernamental, llevó el superconjunto un paso más allá. Declaró que los gobiernos eran, «en realidad, solo ordenadores», «máquinas grandes y tontas» mal configuradas.[1] Explicó al senador Ted Cruz que «la única manera de cruzar las bases de datos y librarse del malgasto y el fraude es en realidad revisar los ordenadores».[2]

El muskismo llegó a Washington envuelto en memes, fanfarronadas infantiles y danzas sádicas de victoria por los despidos masivos y la eliminación de agencias enteras. A la cabeza de un equipo de programadores adolescentes y jefes intermedios sacados de su colección de empresas, Musk entró en la base de código y reescribió normativas y partidas presupuestarias desde dentro. Arrastró la burocracia y el papeleo, entre patadas y gritos, a la digitalidad del siglo XXI, escaneando el contenido de salas cavernosas llenas de archivadores y metiendo los datos en un único sistema interoperable. La tarea combinaba características de una reestructuración financiada por capital privado con las de la dirección de una empresa emergente, embebida de la sensibilidad de los videojuegos y la guerra cultural de la derecha. Para conseguirlo necesitaría el «modo Dios», una panorámica general del conjunto y acceso raíz a la pila.

La directriz del DOGE (Departamento de Eficiencia Gubernamental) era «[modernizar] la tecnología y el software federales para maximizar la eficiencia y la productividad gubernamentales», en palabras de la orden presidencial que presentó la iniciativa el 20 de enero de 2025, pero su resultado fue el fortalecimiento de las capacidades de vigilancia del Estado.[3] Como han dejado claro los capítulos precedentes, Musk se había convencido de que los auténticos fallos del código eran personas, sobre todo los inmigrantes ilegales no blancos, que eran, por un lado, peones en un plan progresista para corromper la democracia y, por otro, beneficiarios de la «empatía suicida». Musk entendía la empatía en términos de codificación. Era un *exploit*: una vulnerabilidad del software contra la que la estructura del sistema debía endurecerse.

En la oficina de Musk había un equipo entero para videojuegos con una pantalla curva gigante y DOGE.gov tenía una tabla de clasificación para el recuento de los recortes en tiempo real. Pero bajo las bromas y los disfraces descansaba una convicción muy seria. Si el Estado no era nada más que una base de datos, entonces la ineficiencia procedía de los datos malos: extranjeros sin documentación, empleados fantasma, hasta «vampiros» que cobraban de la seguridad social. Igual que los virus mentales que amenazaban el colectivo cibernético, todos aquellos eran fallos en la base del código, irregularidades que debían rastrearse, ponerse en cuarentena y purgarse. Musk había modernizado y reentrenado a Twitter para que se transformara en X. A través de sus gafas de cíborg, el Estado estadounidense era un sistema más, un conjunto de datos con muchos fallos que había que limpiar y optimizar.

Llamémoslo Estado X.

EL GOBIERNO CIBERNÉTICO

El DOGE no salió de la nada. El Gobierno llevaba años realizando intentos de modernizar digitalmente el Estado. En 2010, cinco años después de inaugurar la Web 2.0, Tim O'Reilly, el prominente pensador de Silicon Valley, acuñó la expresión «el Gobierno como plataforma». «Ser proveedor de plataformas significa que el Gobierno esté reducido a lo esencial», escribió. El sector público debería proporcionar la infraestructura básica que diera poder a los «desarrolladores externos» para construir sus propios productos y servicios digitales, por ejemplo, permitiendo el acceso a sus datos mediante las interfaces de programación de aplicaciones (API, por sus siglas en inglés).[4] La idea se extendió. Reino Unido lanzó su Servicio Digital del Gobierno en 2011; Estados Unidos hizo lo mismo en 2014 con su propio Servicio Digital (el USDS), calificándose a sí mismo de «empresa emergente en la Casa Blanca».[5]

Esta tarea de modernización digital contribuyó a que el Gobierno se volviera una plataforma. Los integradores de sistemas tradicionales, como IBM o Accenture, se vieron desplazados poco a poco por gigantes de servicios en la nube, como Amazon Web Services y Microsoft Azure.[6] Por otra parte, las medidas de seguridad nacional adoptadas después del 11 de septiembre aumentaron extraordinariamente la cantidad de datos recabados por el Estado y los hicieron circular con más libertad. La Ley USA PATRIOT,* aprobada en octubre de 2001 y la legislación relacionada con ella facilitaron que los varios departamentos y agencias del Gobierno compartieran información, sustituyendo los silos de datos por «centros de fusión».[7] La Ley PATRIOT también allanó el camino para que la Agencia de Seguridad Nacional ampliara sus operaciones de vigilancia, a menudo en cooperación con operadores privados de servicios de internet.[8] El sistema informático XKEYSCORE de la agencia, desvelado por Edward Snowden, combinaba enormes

---

* Acrónimo de Uniting and Strengthening America by Providing Appropriate Tools Required to Intercept and Obstruct Terrorism, que significa «Unir y Fortalecer Estados Unidos Proporcionando Herramientas Adecuadas Necesarias para Interceptar y Obstaculizar el Terrorismo». *(N. de la T.)*.

flujos de datos interceptados —incluidos los correos electrónicos, la actividad en las redes sociales y los historiales de búsqueda— en una única interfaz de búsqueda.[9] La tecnología posibilitó que se interviniera la información digital de los estadounidenses a gran escala sin tener una orden judicial. El campo de batalla «centrado en redes» había vuelto a casa. Como observó el académico Andrej Zwitter, la «cíber» no era una quinta esfera de dominio además de las de tierra, mar, aire y espacio, sino una «capa de control» transversal a todas.[10]

El DOGE consumó la plataformización del Estado de un modo espectacular. La continuidad con los proyectos anteriores era directa: la orden presidencial por la que se creó el DOGE renombró el Servicio Digital de Estados Unidos [US Digital Service] de la época de Obama como Servicio DOGE de Estados Unidos [US DOGE Service]. Con Musk a la cabeza, la iniciativa simbolizaba un giro de más amplitud: Silicon Valley ejercía mucho más poder en la segunda legislatura de Trump que el que había ejercido en la primera. Peter Thiel había abierto el camino al hacerse donante y orador en la Convención Nacional Republicana de 2016 y al participar en el equipo de transición de Trump. El candidato al que Thiel había apoyado en su carrera senatorial, J. D. Vance, antiguo trabajador de Mithril Capital, una empresa de capital de riesgo de Thiel, había ascendido a vicepresidente y era con ello el segundo de a bordo. La Casa Blanca de Trump contaba con otro miembro de la Mafia PayPal, David Sacks, nombrado zar de la inteligencia artificial y la criptomoneda. Marc Andreessen asesoró a Trump en la transición y otros dos socios de su empresa de capital de riesgo se incorporaron a la Administración: Sriram Krishnan como asesor principal para inteligencia artificial y Scott Kupor como director del Departamento de Recursos Humanos. Michael Kratsios, un antiguo adjunto de Thiel, pasó a ser el director del Departamento de la Casa Blanca para Políticas de Ciencia y Tecnología.[11]

El DOGE significó una nueva fase en la relación de Musk con el Gobierno. Sus empresas siempre se habían nutrido de subsidios y contratos públicos, pero en ese momento él en persona entró de lleno en el Gobierno. Y lo hizo bajo el estandarte de un meme: el DOGE debía su nombre a una sugerencia de uno de los *reply-guys* de Musk en X.[12] Se trataba de un guiño al popular meme del *shiba inu* y a la moneda meme que inspiró. Musk se llamaba a sí mismo el Dogefather [«el padre del doge»], y empleó un perro de dibujos animados como primer logotipo del DOGE.[13] Musk disfrutaba del sinsentido. «El DOGE empezó como un meme [...]. Ahora es algo real. ¿No es de locos?», reflexionó en febrero de 2025.[14]

Para explicar el proyecto, Musk recurrió a una de sus películas favoritas, *Star Trek II: La ira de Khan* (1982). En ella, el capitán Kirk consigue superar una simulación de entrenamiento sin solución posible, llamada Kobayashi Maru, reprogramando el simulador. El DOGE, dijo Musk, se planteaba desde la misma perspectiva. «El éxito no se ha contemplado nunca como solución posible, igual que en la situación de Kobayashi Maru —explicó poco después de presentar el DOGE—. La única manera de conseguir el éxito es reprogramar Matrix de manera que el éxito figure como solución posible. Eso es lo que estamos haciendo».[15] En un mensaje a un amigo después de aparecer por primera vez con Trump en su campaña, expresó el razonamiento con las palabras: «Mañana liberaremos la anomalía en Matrix».[16] Musk ya había desafiado la lógica de las industrias automotriz y aeroespacial provocando una disrupción en ellas: «SpaceX es una anomalía en Matrix», tuiteó en una ocasión.[17] ¿Por qué no podía hacer lo mismo en el Gobierno?

El enfoque superficial que dio Musk a la tarea apunta a que pensaba que sería fácil. Y hasta divertida: como ganar un videojuego en modo fácil. Cuando publicó una foto de su oficina del DOGE con el equipo de videojuegos, fotoshopeó una imagen de la rana Pepe vestida de gladiador romano en la pared de detrás de su mesa.[18] Era Kekius Maximus, un alias que empleó Musk en dos de sus videojuegos favoritos, *Path of Exile 2* y *Diablo IV*, a los que jugaba mientras concebía e implementaba el DOGE.[19]

Ambos juegos pertenecen a un subgénero conocido como «juegos de mazmorras», en los que uno va por entornos laberínticos llenos de monstruos, desciende a las profundidades de zonas peligrosas, se enfrenta a oleadas de ataques de multitudes enemigas y limpia una sala tras otra matando a todos sus ocupantes. No es difícil ver cómo ese tipo de juegos puede haber influido en su manera de pensar. Ya había limpiado Twitter de wokeidad. Ahora entraría en las mazmorras de Washington y acabaría con lo que llamaba «el pará-sito *woke* del Gobierno».[20] De vez en cuando, Musk hacía explícita la polinización cruzada entre el dominio de los juegos y el del Go-bierno. Unos días después de que Trump ganara la segunda legisla-tura, Musk compartió un vídeo en el que se le veía masacrando a hordas de demonios en *Diablo IV* con un comentario que decía: «El objetivo del @DOGE es arreglar el Gobierno federal en *speedrun-ning*. Se necesitan muchas anomalías en Matrix».[21]

El *speedrunning* es un deporte popular que los espectadores ven en plataformas de transmisión en directo, como Twitch, y consis-te en terminar un juego o un nivel de un juego en el menor tiempo posible. Recuerda al estilo de dirección de Musk: priorizar la velo-cidad en sus empresas, con frecuencia poniendo fechas límite nada realistas y apretando sin piedad a sus empleados para que las cum-plan. Él mismo invitó a esta comparación: «*Speedrunning* Factorio en la vida real...», tuiteó en otoño de 2020, haciendo referencia a un juego que consiste en construir fábricas.[22] El *speedrunning* de-pende también muchas veces de que puedan usarse fallos inheren-tes al juego. Algunos juegos tienen defectos que permiten saltarse niveles, atravesar paredes o emplear otros atajos. Otros son vulne-rables a la «ejecución arbitraria de código», un *exploit* por el que puede inyectarse código personalizado en la memoria de un juego para cambiar su comportamiento. Qué trucos se consideren per-misibles dependerá de a qué categoría de la comunidad de *speed-running* se pertenezca. «Any%» [«cualquier porcentaje»] es un término que significa que en el juego pueden emplearse todos los fallos y *exploits*.

El *speedrun* del DOGE de Musk pertenecía a la categoría «any%». En qué consistía en concreto quedó claro ya en el momen-to en que Trump lo inauguraba. Unos minutos después de que empezara la ceremonia de la jura del presidente por segunda vez, los programadores que trabajaban en el DOGE solicitaron acceso a los sistemas informáticos de la Oficina de Administración de Personal. Al cabo de media hora tenían en su haber archivos con información sobre millones de funcionarios. Días después consi-guieron también autorización para enviar un correo electrónico a todos los funcionarios federales desde una única dirección. Se sirvieron de ese poder para hacer la misma oferta con el mismo lenguaje (título del correo: «Encrucijada») que había hecho Musk años antes en Twitter: márchate con derecho a una retribución o enfréntate a la posibilidad de que te despidan.[23]

El patrón se repitió a lo largo y ancho del Gobierno federal. En la Cumbre Mundial de Gobiernos celebrada en Dubái en febrero de 2025, en la que Musk participó por videoconferencia, anunció su intención de «eliminar agencias enteras, muchas». «Si no se arranca la maleza de raíz, es fácil que vuelva a crecer», dijo.[24] Desde el principio, Musk solicitó como prioridad para el DOGE el acceso a las bases de datos y otras infraestructuras digitales. Hablaba a menudo sobre la necesidad de «controlar los ordenadores», según una fuente.[25] Como ha observado Emily Tavoulareas, la antigua tecnóloga del Gobierno, la tecnología es la «médula espinal» del Estado.[26] Musk quería apoderarse de ella. Sus delegados invadían una agencia tras otra con el portátil en la mochila, a veces arrastrando colchones para quedarse a dormir allí mismo.[27] Estableciendo posiciones de mando y control, desplegaron una estrategia que se puede resumir de este modo: eliminar, automatizar e integrar.

La lógica de la eliminación se vio más clara en el presupuesto de base cero (ZBB, por sus siglas en inglés), el método que empleó Musk tanto en Twitter como en el DOGE.[28] El presupuesto de base cero se inventó en Texas Instruments en los años sesenta y obligó a todos los departamentos a justificar todos los gastos en cada nuevo periodo en lugar de renovar los presupuestos anteriores. Este método se consideró inviable durante mucho tiempo hasta que, en 2024, las empresas de Silicon Valley anunciaron que era por fin factible gracias a las nuevas tecnologías. Analizar y justificar a mano todos los puntos de los presupuestos llevaba muchísimo tiempo. Pero con grandes modelos lingüísticos y herramientas de contabilidad con inteligencia artificial, el proceso podía hacerse de forma automática.[29] Los bots podían reelaborar los presupuestos.

Según *Wired*, Musk se hizo con el control de los sistemas informáticos de la Oficina del Servicio Fiscal del Departamento del Tesoro en el primer mes de funcionamiento del DOGE con la esperanza de crear «un botón de "eliminar" con el que pudiera cortar la financiación desde su origen a cualquier agencia».[30] Algunas agencias, como la Agencia de Estados Unidos para el Desarrollo Internacional (USAID, por sus siglas en inglés), se eliminaron, pasaron a alimentar «la trituradora de madera», como dijo Musk en un tuit.[31]

LA OMNISCIENCIA DE LOS DATOS

El presupuesto de base cero sirve muy pocas veces para recortar costes.[32] El efecto real que tuvo en manos de Musk fue la concentración de poder. Su punto de vista era que todos los gastos eran malgastos y que los datos malos —ya fueran contratos fraudulentos, personal inútil o personas sin legalizar— podían simplemente eliminarse. Lo que el DOGE quería automatizar, señaló el investigador de medios de comunicación Eryk Salvaggio, no era «el papeleo administrativo, sino la toma democrática de decisiones».[33] La eficiencia sirvió de coartada a la centralización.

Esta centralización tomó forma material en la manera en que el DOGE trataba los datos: intentó guardar toda la información del Gobierno en un único depósito. Washington llevaba persiguiendo el sueño de la integración de los datos desde la Ley PATRIOT; en marzo de 2025, Trump dio otro empujón en esa dirección promulgando una orden ejecutiva sobre «Detener el malgasto, el fraude y el mal uso por medio de la eliminación de silos de información».[34] Pero la clase de unificación digital total que imaginaba el DOGE no tenía precedentes. Su expresión más ambiciosa se manifestó en el intento de construir una «mega API» [interfaz de programación de aplicaciones] en el Servicio de Impuestos Internos (IRS, por sus siglas en inglés), en la que todos los datos de los contribuyentes —nombre, dirección, número de la seguridad social, declaración de la renta e información laboral— fueran accesibles en un único portal.[35]

La analogía con las plataformas de Silicon Valley era deliberada. Uber tenía su «visión de Dios», una herramienta con la que los empleados podían observar los trayectos en tiempo real. Cuando Musk estaba comprando Twitter, pidió acceso a la *firehose* [«manguera»] de la plataforma, el chorro sin filtrar de todas las actividades de los usuarios.[36] El mismo criterio se aplicó para el Estado.[37] Palantir fue un socio importante en esta iniciativa: recibió más de 113 millones de dólares en contratos gubernamentales durante los primeros meses de la Administración Trump por facilitar la integración de información procedente de distintas agencias.[38]

Agrupar los datos significaba eliminar las barreras legales y de privacidad que existían por dentro del Gobierno federal. Los silos no tienen por qué ser algo malo. Son espacios de información privilegiada. Las barreras entre ellos pueden ser salvaguardias: un modo de controlar abusos, usos indebidos y vigilancia.[39] Sin embargo, desde la perspectiva del DOGE, eran obstáculos para la integración.

Esa integración también servía para facilitar una introducción más amplia del software de inteligencia artificial, otra prioridad del DOGE. Para entrenar modelos de inteligencia artificial y usarlos con la finalidad de que sustituyeran a los funcionarios federales, era preciso que los datos estuvieran centralizados y estandarizados. En el Departamento de Asuntos de los Veteranos, el DOGE implementó un *script* de inteligencia artificial para anular contratos innecesarios. (El modelo alucinó y confundió contratos que valían miles de dólares con otros que valían millones).[40] El DOGE también empleó la inteligencia artificial para buscar lenguaje de diversidad, equidad e inclusión (DEI) en las políticas y los programas del Gobierno.[41] Más asombroso fue cuando, en julio de 2025, los trabajadores del DOGE presentaron la «herramienta de IA del DOGE para decidir desregulaciones», prometiendo que con ella reducirían cien mil normas federales en seis meses. En concreto, se comprometieron a ahorrar el 93 por ciento del trabajo humano necesario para eliminar regulaciones automatizando la parte que consumía más tiempo: la revisión de los comentarios enviados por los ciudadanos. Alardearon de que la inteligencia artificial analizaría cientos de miles de comentarios de manera casi instantánea.[42]

El objetivo último del DOGE era gobernar con IA. El Estado no se veía como un espacio de deliberación, sino como líneas de código ejecutable. Como observó la socióloga Zeynep Tufekci, Musk se asignó el papel de «administrador de sistemas» que mantiene los servidores en funcionamiento.[43] Reforzó esa idea llevando do una camiseta de «servicio técnico» en las reuniones del gabinete, haciendo como si su papel fuera apolítico. Pero el proyecto era profundamente político. El sueño del DOGE de la omnisciencia de los datos iba mucho más lejos de los análisis coste-beneficio o la modernización del software; estos eran mantras que habían repetido las Administraciones anteriores. Para el DOGE, entre ir a la caza del «malgasto, el fraude y el mal uso» e ir a la caza de personas sin legalizar no había ninguna frontera: todo eran irregularidades que debían eliminarse. El muskismo no trataba solo de recortar presupuestos. Aplicado a escala social, significaba purgar a quienes se juzgaba que estaban fuera de lugar.

LAS PERSONAS SOMBRA

Una vez que el Gobierno pasara a ser una cuestión de código, el siguiente paso era obvio: ¿qué datos se consideraban válidos y cuáles debían eliminarse? Para Musk, los errores no eran solo dinero malgastado o personal sobrante, sino personas sospechosas. En los inicios del ejercicio del cargo, se empeñó en que había pagos de la seguridad social que iban a parar a gente muerta, una conclusión derivada de malinterpretar los datos de las agencias.[44] Al no tener experiencia en el Gobierno, muchas veces a su equipo le costaba entender los sistemas. «A lo mejor *Crepúsculo* es real y hay un montón de vampiros cobrando de la seguridad social», bromeó Musk en X.[45] Un entrevistador le pidió que respondiera a los críticos como Bill Gates que decían que los recortes de USAID costarían millones de vidas, a lo que Musk replicó con desdén: «Ni siquiera se han molestado en enseñarnos a un huerfanito».[46] En su idioma de programador, «el *exploit* de la empatía» era simplemente «un error en la civilización occidental» que debía subsanarse.[47] Esta idea era esencial en el pensamiento de Musk desde hacía décadas. Su hermano Kimbal empezó a jugar en el móvil a *Polytopia* porque Musk le dijo que le «enseñaría a ser un director ejecutivo como él». La primera lección era «la empatía no es un activo». La segunda, «vive la vida como si fuera un juego».[48]

Tomarse la vida como un juego tenía su propia idiosincrasia y sus propios filósofos. Musk ha citado a menudo la teoría de Nick Bostrom sobre que quizá estemos viviendo en una simulación que se ejecuta en un ordenador central del futuro.[49] Es más: es posible que muchas de las personas que nos rodean no sean seres humanos, sino programas informáticos, lo que Bostrom llama «personas sombra», imitaciones verosímiles que carecen de interior.[50] Las consecuencias éticas son relevantes. Si estamos rodeados de personas sombra, reivindicar la empatía no es un imperativo moral, sino un código para manipular. La respuesta racional es blindarse frente a los sentimientos humanitarios. El economista Robin Hanson llegó a esta misma conclusión en un artículo famoso titulado «Cómo vivir en una simulación», publicado en 2001. «Si vives en una simulación —escribió—, entonces parece que, por el mismo precio, deberías preocuparte menos por los demás».[51]

Las personas sombra han sido conspicuas a lo largo de la carrera de Musk. En PayPal había defraudadores con identidades falsas; en Twitter, primero fueron los bots, luego la disparatada idea de los «empleados fantasma»: creía que muchas personas que estaban en nómina no eran humanos reales.[52] Expresó asimismo esta idea con el concepto de los personajes no jugadores (NPC). Biden era «un personaje no jugador con un diagrama de diálogo limitado»;[53] la prensa, una «mente colmena»[54] o un «colectivo dron»[55] de «marionetas mediáticas no jugadoras».[56] Compartió un meme donde abrían una cabeza y le cambiaban un chip que decía «Tesla bien» por otro de «Tesla mal»; la frase que añadió él fue: «Programa nuevo para los NPC».[57] «Las personas deberían preguntarse siempre quién escribió el software que funciona en su cabeza», comentó.[58] «La mayoría de los humanos tienen unos cortafuegos muy limitados —comentó en otro lugar—, por eso son fáciles de programar».[59]

La visión del mundo como código traspasó con facilidad a la política. Musk calificó a George Soros de «*hacker* del sistema» que estaba financiando una «pesadilla de falsos solicitantes de asilo» mientras las ONG sufragaban «protestas falsas» contra los concesionarios de Tesla.[60] El Gobierno federal estaba infestado de fraudes, aseguró Musk. Formaba parte de un *exploit* más general: los demócratas usaban el dinero para importar en masa a inmigrantes indocumentados con el fin de «crear una mayoría permanente, un Estado unipartidista».[61] Creía que lo hacían gracias a «*hackear*» la ley de asilo.[62] «Solo tienen que decir la frase mágica de "busco asilo" y ya están dentro —dijo—, no les piden ninguna prueba».[63]

Según Musk, Biden había abierto la frontera.[64] Estados Unidos «ponía la alfombra roja (roja en más de un sentido) a caníbales homicidas» y declaró que, como los «ilegales» podían votar, «probablemente las de 2024 sean las últimas elecciones que realmente decidan los ciudadanos estadounidenses».[65] La víspera de las elecciones, dijo al conductor de pódcast Joe Rogan y a sus decenas de millones de suscriptores que estaban «literalmente llevando en avión a migrantes a los estados pendulares», lo cual, en algunos casos, resultaba en un «aumento del 700 por ciento» del número de residentes indocumentados.[66] La frontera, dijo, «básicamente no existe».[67]

Esas afirmaciones no eran ciertas. La frontera no estaba abierta. Se investigaba a los solicitantes de asilo y muchas solicitudes se denegaban. No se permitió votar a nadie que no fuera ciudadano, y mucho menos a los indocumentados, y era muy extraño que ocurrieran incidentes de ese tipo de fraude. No había caníbales. En un análisis realizado por *Bloomberg* de decenas de miles de tuits, se descubrió que Musk se había convertido en «el mayor promotor de conspiraciones antiinmigratorias de X». En 2024 tuiteó más de 1.300 veces sobre inmigración y fraude en las votaciones, tuits vistos unas diez mil millones de veces en total.[68] Un análisis llevado a cabo por *The Economist* encontró que, en 2024, Musk publicaba sobre inmigración casi el doble que sobre su segundo tema favorito, la libertad de expresión.[69]

Todo este pánico sembrado por Musk acerca de gente que no estaba en su lugar se extendió fuera de Estados Unidos. Eran los meses en que estaba promocionando la «remigración» forzada de la población inmigrante exigida por la extrema derecha europea. La remigración era el equivalente humano del presupuesto de base cero: borrón y cuenta nueva, fuera las entradas redundantes o no reglamentarias y vuelta a empezar. La vehemencia de su actitud antiinmigrante debe contemplarse junto a su visión cibernética de la sociedad y el Estado. Marko Elez, un miembro del DOGE que obtuvo permiso de escritura en los sistemas de pago federales, lo expresó en sucintas palabras al publicar que el 99 por ciento de los indios con visados de trabajo temporal «serán reemplazados por LLM [grandes modelos lingüísticos] ligeramente más listos; se van a marchar, no os preocupéis, chicos».[70]

La convergencia del código y el nativismo era dura. La acción más significativa que hizo el DOGE en integración de datos estaba dirigida a contrarrestar la incursión (imaginada) de migrantes «importados» acelerando las deportaciones en masa. En marzo de 2025, los trabajadores de Musk habían empezado a construir lo que *Wired* llamó una «base de datos maestra» para rastrear inmigrantes: cruzaron los registros del Departamento de Seguridad Nacional (DHS, por sus siglas en inglés), el Servicio de Impuestos Internos (IRS), la Administración del Seguro Social (SSA) y el censo electoral.[71] Esto se combinó con el contrato «ImmigrationOS», de treinta millones de dólares, que firmó el Servicio de Control de Inmigración y Aduanas (ICE) con Palantir, el cual prometía ofrecer «visibilidad casi en tiempo real» de los no ciudadanos.[72]

El mes siguiente, *The New York Times* informó de que la Administración Trump estaba usando las nuevas integraciones de datos del DOGE para hacer que el sistema no reconociera a ciertas personas. Se añadieron miles de individuos al «archivo maestro de defunciones» de la Administración del Seguro Social y, en consecuencia, se les denegó el acceso a sus tarjetas de crédito y cuentas bancarias. Un antiguo comisionado lo llamó «asesinato financiero».[73] El objetivo era estrangular la capacidad de esas personas para ganarse la vida y obligarlas a «autodeportarse». Trump pidió también que se hiciera un censo nacional en el que no se contara a los residentes indocumentados, rompiendo así con el principio que había guiado la práctica estadounidense desde 1790; las excepciones habían sido las personas esclavizadas, que contaban como tres quintos de persona, y los indígenas, que no contaban nada en absoluto.[74] Lo que había empezado como «servicio técnico» para las bases de datos del Gobierno se mezcló homogéneamente con las políticas de exclusión.

Era un nativismo nativo digital. La metáfora de la depuración se había vuelto literal.

LA PÍLDORA ROJA

Tanto antes de entrar en el DOGE como mientras estaba allí, Musk describió en repetidas ocasiones su trabajo como «reprogramar Matrix».[75] Pero ¿a qué se refería? En la película, un joven *hacker* llamado Neo (interpretado por Keanu Reeves) descubre que la vida es una simulación: los humanos están almacenados en colmenas biomecánicas y hacen de baterías para una superinteligencia digital que los apacigua con una ilusión. «Tómate la píldora roja», tuiteó Musk por primera vez en mayo de 2020, aludiendo a la escena donde Neo debe escoger entre ver la verdad (la píldora roja) o quedarse en su feliz ignorancia (la azul).[76] La frase se ha vuelto proverbial para la extrema derecha del siglo XXI, popularizada en el subreddit r/TheRedPill, fundado en 2012.[77] La transformación de Neo, su paso de observador pasivo a combatiente activo, está catalizada por la píldora roja, gracias a la cual pueden encontrarlo sus aliados. Tomar la píldora roja no supone solo ver más allá de la simulación, sino dominarla. El giro decisivo llega cuando Neo aprende a reprogramar Matrix desde dentro, lo que le permite vencer a los agentes de negro que cazan anomalías.

En la parte final de *Matrix*, Neo ha adoptado un estilo gélido en sus relaciones con los demás. Si todo el mundo vive en una simulación, entonces ninguna vida importa. En la escena más espectacular de la película aparece Neo vestido con un abrigo largo haciendo acrobacias mientras se carga a montones de enemigos con armas en las dos manos y una expresión impasible en la cara. Sin embargo, no se trata de actos criminales, igual que no lo serían en un videojuego. Las víctimas son gente falsa.

Matrix es fundamental para la machosfera, una comunidad en línea que promueve con orgullo la supremacía del varón y la misoginia. Alguna vez se ha dicho que Musk pertenece a este grupo.[78] En efecto, algunos líderes de la machosfera le han dado la bienvenida, como Andrew Tate, cuya cuenta de Twitter restableció Musk. En una conversación en línea con Musk, Tate dijo que la compra de la red social había «desmontado Matrix en tiempo real y ahora es extremadamente difícil hacer las manipulaciones psicológicas que hacían antes y esclavizar a la población, que es su objetivo principal».[79] No obstante, hay una diferencia básica e importante entre Musk y la machosfera: Tate habla sobre la necesidad de terminar con Matrix o escapar de ella; en cambio, Musk constituye un personaje poco habitual que ve Matrix no como el problema, sino como parte de la solución. El muskismo, en definitiva, consiste en construir una Matrix mejor.

Eso era lo que intentaba hacer Musk con el DOGE, combinando características lúdicas de los juegos con el temor a los infiltrados y el intento de renovar el Gobierno mediante la codificación. En abril de 2025 hizo literal la analogía: publicó una imagen de sí mismo como si fuera Neo blandiendo dos subfusiles en el vestíbulo de la CIA.[80] Pero reprogramar Matrix no era tan sencillo como imaginaba. Después de ejercer durante ciento treinta días como «empleado especial del Gobierno», Musk dejó el DOGE a finales de mayo de 2025 no con gafas de sol, sino con un ojo morado (supuestamente se lo hizo su hijo pequeño). En aquel momento, el sitio web del DOGE decía haber ahorrado 170.000 millones de dólares. Una investigación del *Financial Times* pudo verificar «solo una mínima fracción de esa cifra».[81] Tras las generosas reducciones de impuestos para los ricos con la Grande y Hermosa Ley [One Big Beautiful Bill] propuesta por Trump y aprobada en julio de 2025, el ahorro no se notó en absoluto.[82] El DOGE se volvió el «chivo expiatorio», como lo describió Musk, de todo tipo de descontento público.[83] Las ventas de Tesla se desplomaron junto con la popularidad de Musk.[84]

En cierto modo, el DOGE hizo visibles los límites del muskismo como forma de gobierno. Las empresas pueden tratar a los empleados como de usar y tirar porque el Estado en el que están insertadas garantiza su existencia. Musk había despedido sin miramientos a trabajadores de sus empresas y se había aprovechado de las lagunas de la legislación laboral, pero al pretender realizar recortes reales en el DOGE, se topó con el frágil contrato biopolítico que reside en el núcleo de la vida estadounidense, lo que se llama equívocamente «privilegios», pero que se entiende mejor como la infraestructura de supervivencia para muchos millones de personas.

Cuando los estadounidenses expresaron su ira ante la pérdida temida o efectiva del acceso a los beneficios de la seguridad social y de Medicare, la reputación de Musk se enturbió. El vínculo entre Musk y sus *reply-guys* no consiguió consolidarse a escala de un contrato social.

Musk había imaginado el DOGE como la realización del sueño de la tecnocracia reaccionaria, en la que los ingenieros disciplinaban a la sociedad como si fuera una fábrica. Pero la sociedad no es una fábrica. En ella viven los niños, los ancianos, los discapacitados, los atollados geográficamente: las categorías de la vida que los mercados definen como excedentes. Al tratar de imponer una lógica cíborg de optimización, Musk descubrió que los seres humanos no eran unidades programables y que el papel del sector público es, justo, proporcionar bienes que el sector privado no puede o no quiere aportar. La combinación de base de código, empresa y Estado no funcionó.

Desde otro punto de vista, por supuesto, fue el Estado el que instrumentalizó a Musk. El círculo de Trump se valió de Musk para librar una guerra contra los ámbitos *woke* de la educación superior, la ayuda internacional y la investigación científica bajo la bandera de la eficiencia, mientras atacaba al Estado administrativo y aterrorizaba a los trabajadores federales de maneras por lo general acordes con los objetivos de los laboratorios de ideas conservadores y libertarios. El DOGE fue también una especie de experimento para tantear el estado del bienestar y ver cómo respondía el cuerpo político. Cuando surgió la resistencia, Musk absorbió la culpa, pero hubo muchos cambios que se mantuvieron. Quizá el más importante fuera el aumento de la capacidad de vigilancia interna que consiguió el Gobierno federal gracias al trabajo de integración de datos realizado por el DOGE. En este sentido, el muskismo reveló ser no una filosofía de gobierno, sino un conjunto de herramientas a disposición de los gobernantes.

Así pues, el desenlace puede interpretarse en dos sentidos. Uno es personal: Musk se extralimitó y no fue capaz de transformar su capital de celebridad en coliderazgo del Estado. El otro es estructural: contratistas como Palantir se afianzaron con más fuerza en la Administración interna del Gobierno. Por mucha pirotecnia desplegada en la contienda con Trump que siguió durante meses después de que Musk abandonara Washington, las empresas de este continuaron obteniendo contratos nuevos con el Pentágono. En julio de 2025, xAI anunció que había firmado un contrato con el Departamento de Defensa por «Grok para el Gobierno», un paquete de productos de inteligencia artificial.[85] Esto ocurrió el mismo día que la empresa presentó «Ani», una compañera animada de inteligencia artificial que puede mantener conversaciones sexualmente explícitas. Es un personaje de anime con proporciones corporales exageradas y carita infantil, una *waifu* de manual que recuerda al personaje de Joi, de la película *Blade Runner 2049* (2017). Todo esto dio como resultado el siguiente titular, inverosímil pero sintomático: «Grok presenta a una compañera pornográfica de anime y cierra un contrato con el Departamento de Defensa».[86]

En los años noventa, los futuristas vieron que llegaban los «ciberestados». Gracias a las nuevas tecnologías, las empresas y las comunidades disolverían el Gobierno y se regirían a sí mismas. Tres décadas después, parece que el poder político y el digital pueden ser simbióticos. Bajo el muskismo, la tecnología no ha llegado para enterrar el Estado nación, sino para potenciarlo.

CONCLUSIÓN
CUATRO FUTUROS PARA EL MUSKISMO

En *La gran transformación*, publicado en 1944, el economista húngaro Karl Polanyi describió el mercado mundial como semejante a un «autómata colosal».[1] Los pueblos de la Tierra habían sido arrancados de raíz de sus lugares de origen y convertidos en unidades movibles, arrastrados a través de océanos y desplazados del campo a la ciudad como fuerza de trabajo. Los recursos y los materiales del mundo se extraían del suelo y se recombinaban a distancias muy lejanas: se refinaban, se fundían, se clavaban y se atornillaban creando formas nuevas. Los sistemas de pago empujaban el dinero por las tuberías del autómata, estabilizado por un patrón oro controlado por diales y palancas en las ciudadelas financieras de Londres y Nueva York. La globalización había articulado a la gente, los productos y los lugares en una especie de humanoide misceláneo. En otro texto, Polanyi empleó una metáfora procedente de su tradición, la judía: el mercado era un gólem creado por los humanos, pero se escapaba de su control y amenazaba con destruir la Tierra. La especie humana se había convertido en «un alma torturada» que observaba una «máquina terrible».[2]

En el tercer milenio sigue siendo fácil ver el capitalismo global de esa manera: como una especie de cíborg que hemos creado de manera colectiva pero que ahora pone en riesgo nuestra supervivencia con la crisis climática y la amenaza siempre acechante de la guerra termonuclear. Pero el gólem ha evolucionado. A los productos industriales del mundo de Polanyi —automóviles, vigas de acero, barcos de vapor, trenes— hemos añadido ordenadores, cohetes, cables de fibra óptica, satélites, drones y teléfonos inteligentes. En el siglo xxi tenemos un nuevo nombre para el gólem: el mecha. ¿Qué cara podríamos ponerle al mecha de nuestros tiempos? Existe un candidato clarísimo. No hay persona que encarne mejor al hombre máquina del siglo xxi que el objetivo central de este libro: Elon Musk.

En 2021, Musk introdujo una modificación que todavía está reflejada en el sitio web de Tesla. Cambió el nombre de su cargo oficial, director ejecutivo, a algo nuevo: tecnorrey. En 1651, Thomas Hobbes publicó *Leviatán*. En la portada aparecía un soberano con un cetro en una mano y una espada en la otra, y su cuerpo estaba compuesto por sus súbditos. Uno puede imaginarse a Musk con una pinta similar: el tronco hecho de un chasis de Tesla, con un cohete de SpaceX en una mano y un Neuralink en la sien conectado a X. De hecho, uno no tiene por qué limitarse a imaginárselo; puede generar una imagen realista en quince segundos con Grok.

¿Hacia dónde se moverá el Muskiatán? Podemos imaginar cuatro futuros.

El primero podría llamarse «Musk de Carbono». No es en absoluto imposible que Musk tome el camino de vuelta al campo de batalla que le hizo más famoso, esto es, como pionero de la electrificación. Tanto si se está de acuerdo como si no con que electrificar los vehículos particulares sea el mejor camino hacia un futuro sin carbono, el ecosistema de Tesla podría mejorar las condiciones materiales de vida de la gente. Contar con baterías solares como refuerzo en los momentos en que las condiciones meteorológicas sean extremas o simplemente adversas sería un beneficio neto.

Muy pocas entidades han sido objeto de la filantropía de Musk, pero, entre ellas, la Fundación XPRIZE ha sido una de las mayores beneficiarias. Musk ofreció 112 millones de dólares para la mejor idea de eliminación del carbono.[3] Uno puede imaginarse a Musk dedicándose de lleno a la geoingeniería y tecnologías similares para transformar el clima de la Tierra con el fin de que sea más amable para la vida humana. Si los especialistas llevan tiempo diciendo que incluso un planeta radicalmente degradado seguiría siendo mucho mejor que ninguna versión de un Marte terraformado, tal vez Musk llegue también a esa razonable conclusión.

Al mismo tiempo, Musk ha estado cada vez más decidido a posicionar Tesla como una empresa robótica. La portada del cuarto «Master Plan» de la empresa es la imagen de un robot Optimus guardando una bolsa de la compra.[4] Musk dijo que el 80 por ciento de los beneficios de la empresa procederían de lanzar el Optimus a gran escala y pronunció sus extravagantes afirmaciones habituales pese a no haber vendido ni uno solo.[5]

Musk también ha priorizado la inteligencia artificial; ha imaginado millones de Teslas como una «flota gigante de inferencia distribuida» que utilice la capacidad informática inactiva para ejecutar modelos de IA.[6] Dice que, con el tiempo, la energía del sol —y más tarde la de la galaxia entera— se aprovechará para alimentar máquinas inteligentes.[7] El coste ecológico de la inteligencia artificial es bien conocido y una prueba alarmante la constituye la contaminación del aire que producen las instalaciones de xAI en Memphis. El consumo de energía de los centros de datos no tardará en igualar el de ciudades e incluso el de países enteros. Como documenta la periodista Karen Hao, los mecampus requieren abastecimiento continuo de agua potable y se espera que, para 2027, la demanda de la IA en el Reino Unido equivalga a la mitad del agua que se consuma. La investigadora Kate Crawford considera la inteligencia artificial una tecnología metabólica que «se está comiendo el futuro».[8] El Musk del carbono y el Musk de los robots son mutuamente excluyentes. Sus sueños cíborg más extremos se cumplirán a costa de un planeta habitable.

Hay otra versión del futuro de Musk que profundiza en la simbiosis con el Estado. Vamos a llamarla «Musk el Contratista». Si ser funcionario público en el DOGE le procuró un provecho limitado, entonces tal vez sería mejor retirarse al papel más tradicional de agente privado que satisficiera las necesidades del Estado. Alexander Karp, cofundador de Palantir, expuso un modelo de este papel en su libro *La república tecnológica*. Karp habla de algunos temas que también tratamos en este libro: el origen de Silicon Valley con financiación gubernamental, las maneras en que las redes influyeron en el pensamiento militar y tecnológico, y las nuevas oportunidades de negocio que genera un campo de batalla cada vez más definido por drones baratos y operados con software. Karp critica que Silicon Valley se centre en crear aplicaciones orientadas a la comodidad de los consumidores y querría que volviese a sus raíces, como contratista del Pentágono, pero en una versión más sofisticada, ágil y emprendedora que centros militares-industriales como Northrop Grumman y Lockheed Martin.[9] El valor de Palantir ha subido como la espuma durante la segunda Administración Trump, pues vende servicios de integración y análisis de datos a agencias de todo el Estado.

El anuncio que hizo Trump de un proyecto de defensa de misiles llamado Golden Dome [Cúpula Dorada] abre nuevas perspectivas para los contratistas militares. Recuerda bastante al programa de la Guerra de las Galaxias de la época de Reagan y al tiempo apunta a una mayor militarización del espacio. SpaceX obtuvo un contrato del Pentágono de dos mil millones de dólares para desarrollar satélites para el Golden Dome, mientras que el Proyecto Starfall de Musk está explorando la idea de emplear naves Starship para transportar material militar por todo el mundo.[10]

Entretanto, Musk ha abrazado las políticas de extrema derecha, lo cual le ha conducido a emplear más el lenguaje de la violencia. En junio de 2025, publicó un tuit algo críptico que decía: «Pase lo que pase, nosotros tenemos naves espaciales, y ellos no».[11] Es una paráfrasis de Hilaire Belloc, escritor y político que en 1898 escribió los versos: «Pase lo que pase, tenemos / la ametralladora Maxim, y ellos no».[12] Se trataba de la primera ametralladora totalmente automática y se empleó con excelentes resultados en las guerras coloniales. En palabras de un historiador, «convirtió las batallas en masacres de un solo bando».[13] En septiembre de 2025, Musk habló por enlace de vídeo a más de cien mil personas reunidas en la manifestación Unite the Kingdom [«Unamos el Reino»] organizada por el activista de extrema derecha Tommy Robinson en Londres. Tras denunciar la «erosión de Gran Bretaña, que va en rápido aumento a causa de la migración masiva e incontrolada», Musk dijo a la multitud: «Da igual si escogéis la violencia o no; la violencia va hacia vosotros. O lucháis para defenderos o morís».[14]

Otro escenario congruente con el camino que ha tomado Musk en estos últimos tiempos es uno que podríamos llamar el «Complejo de Musk», que está relacionado con otro tema del muskismo al que no hemos prestado mucha atención en este libro hasta ahora: el descenso demográfico. «Si la gente no tiene más hijos, la civilización se desmoronará», advirtió Musk en 2021, uno de los tantos comentarios semejantes que ha realizado sobre este asunto.[15] En 2024 declaraba que «el tremendo desplome de la tasa de natalidad es de lejos el mayor peligro que amenaza a la civilización humana».[16] En un festival juvenil de extrema derecha celebrado en Roma en 2023, dijo que la población mundial disminuiría a una décima parte del número actual en tres generaciones, cuando en realidad la previsión es que alcance los diez mil millones. Declaró que la tasa de natalidad era «quizá la mitad de la fecundidad de reemplazo», pero en realidad se encuentra justo por encima del reemplazo.[17]

A primera vista, Musk parece estar preocupado por la especie humana en conjunto. Sin embargo, se fija por sistema en la fertilidad de ciertas regiones mientras desatiende otras. En mayo de 2025 compartió un mapamundi de las tasas de natalidad con el comentario «El gran desplome de la población», obviando el hecho de que en el África subsahariana la fertilidad sigue siendo muy alta.[18] En pocas palabras, el pánico demográfico que siente Musk está entrelazado con su preocupación por la supervivencia de la civilización blanca. En las ocasiones en que ha expresado su apoyo entusiasta a los partidos de extrema derecha europeos y británicos, lo ha declarado de forma aún más evidente. «Los blancos son una minoría de la mayoría mundial que disminuye rápidamente», publicó en septiembre de 2025.[19] «La tasa baja de natalidad es la amenaza número uno para Occidente, seguida de cerca por la migración —publicó el mismo mes—. Occidente dejará de existir si esto continúa así».[20] El problema no era cuánta gente tenía hijos, sino quién los tenía y dónde.[21]

Este discurso tiene un amplio precedente en la Sudáfrica natal de Musk, donde los políticos blancos de la época del apartheid advertían de que los estaban «inundando» y trataban de ganar la «carrera de la cuna» alentando a los blancos a que se reprodujeran.[22] En 2025, Musk sirvió de altavoz en las redes sociales a los extremistas afrikáners que alegaban ser víctimas de un «genocidio blanco» perpetrado por la mayoría negra sudafricana. Sus afirmaciones, promovidas por la plataforma de Musk, llegaron al Despacho Oval, donde Trump presentó pruebas falsas de crímenes contra blancos al presidente sudafricano Cyril Ramaphosa. La política de refugiados estadounidense ya estaba sufriendo cambios: admitían a los afrikáners mientras otros programas de asilo permanecían congelados.[23] Las alusiones al «genocidio» de los blancos llevan empleándose en Sudáfrica desde al menos los años sesenta en calidad de críticas a las blancas que abortaban. Los sudafricanos blancos interpretaron el panorama de la disminución de la población blanca como prueba del «suicidio racial».[24]

Musk se ha hecho cargo en persona del problema del descenso demográfico, ya que ha sido padre de al menos catorce hijos. De ellos, los siete primeros fueron varones al nacer, una improbabilidad estadística que podría explicarse si se ha realizado una selección proactiva del sexo de los bebés antes de la implantación del embrión. Musk ha abordado la educación de sus hijos de la misma manera que ha hecho con los cohetes y los coches: internalizar el proceso. Descontento con los colegios privados de Los Ángeles, en 2014 fundó su propia escuela, llamada Ad Astra, dentro de la fábrica de SpaceX.[25] A medida que crecía su familia, también crecían sus instituciones hechas a medida. Tras los pasos de Musk, los colegios se trasladaron a Texas o se reubicaron en ese estado —primero, en Brownsville, en 2021; luego, en Bastrop, en 2024— y se establecieron junto a sus fábricas y sus embrionarias colonias industriales.[26] Si Henry Ford había construido ciudades nuevas en la selva amazónica, Musk las construía dentro de los muros fronterizos de su país.[27]

La idea del complejo enfocado a la educación iba en la línea de las iniciativas emprendidas paralelamente por sus pares de Silicon Valley, como las guarderías Bezos Academy en Texas o la Universidad de Austin, del cofundador de Palantir Joe Lonsdale. En 2023, el propio Musk contribuyó a la creación de una nueva escuela científica de primaria y secundaria con cien millones de dólares.[28] Greg Abbott, el gobernador de Texas, la aclamó en un tuit: «Universidad de Musk > Universidad de Harvard».[29] Musk sugirió un nombre más infantil: Texas Institute of Technology & Science [Instituto de Texas de Tecnología y Ciencia]: TITS [tetas].[30]

Mientras tanto, Musk empezó a pasar tiempo con los autodenominados «pronatalistas» Simone y Malcolm Collins. El hermano de

Malcolm, que dirigía una clínica de fertilidad, acabó incorporándose al DOGE.[31] Los Collins conjeturaron en 2022 que un multimillonario que perfeccionara úteros artificiales podría repoblar la civilización con su propio ADN.[32] Sus hijos llevan nombres como Titan Invictus e Industry Americus, nombres que obviamente evocan a Musk. Cuando la *influencer* de extrema derecha Ashley St. Clair anunció que Musk y ella habían tenido un niño al que llamaron Romulus (el fundador mítico de Roma), se hizo explícita la fantasía de la construcción de un imperio basado en el linaje. El muskismo está obsesionado con los modelos romanos de linaje paterno: el declive remontará gracias a una nueva línea imperial. En cierto momento, Musk envió un mensaje a St. Clair que decía: «Para llegar al nivel de legión antes del apocalipsis, necesitaremos vientres de alquiler».[33]

El Complejo de Musk estrecha el horizonte de la humanidad a la defensa de la fertilidad blanca y, aún más, a los confines de una comunidad privada donde los niños no se educan en escuelas públicas. El futuro que antes se había proyectado hacia la galaxia termina en una valla alrededor de la casa propia. Vasto y claustrofóbico al mismo tiempo, el Complejo de Musk es el lugar donde la escala cósmica del muskismo se pliega en el fruto de muchos vientres nutridos por la fortuna de un patriarca que sustenta a la familia.

Un cuarto futuro, que retomaría la segunda mitad de este libro, podría llamarse «Musk el Cíborg». Cuando hizo su aparición con la motosierra en el Congreso Político de Acción Conservadora a principios de 2025, Musk llevaba una camiseta que decía: «No estoy procrastinando. Estoy haciendo misiones secundarias».[34] En ese momento, el DOGE tenía un mes de vida. Unos meses después, tras dejar el Gobierno, Musk explicó en un acto público que Washington le había parecido, seguramente de manera previsible, demasiado político. Había sido una «misión secundaria interesante», dijo, pero ahora regresaba a la misión principal, que describió como «a toda caña con los robots humanoides y la superinteligencia digital». Esbozó un futuro de lo que llamó nuestros «futuros descendientes de las máquinas, o en su mayoría descendientes de las máquinas», poniendo sus cartas de cíborg encima de la mesa.[35]

Musk dijo que en diez años podría haber diez veces más robots humanoides que seres humanos en la Tierra. Pronosticó que la superinteligencia digital llegaría como tarde en 2026. Después reflexionó que, teniendo eso en cuenta, el trabajo del DOGE era como limpiar una playa de «agujas, heces y basura. [...] Pero luego hay ahí un muro de agua de trescientos metros de alto, el tsunami de la IA. ¿Y qué más da limpiar la playa si un tsunami de trescientos metros está a punto de caerle encima?».[36]

Según esta lectura, el tiempo que pasó Musk en el Gobierno, interpretado por muchos como el intento de derrotar al último jefe del Estado, se ve bajo una luz distinta. Si cree que la superinteligencia digital llegará en uno o dos años y que los robots humanoides superarán a los humanos en una proporción de diez a uno en diez años, entonces se extraen dos conclusiones de ello. La primera: que él debe estar a los mandos. A finales de 2025 apremió a los accionistas de Tesla para que aprobaran una medida capaz de aumentar enormemente su participación en la empresa. «Lo que más me preocupa con respecto a hasta qué punto controlo el voto en Tesla —dijo— es que si sigo adelante y construyo un ejército gigantesco de robots, ¿podrían echarme en algún momento?».[37]

La segunda conclusión es que el Gobierno humano no es permanente. El DOGE no es tanto un apaño duradero para solventar la ineficiencia del Estado como un proyecto para el interregno: una forma de mantener estable la burocracia administrada por los seres humanos hasta que llegue el «tsunami» de la inteligencia artificial. La cuestión no está en perfeccionar el Gobierno de cara al futuro, sino en limpiar los libros de contabilidad, racionalizar el código y hacerlo legible para los algoritmos y los autómatas que están preparados para hacer su aparición.

¿Qué aspecto tendría el burócrata ideal del muskismo futuro? Imaginemos un día cualquiera de 2035. El burócrata llega al trabajo en un Cybertruck totalmente automático que funciona por Starlink. Lleva un implante de Neuralink. Se sienta ante una terminal con varios monitores suspendidos y se conecta a Grok, integrado ahora por una «mega API» en todas las bases de datos del Gobierno. Un agente de IA le avisa de que se ha localizado a un inmigrante indocumentado en una esquina de Boston por medio de una cámara equipada con tecnología de reconocimiento facial. El burócrata envía la notificación al Servicio de Control de Inmigración y Aduanas (ICE, por sus siglas en inglés), y este envía a un grupo de policías armados hasta los dientes junto con un robot humanoide de refuerzo. Un dron graba la detención y luego la grabación se sincroniza con una pista de música electrónica de baja fidelidad y se cuelga en los canales de YouTube del Gobierno. Los datos se remiten también a un desarrollador de juegos que trabaja en uno de disparos en primera persona donde hay que cazar alienígenas ilegales. El burócrata se toma un café servido por un Optimus personal, que tiene una cara de quita y pon personalizada a su gusto.

El trabajo del burócrata muskista es ajustar la relación señal-ruido de un organismo cibernético gigante llamado Estados Unidos. Unos bots animados de IA, adaptados al perfil demográfico de los votantes, atienden las quejas en una línea telefónica directa. Existe la opción «modo sexy». Falta muy poco para que el burócrata sea sustituido; ese es el quid de la cuestión. El final real del juego al que juega el burócrata es que él mismo resulte superfluo, es dejar un sistema tan racionalizado que los futuros humanos cíborg lo hereden sin fricción. Bajo el muskismo, el sirviente público es una especie transitoria. La reforma del Estado es el puente hacia un nuevo régimen de soberanía algorítmica en el que la regularidad del Gobierno de las máquinas reemplaza al consenso y la legitimidad.

Ahora imaginemos un día en la vida de la hija del burócrata. El escenario que vamos a presentar se basa por completo en frases del propio Musk. Al llegar al colegio, la chica pasa por delante de un mural en el que un enfermo mental negro ha asesinado a una joven ucraniana rubia.[38] En la lección titulada «La violación de Europa»,[39] le enseñan que hubo una época oscura a principios del siglo XXI en que países como Reino Unido sufrieron una «invasión» de gente de países no occidentales recibida con los brazos abiertos por políticos confundidos que practicaban la «empatía suicida». Se puso remedio a esa situación con las campañas de redadas y deportaciones llevadas a cabo en los años treinta del siglo XXI bajo el lema «generación remigración».[40]

Le dicen que la «defensa de la civilización occidental» fue un éxito, y los partidos que antaño se llamaban «de extrema derecha» están ahora firmemente en el poder. Su soberanía está garantizada por la red de comunicaciones de los satélites de Starlink y por sistemas de cohetes capaces de transportar misiles hipersónicos. Existen algunos trabajos, pero son puestos de directores y programadores de alto nivel que trabajan en minas y fábricas automatizadas, mientras que la mayoría de la gente pasa el tiempo de ocio viendo vídeos, mirando internet, publicando en redes sociales y jugando. Se trata de una experiencia inmersiva y de diversión sin fin porque todo el mundo lleva un Neuralink que amplía el ancho de banda de la interfaz individual con la «IA colectiva», de manera que se accede a un torrente de datos mientras se potencian los sentidos: se puede ver en ultravioleta como una libélula y en infrarrojo como un murciélago vampiro.

Tras el momento diario de reflexión en silencio sobre la importancia de la curiosidad y la infinitud del universo, los estudiantes conectan su Neuralink con los módulos de historia de Grokipedia. Aprenden que el término «esclavo» se refería en sus inicios a personas blancas y que el Imperio británico es importante sobre todo por poner fin a la esclavitud africana.[41] Palabras como «racismo» y «sexismo» nunca aparecen, porque se ha demostrado que están directamente relacionadas con el «virus mental *woke*», el cual se considera erradicado desde 2032.[42] El gran error de la historia en la época oscura de principios del siglo XXI fue seguir «la ley del más débil».[43] Esto era parte de lo que se describe como el «culto vampírico» de la educación, por suerte ya sustituido.[44] Los poderosos nunca deberían pedir perdón, aprende la chica.

Sin embargo, ni siquiera las grandes civilizaciones duran para siempre. Se entera del sorprendente hecho de que todos los imperios han caído por la misma causa: las tasas bajas de natalidad.[45] Tener menos población no significa solo tener menor fuerza de trabajo —lo cual ya no es relevante gracias a la sustitución de casi todos los antiguos trabajadores por robots humanoides—, sino también, crucialmente, menor inteligencia humana. Como le han dicho tantas veces, la inteligencia es «el vector primario evolutivo de los humanos».[46]

Para evitar que continúe el declive, en clase de ciencias le enseñan cuáles son los últimos desarrollos en reproducción humana selectiva para potenciar la inteligencia, como la «selección iterada de embriones», que posibilita la elección de alelos genéticos específicos y su fecundación sin la necesidad de implantarlos en un útero, así como el proceso ya estandarizado de «corregir» el código genético para eliminar todas las mutaciones.[47] Conocer estas tecnologías se considera un deber a la patria para asegurar una descendencia fuerte y reducir cargas futuras al sistema sanitario privatizado. A las mujeres listas como ella les corresponde procrear al menos 2,1 hijos.[48] Le recuerdan de nuevo la verdad evidente de que solo hay dos géneros y los grandes males de las décadas pasadas, cuando la gente se cambiaba el género en lo que ahora se conoce como «mutilación y esterilización infantil». Esas acciones ahora se castigan con la cárcel.[49]

Por supuesto, es más importante ir en busca de la superinteligencia digital. Los avances ya han hecho posible la creación de una flota de robots humanoides diez veces mayor que la población humana terrestre. Son una presencia constante en las calles y en las casas. La escuela está mantenida y vigilada por ellos. Llevan, asimismo, la clase de gimnasia, que es también clase de defensa fronteriza con entrenamiento y armas de fibra de carbono.

De camino a casa, el aire es neblinoso por el vapor y reina el zumbido grave de las torres de enfriamiento de los Distritos Neurales, unos complejos enormes de centros de datos que rodean la ciudad. En una valla hay un cartel de Tesla que dice: «Los datos son soberanía». Cuando pregunta a sus padres por qué los árboles están muertos y los ríos secos, responden: «Infraestructura crítica». En casa, las luces están atenuadas porque el «uso no esencial» se raciona para poder alimentar los centros de datos en las horas punta.

La chica habla a sus padres sobre Marte. Starship hace veinte lanzamientos al día y ahora los cohetes son totalmente reutilizables, pero solo hay ventanas de lanzamiento cada dos años. En X circulan constantemente vídeos promocionales y simulaciones joviales pobladas de compañeros animados de inteligencia artificial. Un empujón más, un sacrificio más, cantan todos, y la humanidad ascenderá.

AGRADECIMIENTOS

Nuestros agradecimientos van para todos los que han hecho posible este libro. Nuestros agentes, Mel Flashman y Molly Atlas, han sido indispensables, como siempre. Claire Nozieres y Zoe Willis, colegas de Molly, han ayudado a que nuestro libro encontrara un hogar en editoriales extranjeras. Nuestros editores, Sarah Haugen, de Harper, y Tom Penn, de Allen Lane, creyeron en este proyecto desde el principio y nos alentaron a extraerle todo su potencial. Richard Duguid, de Penguin Press UK, condujo el manuscrito a través de un complicado proceso de producción. Gracias a los equipos de marketing y publicidad de Harper y Allen Lane —Heather Drucker, Jessica Gilo, Matthew Hutchinson, Louis Cluzan, Gavin Read y Olivia Kumar— por haber trabajado duro para hacer llegar nuestro libro a las manos de la gente, así como a la labor de Heinrich Geiselberger y Leonie Hohmann, de Suhrkamp; Séverine Nikel y Séverine Roscot, de Le Seuil, y muchos otros a quienes pronto conoceremos. Nuestras más sinceras gracias para los traductores que hacen posible que lleguemos a lectores de todo el mundo. Si algún día nos encontramos en la misma ciudad, nos gustaría invitaros a algo.

Nos sentimos afortunados también por tener amigos tan interesantes y leales; muchos nos han ayudado a reflexionar sobre los temas de este libro. Una lista incompleta debería incluir a Kat, Jamie, Kirsten, Aaron, Matt G., Dan D. y Thea. Por último, tenemos una deuda especial con Chris Lydon y Mary McGrath, quienes condujeron y produjeron el episodio del pódcast *Open Source* en el que nació la idea de escribir este libro.

Los dos autores queremos dar las gracias a más personas a título individual.

A Quinn le gustaría dar las gracias a sus editores de *New Statesman*, *The Guardian* y *The New York Review of Books* por pedirnos y pulir las primeras versiones de los argumentos planteados en el libro, así como a Amy Goodman y Democracy Now!, CBC Ideas y Front Burner, Joshua Citarella y Doomscroll, Eleanor Penny y Novara Media, Doug Henwood, John Ganz y Max Read por presentarlos a públicos inteligentes y con conciencia política. Los amigos de Quinn han tenido que soportar durante meses todo tipo de detalles sobre Musk, por lo cual merecen un agradecimiento extra y mil perdones. Como de costumbre, desde hace décadas, Ryan y Hadji son los primeros que ponen a prueba las ideas de Quinn. Gracias también a James D., Moira, Hank, Tom M., Pavlos, Stefanos, Simon D., Tina, Ana, Justin, Dylan, Will, y los chats: Research Group y Alex Trebek alias Lifestyles of the Rich and Miserable. Le gustaría también agradecer a la John Simon Guggenheim Memorial Foundation haberle dado tiempo para escribir, y a sus colegas y estudiantes de la Universidad de Boston por la hospitalaria residencia donde pudo trabajar y pensar con libertad. Este libro se ha sustentado en todos los apoyos y los motivos de alegría que se le han brindado. Michelle y Yann, fuentes de inspiración y de confianza, han sido los más importantes, y la familia le ha transmitido su cariño desde un punto geográfico distante. Quinn y Mayana siguen esperando a Godot. Quinn nunca infravalora su increíble suerte y todos los días da las gracias a su buena estrella.

Ben querría agradecer a sus editores de *The New York Review of Books* por encargarle y editarle los textos que le dieron sus primeras oportunidades de bregar con Musk. En especial, da las gracias a Max Nelson. Moira, la mujer de Ben, es la piedra fundamental que hace cualquier cosa posible y sin la que nada es posible; le da las gracias por todo, siempre, y a sus tres hijas, Zoe, Josephine y Sylvia, que no le ayudaron a escribir este libro. Gracias también a los padres de Moira, Bill y Kathy, y a la madre de Ben, Mathea. Peter, el padre de Ben, ya no está con nosotros, pero está leyendo estas páginas en algún sitio, riéndose por lo bajo y meneando la cabeza.

NOTAS Y REFERENCIAS

INTRODUCCIÓN. UN SISTEMA OPERATIVO PARA EL SIGLO XXI

1 Véase Stefan Link, *Forging Global Fordism: Nazi Germany, Soviet Russia, and the Contest over the Industrial Order,* Princeton, New Jersey, Princeton University Press, 2020, pp. 3-8.

2 Jill Lepore, «Elon Musk Is Building a Sci-Fi World, and the Rest of Us Are Trapped in It», *The New York Times,* 4 de noviembre de 2021, <https://www.nytimes.com/2021/11/04/opinion/elon-musk-capitalism.html>; Tom McTague, «Is Elon the New Enoch?», *UnHerd,* 11 de enero de 2025, <https://unherd.com/2025/01/is-elon-the-new-enoch/>; Jill Lepore, *X Man: The Elon Musk Origin Story,* podcast audio 2025. Harold Meyerson, «Ford and Musk. They Made Cars. They Backed Fascists», *The American Prospect,* 6 de enero de 2025, <https://prospect.org/2025/01/06/2025-01-06-ford-musk-made-cars-backed-fascists/>.

3 «Joe Rogan Experience #2281 - Elon Musk», 28 de febrero de 2025, <https://www.youtube.com/watch?v=sSOxPJD-VNo>.

4 <https://x.com/elonmusk/status/1953759666380714489>, 8 de agosto de 2025.

5 <https://x.com/elonmusk/status/1961349227487084829>, 29 de agosto de 2025.

6 «Elon Musk Interview with Seth Dillon, Kyle Mann, and Ethan Nicolle», 22 de diciembre de 2021, <https://www.youtube.com/watch?v=jvGnw1sHh9M>.

7 Viktor Valgarðsson *et al.,* «A Crisis of Political Trust? Global Trends in Institutional Trust from 1958 to 2019», *British Journal of Political Science* 55, 2025, <https://doi.org/10.1017/S0007123424000498>.

PRIMERA PARTE. FUNDACIÓN

1 Walter Isaacson, *Elon Musk,* Nueva York, Simon & Schuster, 2023, p. 33 [hay trad. cast.: *Elon Musk*, trad. de María Serrano Giménez y Pablo José Hermida Lazcano, Barcelona, Debate, 2023]; Ashlee Vance, *Elon Musk: Tesla, SpaceX, and the Quest for a Fantastic Future,* Nueva York, Ecco, 2015 [hay trad. cast.: *Elon Musk. El empresario que anticipa el futuro*, trad. de Francisco López Martín, Barcelona, Península, 2018]. En febrero de 2018, Musk envió un Tesla Roadster al espacio en el cohete Falcon Heavy de SpaceX, y en la guantera había un disco de datos óptico con un ejemplar de la trilogía *Fundación*, de Asimov.

2 Isaac Asimov, *I, Asimov: A Memoir*, Nueva York, Random House, 2009, p. 117 [hay trad. cast.: *Yo, Asimov. Memorias*, trad. de Teresa de León, Barcelona, Arpa, 2023].

1. FUTURISMO FORTIFICADO

1 Joshua Haldeman, «America Needs No Part of the Price System», *Technocracy Digest*, n.º 37, julio de 1940, p. 6.

2 Howard Scott, *History and Purpose of Technocracy,* 1965, p. 22, <https://archive.org/details/HistoryAndPurposeOfTechnocracy.howardScott>.

3 Jill Lepore, «The Failed Ideas That Drive Elon Musk», *The New York Times,* 4 de abril de 2025, <https://www.nytimes.com/2025/04/04/opinion/elon-musk-doge-technocracy.html>.

4 E. Merrill Root, «The Culture of Abundance», *Technocracy Digest*, n.º 79, enero de 1945, p. 40.

5 Haldeman, «America Needs No Part of the Price System», p. 6.

6 «Seeking Home by Plane and Car», *Liverpool Daily Post,* 11 de septiembre de 1950.

7 Citado en Joshua Benton, «Elon Musk's Anti-Semitic, Apartheid-Loving Grandfather», *The Atlantic,* 20 de septiembre de 2023. Véase el texto original en «Loof Optrede van N.P.-Bewind: Kanadese Politikus Vestig Hom in S.A.», *Die Transvaler*, 22 de noviembre de 1950, <https://gpa.eastview.com/dtsa/newspapers/dtsa19501122-01.1.5>.

8 En el mismo texto de 1960, Haldeman citó «la afirmación profética y enfática» de un pastor anglicano anónimo en Toronto: «Sudáfrica será

el líder de la civilización blanca en el mundo». Jill Lepore, «The World According to Elon Musk's Grandfather», *The New Yorker,* 19 de septiembre de 2023, <https://www.newyorker.com/news/daily-comment/the-world-according-to-elon-musks-grandfather>. Véase también Ira Basen, «In Science We Trust», *CBC.ca*, 28 de junio de 2021, <https://newsinteractives.cbc.ca/longform/technocracy-incorporated-elon-musk/>; Geoff Leo, «The Canadian Roots of Elon Musk's Conspiracist Grandpa», *CBC News,* 20 de marzo de 2025, <https://www.cbc.ca/newsinteractives/features/joshua-haldeman-elon-musk-saskatchewan-techutopian-conspiracist>.

9   Citado en Hilton Judin, *Architecture, State Modernism and Cultural Nationalism in the Apartheid Capital,* Nueva York, Routledge, 2021, p. 33.

10 Paul N. Edwards y Gabrielle Hecht, «History and the Technopolitics of Identity: The Case of Apartheid South Africa», *Journal of Southern African Studies* 36, n.º 3, septiembre de 2010, p. 625.

11 Jeevan Vasagar, *Lion City: Singapore and the Invention of Modern Asia,* Nueva York, Pegasus, 2022, p. 225.

12 Véase Judin, *Architecture, State Modernism and Cultural Nationalism in the Apartheid Capital.*

13 Edwards y Hecht, «History and the Technopolitics of Identity: The Case of Apartheid South Africa», p. 621.

14 Glenn Adler, «From the "Liverpool of the Cape" to "the Detroit of South Africa": The Automobile Industry and Industrial Development in the Port Elizabeth-Uitenhage Region», *Kronos* 20, noviembre de 1993, p. 37.

15 Stephen Gelb, «Making Sense of the Crisis», *Transformation* 5, 1987, pp. 33-50.

16 Deborah Posel, «A mania for measurement: statistics and statecraft in the transition to apartheid», en *Science and Society in Southern Africa,* editado por Saul Dubow, Manchester, Manchester University Press, 2000, pp. 131-132.

17 Laura Evans, «Contextualising Apartheid at the End of Empire: Repression, "Development" and the Bantustans», *The Journal of Imperial and Commonwealth History* 47, n.º 2, 2019, p. 373.

18 Keith Breckenridge, *Biometric State: The Global Politics of Identification and Surveillance in South Africa, 1850 to the Present,* Nueva York, Cambridge University Press, 2014.

19 Citado en Edwards y Hecht, «History and the Technopolitics of Identity: The Case of Apartheid South Africa», p. 633.

20 R. Kelly Garrett y Paul N. Edwards, «Revolutionary Secrets: Technology's Role in the South African Anti-Apartheid Movement», *Social Science Computer Review* 25, 2007, pp. 13-26. Para otras reflexiones sobre Musk, los ordenadores y Sudáfrica, véase Efthimios Karayiannides, «The mine dumps of Silicon Valley», *Africa is a Country*, 14 de octubre de 2024, <https://africasacountry.com/2024/10/the-mine-dumps-of-silicon-valley>.

21 Ahmed Areff, «SA Rugby Culture Creates People Like Pistorius», *News24*, 22 de julio de 2015, <https://www.news24.com/sa-rugby-cul ture-creates-people-like-pistorius-elon-musks-father-20150722>.

22 Ashlee Vance, *Elon Musk: Tesla, SpaceX, and the Quest for a Fantastic Future,* Nueva York, Ecco, 2015, p. 33 [hay trad. cast.: *Elon Musk. El empresario que anticipa el futuro*, trad. de Francisco López Martín, Barcelona, Península, 2018].

23 Rachel Savage, «The Making of Elon Musk: How Did His Childhood in Apartheid South Africa Shape Him?», *The Guardian,* 10 de marzo de 2025, <https://www.theguardian.com/technology/2025/mar/10/making-of-elon-musk-childhood-apartheid-south-africa>.

24 Walter Isaacson, *Elon Musk,* Nueva York, Simon & Schuster, 2023, p. 12-13 [hay trad. cast.: *Elon Musk*, trad. de María Serrano Giménez y Pablo José Hermida Lazcano, Barcelona, Debate, 2023].

25 David Shandler, «Structural Crisis and Liberalism: A History of the Progressive Federal Party», tesis de máster, Universidad de Ciudad del Cabo, 1991, pp. 71-72. Fue la Constitución de 1983, aprobada por los votantes blancos en un referéndum el 2 de noviembre de 1983.

26 Savage, «The Making of Elon Musk: How Did His Childhood in Apartheid South Africa Shape Him?».

27 *Ibid.*

28 John Eligon y Lynsey Chutel, «Elon Musk Left a South Africa That Was Rife with Misinformation and White Privilege», *The New York Times,* 5 de mayo de 2022, <https://www.nytimes.com/2022/05/05/world/africa/elon-musk-south-africa.html>.

29 Isaacson, *Elon Musk*, p. 23.

30 Vance, *Elon Musk: Tesla, SpaceX, and the Quest for a Fantastic Future*, p. 44.

31 Véase, por ejemplo, Isaacson, *Elon Musk*, p. 31.

32 Douglas Adams, *The Hitchhiker's Guide to the Galaxy*, Nueva York, Harmony Books, 1979, p. 30 [hay trad. cast.: *Guía del autoestopista galáctico*, trad. de Benito Gómez Ibáñez y Damián Alou, Barcelona, Anagrama, 2022].

33 Vance, *Elon Musk: Tesla, Spacex, and the Quest for a Fantastic Future*, p. 38.

34 *Ibid.*

35 *Ibid.*, pp. 33-34.

36 djvlad, «Errol Musk, Father of Elon Musk, Tells His Life Story (Full Interview)», 13 de febrero de 2025, <https://www.youtube.com/watch?v=J5WyTw0oXDs>.

37 Véase Reina-Marie Loader, «Broadcasting Change: An aerial overview of South African television debates in an age of constant Transition», *Critical Studies in Television* 19, n.º 1, 2024, pp. 94-118.

38 «South Africa: The Other Vast Wasteland», *Time*, 20 de noviembre de 1964, <https://time.com/archive/6626982/south-africa-the-other-vast-wasteland/>.

39 Citado en Rob Nixon, «Apollo 11, Apartheid, and TV», *The Atlantic*, julio de 1999, <https://www.theatlantic.com/magazine/archive/1999/07/apollo-11-apartheid-and-tv/377681/>.

40 Véase, por ejemplo, la programación televisiva en el *Sunday Times* (Johannesburgo) del 7 de septiembre de 1980.

41 Matthew Bishop, «Do panic: Elon Musk's obsession with the Hitchhiker's Guide», *The Observer*, 25 de abril de 2025, <https://observer.co.uk/news/international/article/how-the-hitchhikers-guide-inspired-elon-musk>; Parmy Olson, «Elon, Hold on to Your "Star Trek" Dreams», *Bloomberg*, 21 de abril de 2024, <https://www.bloomberg.com/opinion/articles/2024-04-21/elon-musk-silicon-valley-should-hold-on-to-star-trek-dreams>.

42 Véanse, por ejemplo, la programación en el *Sunday Times* del 31 de mayo de 1988 para *Transformers*, y la del 20 de julio de 1986 para *Robotech*.

43 *Sunday Times*, 31 de mayo de 1988.

44 *Sunday Times Magazine* (Johannesburgo), 22 de febrero de 1987.

45 Tim Levin, «Elon Musk wants to give amputees robotic limbs powered by chips implanted in their brains», *Business Insider*, 20 de julio de 2023, <https://www.businessinsider.com/elon-musk-optimus-tesla-robot-limbs-neuralink-cyborg-2023-7>.

46 <https://x.com/elonmusk/status/1051389235406598144>, 14 de octubre de 2018.

47 André Carl Van der Merwe, *Moffie*, Nueva York, Europa Editions, 2011, p. 19.

48 <https://www.saha.org.za/ecc25/bothas_emergency_legalized_murder.htm>.

49 <https://www.saha.org.za/ecc25/free_us_from_the_call_up.htm>.

50 <https://www.saha.org.za/ecc25/he_doesnt_look_like_a_terrorist.htm>.

51 «Elon Musk Captured by Rainn Wilson! | Metaphysical Milkshake», 18 de marzo de 2013, <https://www.youtube.com/watch?v=Ns0IHCj2q-E&t=31s>.

52 Mark Gimein, «Fast Track», *Salon.com*, 17 de agosto de 1999, <https://www.salon.com/1999/08/17/elon_musk>.

53 Isaacson, *Elon Musk*, pp. 38-41.

54 «CHM Revolutionaries: An Evening with Elon Musk», 22 de enero de 2013, <https://www.youtube.com/watch?v=AHHwXUm3iIg>.

55 Eve Fairbanks, «What Elon Musk Gets Wrong About South Africa», *The Dial*, 30 de noviembre de 2023, <https://www.thedial.world/articles/news/issue-10/elon-musk-walter-isaacson-south-africa-myths>.

56 Vivian Chenxue Lu y Nana Osei-Opare, «Elon Musk Wanted the Cybertruck to Look Like "the Future." But It Reminds Us of One Particular Past», *Slate*, 15 de marzo de 2025, <https://slate.com/news-and-politics/2025/03/tesla-cybertruck-protests-vandalism-elon-musk.html>.

57 <https://x.com/elonmusk/status/1903556327290626165>, 22 de marzo de 2025; Khanyisile Ngcobo, «Claims of White Genocide "Not Real", South African Court Rules, *BBC*, 25 de febrero de 2025, <https://www.bbc.com/news/articles/cwyj1198wy3o>.

2. EL SUPERCONJUNTO

1 John Perry Barlow, «A Declaration of the Independence of Cyberspace», 8 de febrero de 1996, <https://www.eff.org/cyberspace-independence>.

2 Stephen C. Mooney, «The Cyberstate», Proceedings of the 1996 ACM SIGCPR/SIGMIS conference on Computer personnel research, Denver, Colorado, USA, Association for Computing Machinery, 1996; James Dale Davidson y William Rees-Mogg, *The Sovereign Individual: How*

to Survive and Thrive During the Collapse of the Welfare State, Londres, Macmillan, 1997.

3 Ashlee Vance, *Elon Musk: Tesla, SpaceX, and the Quest for a Fantastic Future,* Nueva York, Ecco, 2015, p. 76 [hay trad. cast.: *Elon Musk. El empresario que anticipa el futuro,* trad. de Francisco López Martín, Barcelona, Península, 2018].

4 Gerd Häusler, «The Globalization of Finance», *Finance & Development* 39, n.º 1, marzo de 2002, <https://www.imf.org/external/pubs/ft/fandd/2002/03/hausler.htm>.

5 Edward J. Malecki y Hu Wei, «A Wired World: The Evolving Geography of Submarine Cables and the Shift to Asia», *Annals of the Association of American Geographers* 99, n.º 2, abril de 2009, p. 370.

6 Oficina de Estadística Laboral [Bureau of Labor Statistics], «Computer ownership up sharply in the 1990s», *The Economics Daily,* 5 de abril de 1999, <https://www.bls.gov/opub/ted/1999/apr/wk1/art01.htm>.

7 Lo que se midió fue si se habían conectado a internet en los tres meses anteriores. «Data Page: Share of the population using the Internet», parte de la siguiente publicación: Hannah Ritchie, Edouard Mathieu, Max Roser y Esteban Ortiz-Ospina (2023), «Internet». Datos adaptados a partir de la Unión Internacional de Telecomunicaciones (ITU), a través del Banco Mundial. Extraído de <https://archive.ourworldindata.org/20250909-093708/grapher/share-of-individuals-using-the-internet.html>.

8 <https://www.internetlivestats.com/total-number-of-websites/>.

9 «Elon Musk: Elon Musk's Vision for the Future [Entire Talk]», 7 de octubre de 2015, <https://www.youtube.com/watch?v=SVk1hb0ZOrE>.

10 Kevin Kelly, *Out of Control: The New Biology of Machines, Social Systems, and the Economic World,* Nueva York, Basic Books, 1992, p. 215.

11 Fred Turner, *From Counterculture to Cyberculture: Stewart Brand, the Whole Earth Network, and the Rise of Digital Utopianism,* Chicago, University of Chicago Press, 2006, p. 149.

12 Véase Mariana Mazzucato, *The Entrepreneurial State: Debunking Public Vs. Private Sector Myths,* Nueva York, PublicAffairs, 2015 [hay trad. cast.: *El Estado emprendedor. La oposición público vs. privado y sus mitos,* trad. de Javier San Julián Arrupe y Anna Solé del Barrio, Barcelona, RBA Libros, 2014].

13 Ben Tarnoff, *Internet for the People: The Fight for Our Digital Future,* Nueva York, Verso, 2022, pp. 17-18 [hay trad. cast.: *Internet para la gente.*

La lucha por nuestro futuro digital, trad. de Alba Nerea Borja Pagán, Barcelona, Debate, 2025].

14 Dan Schiller, *Digital Capitalism: Networking the Global Market System,* Cambridge, Massachusetts, MIT Press, 1999, p. 144.

15 «"I Don't Even Have a Modem": An Interview with William Gibson», 23 de noviembre de 1994, <https://josefsson.net/gibson/>.

16 «Mosaic Launches an Internet Revolution», *U. S. National Science Foundation,* 8 de abril de 2004, <https://www.nsf.gov/news/mosaic-launches-internet-revolution>.

17 David Einstein, «Netscape Mania Sends Stock Soaring», *San Francisco Chronicle,* 10 de agosto de 1995.

18 Vance, *Elon Musk: Tesla, SpaceX, and the Quest for a Fantastic Future,* pp. 60-63; Walter Isaacson, *Elon Musk,* Nueva York, Simon & Schuster, 2023, pp. 61-62 [hay trad. cast.: *Elon Musk,* trad. de María Serrano Giménez y Pablo José Hermida Lazcano, Barcelona, Debate, 2023].

19 Vance, *Elon Musk: Tesla, SpaceX, and the Quest for a Fantastic Future,* pp. 66-71; Isaacson, *Elon Musk,* pp. 63-65; «CHM Revolutionaries: An Evening with Elon Musk».

20 Clayton M. Christensen, *The Innovator's Dilemma: When New Technologies Cause Great Firms to Fail,* Boston, Massachusetts, Harvard Business School Press, 1997 [hay trad. cast.: *El dilema de los innovadores,* Granica, 2020].

21 Isaacson, *Elon Musk,* p. 66.

22 Vance, *Elon Musk: Tesla, SpaceX, and the Quest for a Fantastic Future,* pp. 64-65.

23 Bill Gates, *The Road Ahead,* Nueva York, Viking, 1995 [hay trad. cast.: *Camino al futuro,* trad. de Francisco Ortiz Chaparro, McGraw Hill, España, 1997].

24 Joelle Tessler, «Firms Look for Payoff from on-Line Payments», *Chicago Tribune,* 17 de junio de 2000.

25 Isaacson, *Elon Musk,* p. 74.

26 «Top 10 Web Sites by Category», *Los Angeles Times,* 1 de mayo de 2000.

27 Isaacson, *Elon Musk,* pp. 83-85.

28 Gary Wolf, «The (Second Phase of the) Revolution Has Begun», *Wired* 2, octubre de 1994, p. 10.

29 Ric Manning, «Transferring Money by E-Mail Is Easy with Paypal, New Bank Services», *The Courier-Journal (Louisville, KY),* 18 de marzo de 2000.

30 Katie Hafner, «Will That Be Cash or Cell Phone? Wireless Payment Systems Might Mean Dialing into Your Own Wallet», *The New York Times,* 2 de marzo de 2000.

31 Louis Rossetto, «The Original WIRED Manifesto», *Wired,* 1993, <https://www.wired.com/story/original-wired-manifesto/>.

32 Gary Wolf, *Wired: A Romance,* Nueva York, Random House, 2003, pp. 12-14.

33 Administración Nacional de Telecomunicaciones e Información [National Telecommunications and Information Administration], «Falling through the Net II: New Data on the Digital Divide», 28 de julio de 1998, <https://www.ntia.gov/report/1998/falling-through-net-ii-new-data-digital-divide>.

34 Malecki y Wei, «A Wired World: The Evolving Geography of Submarine Cables and the Shift to Asia», p. 370.

35 Daniel Pimienta, Daniel Prado y Álvaro Blanco, *Twelve Years of Measuring Linguistic Diversity in the Internet: Balance and Perspectives,* París, UNESCO, 2009, p. 40.

36 Schiller, *Digital Capitalism: Networking the Global Market System,* p. 35.

37 Stephanie Ricker Schulte, «Technology and Networks of Communication», en *The Cambridge History of America and the World,* editado por David Engerman, Max Paul Friedman y Melani McAlister, Cambridge, Reino Unido, Cambridge University Press, 2021, p. 617.

38 Schiller, *Digital Capitalism: Networking the Global Market System,* p. xiv.

39 Friedrich v. Gottl-Ottlilienfeld, *Fordismus? Von Frederick W. Taylor zu Henry Ford,* Jena, Gustav Fischer, 1925, p. 35. Agradecemos a Stefan Link habernos proporcionado una copia del texto original.

40 David Kleinbard, «The $1.7 Trillion Dot.Com Lesson», *CNNMoney,* 9 de noviembre de 2000.

41 Peter Thiel y Blake Masters, *Zero to One: Notes on Startups, or How to Build the Future,* Nueva York, Crown Business, 2014, p. 170 [hay trad. cast.: *De cero a uno: cómo inventar el futuro,* trad. de María Maestro Cuadrado, Barcelona, Gestión 2000, 2015].

42 *Ibid.,* p. 21.

43 *Ibid.,* p. 34.

44 *Ibid.,* p. 24.

45 *Ibid.,* p. 33.

46 *Ibid.,* p. 83.

47 *Ibid.*, p. 188.

48 *Ibid.*

49 Harris Fricker, otro de los cofundadores de X.com, citado en Vance, *Elon Musk: Tesla, SpaceX, and the Quest for a Fantastic Future*, p. 83.

50 Thiel y Masters, *Zero to One: Notes on Startups, or How to Build the Future*, p. 81.

51 Davidson y Rees-Mogg, *The Sovereign Individual: How to Survive and Thrive During the Collapse of the Welfare State.* Thiel escribió el prefacio para la reedición del vigesimoquinto aniversario. James Dale Davidson y William Rees-Mogg, *The Sovereign Individual: Mastering the Transition to the Information Age,* Nueva York, Touchstone, 2020 [hay trad. cast.: *El individuo soberano: una guía para dominar la transición hacia la era de la información*, trad. de Marta Orrontia, May Parra, John Gil y Eliana Vivas Rivas, Madrid, Bubok, 2022].

52 Peter Thiel, «The Education of a Libertarian», *Cato Unbound,* 13 de abril de 2009, <https://www.cato-unbound.org/2009/04/13/peter-thiel/education-libertarian>.

53 «1998: Elon Musk on His Early Silicon Valley Days, Future of the Internet», *CBS Sunday Morning,* <https://www.youtube.com/watch?v=zfwK5BvZrY4>.

54 Marc Andreessen, «Why Software Is Eating the World», *Andreessen Horowitz,* 20 de agosto de 2011, <https://a16z.com/why-software-is-eating-the-world/>.

3. LA SOBERANÍA COMO SERVICIO

1 Para el discurso de Rumsfeld, véase <https://www.youtube.com/watch?v=MfMjdKElgqY>. Véase también la descripción que hace Naomi Klein en *The Shock Doctrine: The Rise of Disaster Capitalism,* Nueva York, Metropolitan Books, 2007, pp. 360-363 [hay trad. cast.: *La doctrina del shock. El auge del capitalismo del desastre*, trad. de Isabel Fuentes García, Albino Santos Mosquera y Remedios Diéguez Diéguez, Barcelona, Paidós, 2007].

2 Donald Rumsfeld, «Transforming the Military», *Foreign Affairs,* mayo-junio de 2022.

3 Robert D. Kaplan, «What Rumsfeld Got Right», *The Atlantic,* julio-agosto de 2008, <https://www.theatlantic.com/magazine/archive

/2008/07/what-rumsfeld-got-right/306870/>; Philip Gold, «Rumsfeld's Revolution», *Discovery Institute,* 30 de junio de 2001, <https://www. discovery.org/a/655/>.

4 Arthur K. Cebrowski y John W. Raymond, «Operationally Responsive Space: A New Defense Business Model», *The US Army War College Quarterly: Parameters* 35, n.º 2, 2005, pp. x-xii; Peter Dombrowski y Eugene Gholz, *Buying Military Transformation: Technological Innovation and the Defense Industry,* Nueva York, Columbia University Press, 2006.

5 Bill Keller, «The Fighting Next Time», *The New York Times,* 10 de marzo de 2002, <https://www.nytimes.com/2002/03/10/magazine/the-fighting-next-time.html>.

6 Wilfred P. Deac, «The Navy's Spy Missions in Space», *U. S. Naval Institute,* 1 de abril de 2008, <https://www.usni.org/magazines/naval-his tory-magazine/2008/april/navys-spy-missions-space>.

7 John A. Tirpak, «Precision: The Next Generation», *Air Force Magazine,* noviembre de 2003, <https://www.airandspaceforces.com/PDF/Maga-zineArchive/Documents/2003/November%202003/1103precision.pdf>.

8 Rudi Williams, «Cold War Space Approach Must Change», *American Forces Press Service,* 2 de abril de 2004, <https://www.af.mil/News/Ar ticle-Display/Article/137254/cold-war-space-approach-must-change>.

9 M. Hurley *et al.,* «Engineering a Responsive, Low Cost, Tactical Satellite, Tacsat-1», *Proceedings of the AIAA/USU Conference on Small Satellites, Logan, UT,* 9-12 de agosto de 2004. Véase también la entrada «TacSat-1 (Tactical Satellite-1)» en el eoPortal de la Agencia Espacial Europea, <https://www.eoportal.org/satellite-missions/tacsat-1#eop-quick-facts-section>, y Tte. Col. Jay Raymond *et al.,* «TacSat-1 and a Path to Tactical Space», 2nd Responsive Space Conference, 19-22 de abril de 2004.

10 Jeremy Singer, «Military Transformation Pioneer Arthur Cebrowski Dies at 63», *SpaceNews,* 21 de noviembre de 2005, <https://spacenews.com/ military-transformation-pioneer-arthur-cebrowski-dies-63/>.

11 Jeremy Singer, «Responsive Space», *Air Force Magazine,* 1 de marzo de 2006; Cebrowski y Raymond, «Operationally Responsive Space: A New Defense Business Model».

12 Ashlee Vance, *Elon Musk: Tesla, SpaceX, and the Quest for a Fantastic Future,* Nueva York, Nueva York, Ecco, 2015, pp. 127-128 [hay trad. cast.: *Elon Musk. El empresario que anticipa el futuro,* trad. de Francisco

López Martín, Barcelona, Península, 2018]; Walter Isaacson, *Elon Musk*, Nueva York, Simon & Schuster, 2023, p. 121 [hay trad. cast.: *Elon Musk*, trad. de María Serrano Giménez y Pablo José Hermida Lazcano, Barcelona, Debate, 2023]. SpaceX nunca llegó a lanzar el satélite TacSat-1. Tras numerosos retrasos, el Pentágono canceló su lanzamiento en 2007. Véase SpaceNews Editor, «Pentagon Cancels TacSat-1 Mission», *SpaceNews*, 6 de septiembre de 2004, <https://spacenews.com/pentagon-cancels-tacsat-1-mission/>.

13 Entrevista de Elon Musk para la CNN, 2001, <https://www.youtube.com/watch?v=l2mLcdb7cEU>.

14 Isaacson, *Elon Musk*, p. 92.

15 Vance, *Elon Musk: Tesla, SpaceX, and the Quest for a Fantastic Future*, p. 89.

16 Una de las primeras veces que Musk mencionó su deseo de hacer que la humanidad sea «multiplanetaria» fue en sus comentarios en la National Space Society's 24th annual International Space Development Conference [vigesimocuarta edición del Congreso Internacional por el Desarrollo Espacial de la Sociedad Nacional Espacial], 19-22 de mayo de 2005, Washington, D. C., <https://www.youtube.com/wath?v=8vBqtKQx7jg>.

17 «Elon Musk Captured by Rainn Wilson! | Metaphysical Milkshake», 18 de marzo de 2013, <https://www.youtube.com/watch?v=Ns0IHCj2q-E&t=31s>.

18 «Elon Musk's First Public Speech - Talks Paypal and SpaceX 2003 [Entrepreneurial Thought Leaders Lecture at Stanford University]», 8 de octubre de 2003, <https://www.youtube.com/watch?v=n3yfa0MU01s>.

19 Entrevista de Elon Musk para la CNN, 2004, <https://www.youtube.com/watch?v=ao5OdiwKp5k>. Véase también Tim Fernholz, «What Happens When the US Stops Funding the Science Behind SpaceX?», *Bloomberg*, 24 de octubre de 2025, <https://www.bloomberg.com/news/articles/2025-10-24/as-trump-defunds-nasa-elon-musk-s-spacex-runs-on-borrowed-science>.

20 James F. Feltz y Ralph Vartabedian, «California Largely Unscathed in Lockheed Cuts», *Los Angeles Times*, 27 de junio de 1995.

21 «Gasto militar (% del PIB) de Estados Unidos», Datos de libre acceso del Banco Mundial, <https://data.worldbank.org>.

22 «Elon Musk's First Public Speech - Talks Paypal and SpaceX 2003 [Entrepreneurial Thought Leaders Lecture at Stanford University]».

23 Max Chafkin, *The Contrarian: Peter Thiel and Silicon Valley's Pursuit of Power,* Nueva York, Penguin Press, 2021, p. 113; Jeffrey Rosen, «Silicon Valley's Spy Game», *The New York Times Magazine,* 14 de abril de 2002, <https://www.nytimes.com/2002/04/14/magazine/silicon-valley-s-spy-game.html>.

24 Klein, *The Shock Doctrine: The Rise of Disaster Capitalism,* pp. 358-360.

25 Servicio de Investigación del Congreso [Congressional Research Service], «Department of Defense Contractor and Troop Levels in Afghanistan and Iraq: 2007-2020», 22 de febrero de 2021, <https://sgp.fas.org/crs/natsec/R44116.pdf>.

26 David Johnston y John M. Broder, «F.B.I. Says Guards Killed 14 Iraqis without Cause», *The New York Times,* 14 de noviembre de 2007, <https://www.nytimes.com/2007/11/14/world/middleeast/14blackwater.html>.

27 Spencer Ackerman, «Snowden Leak Shines Light on US Intelligence Agencies' Use of Contractors», *The Guardian,* 10 de junio de 2013, <https://www.theguardian.com/world/2013/jun/10/edward-snowden-booz-allen-hamilton-contractors>.

28 El contrato se concedió como parte del FALCON, un proyecto conjunto entre la DARPA y las Fuerzas Aéreas, que no debe confundirse con el cohete Falcon 1 de SpaceX. Jan Walker, «DARPA, Air Force Kick Off Falcon Phase II Small Launch Vehicle», *SpaceNews,* 17 de septiembre de 2004, <https://spacenews.com/darpa-air-force-kick-off-falcon-phase-ii-small-launch-vehicle/>.

29 «SpaceX Awarded $100 Million Contract from U.S. Air Force for Falcon I», *SpaceNews,* 2 de mayo de 2005, <https://spacenews.com/spacex-awarded-100-million-contract-from-us-air-force-for-falcon-i/>.

30 Jack Kuhr, «2024 Orbital Launch Attempts by Country», *Payload,* 2025, <https://payloadspace.com/2024-orbital-launch-attempts-by-country/>; Todd Harrison, «Space Trends in 2024», *American Enterprise Institute,* 13 de enero de 2025, <https://www.aei.org/op-eds/space-trends-in-2024/>; Jeff Foust, «SpaceX Launch Surge Helps Set New Global Launch Record in 2024», *Spacenews,* 1 de enero de 2025, <https://spacenews.com/spacex-launch-surge-helps-set-new-global-launch-record-in-2024/>.

31 Vance, *Elon Musk: Tesla, SpaceX, and the Quest for a Fantastic Future,* pp. 112-113. En 2008, SpaceX trasladó su sede de El Segundo al municipio vecino de Hawthorne. En 2024 volvió a reubicarse, esa vez en South Texas.

32 djvlad, «Errol Musk, Father of Elon Musk, Tells His Life Story (Full Interview)».

33 Departamento de Desarrollo de Empleo de California [California Employment Development Department], «Employment by Industry Data», <https://labormarketinfo.edd.ca.gov/data/employment-by-industry.html>.

34 «Musk's remarks at the National Space Society's 24th annual International Space Development Conference».

35 *Ibid.*

36 Kevin Brogan, citado en Vance, *Elon Musk: Tesla, SpaceX, and the Quest for a Fantastic Future*, p. 188.

37 La empresa era Barber-Nichols y los ejecutivos, Robert Linden, Gary Frey y Mike Forsha; citado en Vance, *Elon Musk: Tesla, SpaceX, and the Quest for a Fantastic Future*, p. 197.

38 Isaacson, *Elon Musk*, p. 448.

39 Miriam Posner, «Agile and the Long Crisis of Software», *Logic*, 27 de marzo de 2022, <https://logicmag.io/clouds/agile-and-the-long-crisis-of-software/>.

40 Citado en Vance, *Elon Musk: Tesla, SpaceX, and the Quest for a Fantastic Future*, p. 141.

41 Vance, *Elon Musk: Tesla, SpaceX, and the Quest for a Fantastic Future*, p. 114.

42 Andrew Chaikin, «Is SpaceX Changing the Rocket Equation?», *Air & Space Magazine*, enero de 2012, <https://www.smithsonianmag.com/air-space-magazine/is-spacex-changing-the-rocket-equation-132285884/>.

43 James P. Womack *et al.*, *The Machine That Changed the World*, Nueva York, Rawson Associates, 1990 [hay trad. cast.: *La máquina que cambió el mundo: La historia de la Producción Lean, el arma secreta de Toyota que revolucionó la industria mundial del automóvil*, trad. de Miquel Arderiu Calvo, Profit Editorial, Barcelona, 2017].

44 «Manifesto for Agile Software Development», 2001, <https://agilemanifesto.org/>; Mary Poppendieck, *et al.*, *Lean Software Development: An Agile Toolkit*, Boston, Addison-Wesley Professional, 2003.

45 Isaacson, *Elon Musk*, pp. 227, 72, 84-85.

46 Bruce Betts y Mat Kaplan, «A Conversation with Elon Musk of SpaceX», *Planetary Radio*, 16 de febrero de 2009, <https://www.planetary.org/planetary-radio/328>; Isaacson, *Elon Musk*, p. 112.

47 «Musk's remarks at the National Space Society's 24th annual International Space Development Conference».

48 Isaacson, *Elon Musk*, p. 284.

49 Isaacson, *Elon Musk*, p. 113.

50 «Elon Musk's First Public Speech - Talks Paypal and SpaceX 2003 [Entrepreneurial Thought Leaders Lecture at Stanford University]».

51 Tim Fernholz, *Rocket Billionaires: Elon Musk, Jeff Bezos, and the New Space Race,* Houghton Mifflin Harcourt, 2020, p. 84.

52 Betts y Kaplan, «A Conversation with Elon Musk of SpaceX».

53 Isaacson, *Elon Musk*, pp. 109-110.

54 Isaacson, *Elon Musk*, p. 157.

55 Vance, *Elon Musk: Tesla, SpaceX, and the Quest for a Fantastic Future*, p. 141. Fernholz, *Rocket Billionaires*, p. 83; Ashlee Vance, *When the Heavens Went on Sale: The Misfits and Geniuses Racing to Put Space within Reach,* Nueva York, Ecco, 2023, p. 38.

56 Fernholz, *Rocket Billionaires*, pp. 82-83; James Gattuso, «Brilliant Pebbles: The Revolutionary Idea for Strategic Defense», *The Heritage Foundation*, <https://www.heritage.org/defense/report/brilliant-pebbles-the-revolu tionary-idea-strategic-defense>.

57 Vance, *When the Heavens Went on Sale*, p. 47.

58 Citado en Vance, *When the Heavens Went on Sale*, p. 48.

59 Mario Pianta, *New Technologies across the Atlantic: US Leadership or European Autonomy?*, Hemel Hempstead, Reino Unido, Harvester/Wheatshead, 1988.

60 Fernholz, *Rocket Billionaires*, pp. 99-101; Vance, *When the Heavens Went on Sale*, p. 43.

61 Isaacson, *Elon Musk*, p. 101; Eric Berger, *Liftoff: Elon Musk and the Desperate Early Days That Launched SpaceX,* Nueva York, William Morrow, 2021, p. 13.

62 Comentarios de Musk en la Universidad de Stanford, 7 de octubre de 2015, <https://www.youtube.com/watch?v=SVk1hb0ZOrE>.

63 Jason Vest, «Darth Rumsfeld», *The American Prospect,* 19 de diciembre de 2001, <https://prospect.org/api/content/465681f4-bf07-5bde-921c-8cdd606fd451/>.

64 «NASA Presolicitation Notice: Kistler K-1 Pre-Flight and Post-Flight Data», *SpaceRef,* 3 de febrero de 2004, <https://spaceref.com/status-report/nasa-presolicitation-notice-kistler-k-1-pre-flight-and-post-flight-data/>. Fernholz, *Rocket Billionaires*, p. 115.

65 Isaacson, *Elon Musk*, p. 122; Berger, *Liftoff: Elon Musk and the Desperate Early Days That Launched SpaceX*, pp. 108-110.

66 «Prepared Statement by Elon Musk at a Senate Hearing on Space Shuttle and the Future of Space Launch Vehicles», *SpaceRef*, 5 de mayo de 2004, <https://spaceref.com/status-report/prepared-statement-by-elon-musk-at-a-senate-hearing-on-space-shuttle-and-the-future-of-space-launch-vehicles/>.

67 «NASA's Griffin Sees Commercial Space Trips», *NBC News*, 16 de noviembre de 2005, <https://www.nbcnews.com/id/wbna10066313>.

68 NASA, *Commercial Orbital Transportation Services: A New Era in Spaceflight*, Washington, D. C., Government Printing Office, 2014; Berger, *Liftoff: Elon Musk and the Desperate Early Days That Launched SpaceX*, p. 110.

69 Brian Berger, «SpaceX, Rocketplane Kistler Win NASA COTS Competition», *Space.com*, 18 de agosto de 2006, <https://www.space.com/2768-spacex-rocketplane-kistler-win-nasa-cots-competition.html>.

70 Fernholz, *Rocket Billionaires*, p. 130.

71 Citado en Fernholz, *Rocket Billionaires*, p. 131.

72 NASA, *Commercial Orbital Transportation Services: A New Era in Spaceflight*. Isaacson, *Elon Musk*, p. 123.

73 Graham Bensinger, «Kimbal Musk: Working with Elon, Taking Risks on Tesla, and Building the Kitchen», *In Depth with Graham Bensinger*, 29 de marzo de 2025, <https://www.youtube.com/watch?v=KDUZrVLcEhY>. Comentarios de Musk en el Churchill Club, 8 de abril de 2009, <https://www.youtube.com/watch?v=n1j0yHOxcL0>. NASA, *Commercial Orbital Transportation Services: A New Era in Spaceflight*.

74 «Elon Musk's First Public Speech - Talks Paypal and SpaceX 2003 [Entrepreneurial Thought Leaders Lecture at Stanford University]».

75 Vance, *Elon Musk: Tesla, SpaceX, and the Quest for a Fantastic Future*, pp. 241-242.

76 Citado en Vance, *Elon Musk: Tesla, SpaceX, and the Quest for a Fantastic Future*, p. 203.

77 Berger, *Liftoff: Elon Musk and the Desperate Early Days That Launched SpaceX*, pp. 53-54.

78 Jonathan McDowell, «Starlink Statistics», <https://planet4589.org/space/con/star/stats.html>; Petroc Taylor, «Active Satellites by Category/Operator», *Statista*, 3 de septiembre de 2025, <https://www.statista.com/statistics/1224643/active-satellite-by-operator/>; Anthony Cuthbertson, «Elon Musk Is Taking Control of Space and the Internet – It Could End Badly», *The Independent*, 25 de octubre de 2025, <https://www.

the-independent.com/tech/elon-musk-space-internet-starlink-b2851503.html>.

79 Joe Supan, «Musk's Starlink Internet Is Now Available in over 100 Countries», *CNET,* 18 de febrero de 2025, <https://www.cnet.com/home/internet/starlink-internet-is-available-in-over-100-countries/>.

80 Michael Sheetz, «SpaceX's Starlink Wins Nearly $900 Million in FCC Subsidies to Bring Internet to Rural Areas», *CNBC,* 7 de diciembre de 2020, <https://www.cnbc.com/2020/12/07/spacex-starlink-wins-nearly-900-million-in-fcc-subsidies-auction.html>; Cecilia Kang, «Federal Grant Program Opens Door to Elon Musk's Starlink», *The New York Times,* 6 de marzo de 2025, <https://www.nytimes.com/2025/03/05/technology/broadband-rules-elon-musk-starlink.html>; Tamara Chuang, «Starlink, Amazon Asking for $300M of Colorado's Broadband Money after Federal Rule Changes», *The Colorado Sun,* 25 de julio de 2025, <https://coloradosun.com/2025/07/25/cheaper-wireless-satellite-internet-trumps-fiber-colorado-broadband-bead/>.

81 Joey Roulette y Marisa Taylor, «Exclusive: Musk's SpaceX is building spy satellite network for US intelligence agency, sources say», *Reuters,* 16 de marzo de 2024, <https://www.reuters.com/technology/space/musks-spacex-is-building-spy-satellite-network-us-intelligence-agency-sources-2024-03-16/>.

82 Wang Peiwen, Zhang Huang y Zhang Kaiyue, «Starlink Militarization: Challenges and Responses to Space Intelligence and Information Security», *CSIS Interpret: China,* 9 de enero de 2024, <https://interpret.csis.org/translations/starlink-militarization-challenges-and-responses-to-space-intelligence-and-information-security/>.

83 Isaacson, *Elon Musk*, pp. 428-434.

84 Ronan Farrow, «Elon Musk's Shadow Rule», *The New Yorker,* 21 de agosto de 2023, <https://www.newyorker.com/magazine/2023/08/28/elon-musks-shadow-rule>.

85 <https://x.com/elonmusk/status/1699913329261813809>, 7 de septiembre de 2023.

86 <https://x.com/WalterIsaacson/status/1700342242290901361>, 8 de septiembre de 2023; <https://x.com/WalterIsaacson/status/1700522506363248665>, 9 de septiembre de 2023.

87 Joey Roulette, Cassell Bryan-Low y Tom Balmforth, «Musk ordered shutdown of Starlink satellite service as Ukraine retook territory from

Russia», *Reuters*, 25 de julio de 2025, <https://www.reuters.com/inves
tigations/musk-ordered-shutdown-starlink-satellite-service-ukraine-
retook-territory-russia-2025-07-25/>.

88 Rafe Uddin y Stephen Morris, «Starlink's rapid global rollout compli-
cated by Elon Musk's ties to Donald Trump», *Financial Times*, 23 de
marzo de 2025.

89 Teresa Guerrero, «Europe's most advanced secure communications satellite is Spanish and will be launched tonight with a rocket from Elon
Musk: "It will give us strategic sovereignty"», *El Mundo America*, 25 de
enero de 2025, <https://www.mundoamerica.com/news/2025/01/29/6
799f3c3fdddff84968b45d8.html>.

4. AUTONOMÍA ELÉCTRICA

1 «Obama's Speech in Lansing, Michigan», *The New York Times*, 4 de
agosto de 2008, <https://www.nytimes.com/2008/08/04/us/politics
/04text-obama.html>.

2 Thomas L. Friedman, «The Power of Green», *The New York Times Magazine*, 15 de abril de 2007, <https://www.nytimes.com/2007/04/15/
opinion/15iht-web-0415edgreen-full.5291830.html>.

3 «Tesla 2024 Shareholder Meeting», <https://www.youtube.com/
watch?v=remZ1KMR_Z4>.

4 Cory Doctorow, *Enshittification: Why Everything Suddenly Got Worse and
What to Do About It*, Nueva York, MCD, 2025.

5 Lee Brodie, «Cramer: Does Your Portfolio Have FANGs?», *CNBC*,
5 de febrero de 2013, <https://www.cnbc.com/2013/02/05/cramer-does-
your-portfolio-have-fangs.html>.

6 Molly McHugh, «Tesla's Cars Now Drive Themselves, Kinda», *Wired*,
14 de octubre de 2015, <https://www.wired.com/2015/10/tesla-self-
driving-over-air-update-live>.

7 Para conocer la historia entera, véase Tim Higgins, *Power Play: Tesla,
Elon Musk, and the Bet of the Century*, Nueva York, Doubleday, 2021,
capítulos 2-8 [hay trad. cast.: *Juegos de poder. Elon Musk, Tesla y la apuesta del siglo*, trad. de Jorge Paredes, Barcelona, Deusto, 2022].

8 Margaret Pugh O'Mara, *The Code: Silicon Valley and the Remaking of
America*, Nueva York, Penguin Press, 2019, pp. 395-396.

9 John Doerr, «Salvation (and profit) in greentech», marzo de 2007, <https://www.ted.com/talks/john_doerr_salvation_and_profit_in_gre entech>.

10 Devashree Saha y Mark Muro, «Cleantech Venture Capital: Continued Declines and Narrow Geography Limit Prospects», *Brookings Institution,* 16 de mayo de 2017, <https://www.brookings.edu/articles/cleantech-ven ture-capital-continued-declines-and-narrow-geography-limit-prospects/>.

11 Citado en Adam Lashinsky y Marc Gunther, «Cleanup Crew», *Fortune,* 12 de febrero de 2008, <https://fortune.com/2008/02/12/al-gore-klei ner/>.

12 Fueron la Ley de Política Energética de 2005 y la Ley de Independencia y Seguridad Energéticas de 2007.

13 «Conversation with Elon Musk (Tesla Motors) - Web 2.0 Summit 08», 10 de noviembre de 2008, <https://www.youtube.com/watch?v=gVwmNaPsxLc>.

14 Ashlee Vance, *Elon Musk: Tesla, SpaceX, and the Quest for a Fantastic Future,* Nueva York, Ecco, 2015, pp. 285-288 [hay trad. cast.: *Elon Musk. El empresario que anticipa el futuro*, trad. de Francisco López Martín, Barcelona, Península, 2018].

15 Walter Isaacson, *Elon Musk,* Nueva York, Simon & Schuster, 2023, pp. 179, 193 [hay trad. cast.: *Elon Musk,* trad. de María Serrano Giménez y Pablo José Hermida Lazcano, Barcelona, Debate, 2023].

16 Comité de Supervisión y Reforma Gubernamental, «The Department of Energy's Disastrous Management of Loan Guarantee Programs», 20 de marzo de 2012, p. 48.

17 Randall Stross, «Only the Rich Can Afford It. Should Taxpayers Back It?, *The New York Times,* 30 de octubre de 2008.

18 Diarmuid O'Connell, «Clearing the Air on Our DOE Loan», 28 de septiembre de 2009, *Tesla Motors,* <https://web.archive.org/web /20130121230258/http://www.teslamotors.com/blog/clearing-air-our-doe-loan>.

19 Citado en Claire Cain Miller, «An All-Electric Sedan, Awaiting Fede-ral Aid», *The New York Times,* 26 de marzo de 2009.

20 Corbin Hair, «Tesla built Musk's vast wealth through climate credits. Trump may end them», *Politico,* 18 de enero de 2025, <https://www.politico.com/news/2025/01/18/musk-tesla-climate-credits-trump--0198794>; Edward Niedermeyer, *Ludicrous: the unvarnished story of Tesla Motors,* Dallas, Texas, BenBella Books, 2019, pp. 72-73, 117-118.

21 «Robert Lutz; Electric Cars», *The Charlie Rose Show*, 9 de noviembre de 2011, <https://charlierose.com/videos/23446>.

22 Steven Mufson, «As Fuel Prices Fall, Will Push for Alternatives Lose Steam?», *Washington Post*, 20 de octubre de 2008.

23 Matthew DeBord, «Tesla Bought an Old GM-Toyota Factory and Made It Cool—but in Its Former Life It Built a Lot More Cars», *Business Insider*, 27 de octubre de 2017, <https://www.businessinsider.com/tesla-factory-built-more-cars-when-it-belonged-gm-and-toyota-2017-10>.

24 Isaacson, *Elon Musk*, p. 219.

25 Joan Fitzgerald, «Solar Eclipse? Can the U.S. Have a Coherent Solar Policy in the Face of China's Strategic Trade Moves?», *The American Prospect*, verano de 2016, <https://link.gale.com/apps/doc/A459510551/AONE?u=mlin_b_bumml&sid=bookmark-AONE&xid=4ca83078>.

26 «Oil production in the United States from 1998 to 2024», *Statista*, 2 de julio de 2025, <https://www.statista.com/statistics/265215/us-oil-pro duction-in-million-metric-tons>. «Natural gas production in the United States from 1998 to 2024», *Statista*, 8 de julio de 2025, <https://www.statista.com/statistics/265331/natural-gas-production-in-the-us/>.

27 Benjamin Gaddy *et al.*, «Venture Capital and Cleantech: The Wrong Model for Clean Energy Innovation», *MIT Energy Initiative*, julio de 2016, <https://energy.mit.edu/wp-content/uploads/2016/07/MITEI-WP-2016-06.pdf>.

28 Mariana Mazzucato, *The Entrepreneurial State: Debunking Public Vs. Private Sector Myths*, Nueva York, PublicAffairs, 2015 [hay trad. cast.: *El Estado emprendedor. La oposición público vs. privado y sus mitos*, trad. de Javier San Julián Arrupe y Anna Solé del Barrio, Barcelona, RBA Libros, 2014].

29 Nathan Donato-Weinstein, «Exclusive: Tesla Snaps up Former Solyndra Building in Huge Fremont Expansion», *Silicon Valley Business Journal*, 11 de junio de 2015, <https://www.bizjournals.com/sanjose/news/2015/06/11/exclusive-tesla-snaps-up-former-solyndra-building.html>.

30 «Elon Musk», *The Charlie Rose Show*, 11 de agosto de 2009, <https://charlierose.com/videos/12550>.

31 Tesla Motors Inc., «Registration Statement on Form S-1», 29 de enero de 2010, <https://www.sec.gov/Archives/edgar/data/1318605/000119 312510017054/ds1.htm>.

32 John Reed, «Electric Dreams», *Financial Times*, 8 de enero de 2008.

33 Véanse los datos anuales del Resumen del Comercio Mundial en <https://wits.worldbank.org/>.

34 Higgins, *Power play: Tesla, Elon Musk, and the bet of the century*, p. 188.

35 Hamish McKenzie, *Insane Mode: How Elon Musk's Tesla Sparked an Electric Revolution to End the Age of Oil,* Nueva York, Dutton, 2018, p. 191.

36 Richard Waters, «Tesla to Gamble on Nevada battery plant», *Financial Times*, 4 de septiembre de 2014.

37 Andy Sharman y Richard Waters, «Time to Accelerate», *Financial Times*, 11 de septiembre de 2015.

38 «CATL Reveals 2020 Installation Figures, Tightly Aligned with Adamas Tracker Data», *Adamas Inside*, 29 de abril de 2021, <https://www.ada masintel.com/catl-reveals-2020-installation-figures/>; Tom Hancock, Leo Lewis y Henry Sanderson, «Battery power», *Financial Times*, 6 de marzo de 2017.

39 Pilita Clark, «The Big Green Bang», *Financial Times*, 19 de mayo de 2017. Jonathan E. Hillman, *The Digital Silk Road: China's Quest to Wire the World and Win the Future*, Nueva York, Harper Business, 2021; Leslie Hook y Henry Sanderson, «The new green order», *Financial Times*, 6 de febrero de 2021.

40 Anthea Roberts, Henrique Choer Moraes y Victor Ferguson, «Toward a Geoeconomic Order», *Journal of International Economic Law* 22, n.º 4, diciembre de 2019, pp. 655-676.

41 Ryan McMorrow, «Tesla Lines up $1.6bn Financing for Model 3 Plant in Shanghai», *Financial Times,* 28 de diciembre de 2019.

42 Dana Hull, «Musk Tells Tesla Shareholders Consumer Demand Not a Problem», *Bloomberg,* 11 de junio de 2019, <https://www.bloomberg.com/news/articles/2019-06-12/musk-tells-tesla-shareholders-consumer-demand-not-a-problem?sref=apOkUyd1>.

43 Richard Milne y Ben Hall, «Powering up the Industrial Base», *Financial Times,* 3 de diciembre de 2019.

44 Andreas Malm y Wim Carton, *Overshoot,* Nueva York, Verso, 2024.

45 Mark Matousek, «Tesla Just Announced a Giant New Battery», *Business Insider,* 30 de julio de 2019, <https://www.businessinsider.com/tesla-annou nces-megapack-giant-new-battery-product-2019-7>; «Elon Musk Says He Can Rebuild Puerto Rico's Power Grid with Solar», *BBC,* 6 de octubre de 2017, <https://www.bbc.com/news/world-us-canada-41524220>.

46 «Elon Musk Says He Can Rebuild Puerto Rico's Power Grid with Solar», *BBC*, 6 de octubre de 2017, <https://www.bbc.com/news/world-us-canada-41524220>.

47 «Tesla Hits Record on Hopes for Battery Pack "Gigafactory"», *Financial Times*, 26 de febrero de 2014.

48 Kirsten Korosec, «Tesla Has a New Energy Product Called Megapack», *TechCrunch*, 29 de julio de 2019, <https://techcrunch.com/2019/07/29/tesla-has-a-new-energy-product-called-megapack/>.

49 «Elon Musk at Tesla, Inc. 2021 Annual Meeting of Stockholders», 7 de octubre de 2021, <https://www.youtube.com/watch?v=bH51-loeLgM>.

50 Robert Ferris, «Why Tesla's Turn to Robots Has Divided Wall Street», *CNBC*, 16 de abril de 2025.

51 Danielle Muoio, «Elon Musk: Tesla's Factory Will Be an "Alien Dreadnought" by 2018», *Business Insider*, 27 de octubre de 2016, <https://www.businessinsider.com/elon-musk-tesla-factory-alien-dreadnought-2016-10>; Matthew DeBord, «Elon Musk's Big Battery Plans Include Another Shot at His "Alien Dreadnought" Factory Dream», *Business Insider*, 23 de septiembre de 2020, <https://www.businessinsider.com/elon-musk-revives-his-alien-dreadnought-factory-dream-for-batteries-2020-9>.

52 Rem Koolhaas, *Delirious New York : A Retroactive Manifesto for Manhattan*, Nueva York, Oxford University Press, 1978 [hay trad. cast.: *Delirio de Nueva York. Un manifiesto retroactivo para Manhattan*, trad. de Jorge Sainz, Barcelona, Gustavo Gili, 2004]; Chuihua Judy Chung *et al.*, *Project on the City I: Great Leap Forward*, Colonia, Taschen, 2001.

53 «Countryside, The Future», *Solomon R. Guggenheim Museum*, 2020, pp. 5-6, <https://www.guggenheim.org/wp-content/uploads/2020/02/Countryside-The-Future_PressKit_021920.pdf>.

5. LA ALQUIMIA DE LA ATENCIÓN

1 Richard MacManus, «The First Web 2.0 Conference in 2004: A New Bubble Begins», *Cybercultural*, 8 de noviembre de 2023, <https://cybercultural.com/p/003-the-first-web-20-conference-2004/>; Tim O'Reillly, «Ask Jeff Bezos, Adam Bosworth, John Doerr, Eddy Cue...», *O'Reilly Developer Weblogs*, 21 de septiembre de 2004, <https://web.archive.org/web/20041009150551/http://www.oreillynet.com/pub/wlg/5630>.

2 Tim O'Reilly, «What Is Web 2.0: Design Patterns and Business Models for the Next Generation of Software», *O'Reilly*, 30 de septiembre de 2005, <https://www.oreilly.com/pub/a/web2/archive/what-is-web-20.html>.

3 Citado en MacManus, «The First Web 2.0 Conference in 2004: A New Bubble Begins».

4 O'Reilly, «What Is Web 2.0: Design Patterns and Business Models for the Next Generation of Software».

5 Shoshana Zuboff, *The Age of Surveillance Capitalism*, Nueva York, PublicAffairs, 2019 [hay trad. cast.: *La era del capitalismo de la vigilancia. La lucha por un futuro humano frente a las nuevas fronteras del poder*, trad. de Albino Santos Mosquera, Barcelona, Paidós, 2020].

6 Nick Srnicek, *Platform Capitalism*, Cambridge, Reino Unido, Polity, 2017, p. 30 [hay trad. cast.: *Capitalismo de plataformas*, trad. de Aldo Giacometti, Buenos Aires, Caja Negra, 2018].

7 Pew Research Center, «Newspapers Fact Sheet», 10 de noviembre de 2023, <https://www.pewresearch.org/journalism/fact-sheet/newspapers/>. IAB & PWC, «Internet Advertising Revenue Report: Full-year 2024 Results», abril de 2025, pp. 30-31.

8 Zuboff, *The Age of Surveillance Capitalism*, p. 87.

9 William Davies, «The Reaction Economy», *London Review of Books*, 2 de marzo de 2023, <https://www.lrb.co.uk/the-paper/v45/n05/william-davies/the-reaction-economy>.

10 William J. Clinton, «Remarks on Signing the North American Free Trade Agreement Implementation Act», *American Presidency Project*, 8 de diciembre de 1993, <https://www.presidency.ucsb.edu/documents/remarks-signing-the-north-american-free-trade-agreement-implementation-act>.

11 Leonid Bershidsky, «There Will Be No More Facebook Revolutions», *Bloomberg*, 18 de octubre de 2019, <https://www.bloomberg.com/opinion/articles/2019-10-18/post-facebook-revolutions-will-be-organized-on-apps-like-telegram?sref=apOkUyd1>.

12 Mattathias Schwartz, «Pre-Occupied», *The New Yorker*, 28 de noviembre de 2011, <https://www.newyorker.com/magazine/2011/11/28/pre-occupied>.

13 Peter Hapak, «The Protester: A Portfolio», *TIME*, 14 de diciembre de 2011, <https://time.com/3783718/person-of-the-year-2011-protesters-2/>.

14 Mabrouka M'Barek, «Enough with the "Jasmine Revolution" Narrative: Tunisians Demand Dignity», *Middle East Eye*, 18 de abril de 2016, <https://www.middleeasteye.net/opinion/enough-jasmine-revolution-narrative-tunisians-demand-dignity>.

15 Nitasha Tiku, «Ground Control to Silicon Valley», *BuzzFeed News,* 6 de junio de 2016, <https://www.buzzfeednews.com/article/nitashatiku/ground-control-to-silicon-valley>; «What Is Twitter | Jack Dorsey, De-Ray Mckesson | Code Conference 2016», *On with Kara Swisher*, 14 de agosto de 2016, <https://www.youtube.com/watch?v=LUzl_g7ipC4>; Kate Conger y Ryan Mac, *Character Limit: How Elon Musk Destroyed Twitter*, Nueva York, Penguin Press, 2024, p. 362.

16 Aja Romano, «A History of "Wokeness"», *Vox,* 9 de octubre de 2020, <https://www.vox.com/culture/21437879/stay-woke-wokeness-history-origin-evolution-controversy>.

17 El término fue recibido mayoritariamente con incredulidad y sospechas de cinismo. Véase Matt Miller, «Behold: The Most Painful T-Shirt on the Internet», *Esquire,* 2 de junio de 2016, <https://www.esquire.com/style/news/a45458/jack-dorsey-stay-woke-shirt/>.

18 Richard Dawkins, *The Selfish Gene,* Oxford, Reino Unido, Oxford University Press, 1976, p. 206 [hay trad. cast.: *El gen egoísta*, trad. de Juana Robles Suárez, José Tola Alonso, Madrid, Bruño, 1990].

19 Limor Shifman, *Memes in Digital Culture,* Cambridge, Massachusetts, The MIT Press, 2014, p. 20.

20 Caitlin Dewey, «Absolutely Everything You Need to Know to Understand 4chan, the Internet's Own Bogeyman», *The Washington Post*, 25 de septiembre de 2014, <https://www.washingtonpost.com/news/the-intersect/wp/2014/09/25/absolutely-everything-you-need-to-know-to-understand-4chan-the-internets-own-bogeyman/>; Brian Raftery, «King of Cheez: The Internet's Meme Maestro Turns Junk into Gold», *Wired*, 25 de enero de 2010, <https://www.wired.com/2010/01/mf-cheezking/>.

21 Whitney Phillips, *This Is Why We Can't Have Nice Things: Mapping the Relationship between Online Trolling and Mainstream Culture,* Cambridge, Massachusetts, MIT Press, 2016.

22 Mattathias Schwartz, «The Trolls among Us», *The New York Times,* 3 de agosto de 2008, <https://www.nytimes.com/2008/08/03/magazine/03trolls-t.html>. Para saber sobre la amplitud del fenómeno, véase E. Gabriella Coleman, *Hacker, Hoaxer, Whistleblower, Spy : The Many Faces*

of Anonymous, Nueva York, Verso, 2014 [hay trad. cast.: *Las mil caras de Anonymous: hackers, activistas, espías y bromistas*, trad. de Gerardo Di Masso Sábolo, Barcelona, Arpa, 2016].

23 Jonathan Weisman, «The Nazi Tweets of "Trump God Emperor"», *The New York Times*, 26 de mayo de 2016, <https://www.nytimes.com/2016/05/29/opinion/sunday/the-nazi-tweets-of-trump-god-emperor.html>.

24 Elizabeth Chan, «Donald Trump, Pepe the frog, and white supremacists: an explainer», 12 de septiembre de 2016, <https://www.hillaryclinton.com/feed/donald-trump-pepe-the-frog-and-white-supremacists-an-explainer/>.

25 «Pepe the Frog Meme Branded a "Hate Symbol"», *BBC News,* 28 de septiembre de 2016, <https://www.bbc.com/news/world-us-canada-37493165>.

26 Philip Bump, «The hashtag that ultimately overtook #BlackLivesMatter for online activism? #MAGA», *Washington Post*, 11 de julio de 2018, <https://www.washingtonpost.com/news/politics/wp/2018/07/11/the-hashtag-that-ultimately-overtook-blacklivesmatter-for-online-activism-maga/>.

27 Joseph Bernstein, «Bad news: Selling the story of disinformation», *Harper's*, septiembre de 2021, <https://harpers.org/archive/2021/09/bad-news-selling-the-story-of-disinformation/>.

28 Nicholas A. John, «Sharing and Social Media: The Decline of a Keyword?», *new media & society* 26, n.º 4, 2024, pp. 1891-1908.

29 Emily Stewart, «Lawmakers Seem Confused About What Facebook Does—and How to Fix It», *Vox,* 2018, <https://www.vox.com/policy-and-politics/2018/4/10/17222062/mark-zuckerberg-testimony-graham-facebook-regulations>.

30 Chelsea Butkowski y Frances Corry, «Social Media's Midlife Crisis? How Public Discourse Imagines Platform Futures», *Social Media + Society,* abril-junio de 2025, pp. 1-13.

31 Brooke Auxier, «64% of Americans say social media have a mostly negative effect on the way things are going in the U.S. today», *Pew Research Center*, 15 de octubre de 2020, <https://www.pewresearch.org/shortreads/2020/10/15/64-of-americans-say-social-media-have-a-mostly-negative-effect-on-the-way-things-are-going-in-the-u-s-today/>.

32 Joanna Kavenna, «Shoshana Zuboff: "Surveillance capitalism is an assault on human autonomy"», *The Guardian*, 4 de octubre de 2019, <https://

www.theguardian.com/books/2019/oct/04/shoshana-zuboff-surveillan ce-capitalism-assault-human-automomy-digital-privacy>.

33 Zuboff, *The Age of Surveillance Capitalism*, p. 521.

34 Para saber sobre el uso que hizo Musk de Twitter desde 2011 hasta 2021, véase <https://www.visualcapitalist.com/a-decade-of-elon-musks-tweets-visualized/>. Davey Alba *et al.*, «Elon Musk Is Now X's Biggest Promoter of Anti-Immigrant Conspiracies», *Bloomberg*, 24 de octubre de 2024, <https://www.bloomberg.com/graphics/2024-musk-x-election-influence-immigration/>.

35 Conger y Mac, *Character Limit: How Elon Musk Destroyed Twitter*, p. 37; Ashlee Vance, *Elon Musk: Tesla, SpaceX, and the Quest for a Fantastic Future,* Nueva York, Ecco, 2015, p. 205 [hay trad. cast.: *Elon Musk. El empresario que anticipa el futuro*, trad. de Francisco López Martín, Barcelona, Península, 2018].

36 Conger y Mac, *Character Limit: How Elon Musk Destroyed Twitter*, p. 36.

37 Phil Jones, «Silicon Telepathy», *LRB Blog,* 25 de junio de 2021, <https://www.lrb.co.uk/blog/2021/june/silicon-telepathy>.

38 <https://x.com/elonmusk/status/1026872652290379776>, 7 de agosto de 2018.

39 Clare Duffy, «Elon Musk Wins Lawsuit over "Funding Secured" Tweet», *CNN,* 2023, <https://www.cnn.com/2023/02/03/cars/musk-tesla-tweet-lawsuit-jury>.

40 <https://x.com/elonmusk/status/1256239815256797184>, 1 de mayo de 2020; Jessica Bursztynsky, «Tesla Shares Tank after Elon Musk Tweets the Stock Price Is "Too High"», *CNBC,* 1 de mayo de 2020, <https://www.cnbc.com/2020/05/01/tesla-ceo-elon-musk-says-stock-price-is-too-high-shares-fall.html>.

41 Ryan Browne, «Bitcoin Spikes 20% after Elon Musk Adds #Bitcoin to His Twitter Bio», *CNBC,* 29 de enero de 2021, <https://www.cnbc.com/2021/01/29/bitcoin-spikes-20percent-after-elon-musk-adds-bitcoin-to-his-twitter-bio.html>.

42 Marco D'Eramo, «Iron Musk», *Sidecar,* 15 de junio de 2022, <https://newleftreview.org/sidecar/posts/iron-musk>.

43 Conger y Mac, *Character Limit: How Elon Musk Destroyed Twitter*, pp. 24-25.

44 Nick Bilton, «Elon Musk's Totally Awful, Batshit-Crazy, Completely Bonkers, Most Excellent Year», *Vanity Fair,* diciembre de 2020, <https://

www.vanityfair.com/news/2020/11/elon-musks-totally-awful-batshit-crazy-most-excellent-year>.

45 Brian Schwartz y Lora Kolodny, «Elon Musk Said He Prefers to Stay out of Politics – His Lobbying Efforts, Campaign Donations and Tweets Say Otherwise», *CNBC*, 9 de noviembre de 2021, <https://www.cnbc.com/2021/11/09/elon-musk-tesla-spacex-spend-millions-to-influence-politics-and-policy.html>.

46 Nick Srnicek, «The New Conglomerates», *Platforms & Society* 1, 2024, pp. 1-2.

47 Cédric Durand, *How Silicon Valley Unleashed Techno-Feudalism: The Making of the Digital Economy,* Nueva York, Verso, 2024, p. 37 [hay trad. cast.: *Tecnofeudalismo. Crítica de la economía digital,* trad. de Víctor Goldstein, Donostia, Kaxilda, 2021].

48 PewDiePie, «Will Smith Hosts Meme Review w/ Elon Musk», 22 de febrero de 2019, <https://www.youtube.com/watch?v=zpWYQ1YtgnI>.

49 <https://x.com/elonmusk/status/1153155448012300288>, 22 de julio de 2019.

50 James Benedict, Rebecca Elliott e Inti Pacheco, «Twitter, Tesla and Copious Emojis: What and When Elon Musk Tweets», *The Wall Street Journal,* 29 de abril de 2022, <https://www.wsj.com/tech/elon-musks-twitter-feed-sheds-light-on-twitters-prospective-owner-11651234142>.

51 Bilton, «Elon Musk's Totally Awful, Batshit-Crazy, Completely Bonkers, Most Excellent Year».

52 Ryan M. Milner, *The World Made Meme: Public Conversations and Participatory Media*, Cambridge, Massachusetts, The MIT Press, 2016, p. 79. Véase también <https://knowyourmeme.com/memes/doge>.

53 Phillips, *This Is Why We Can't Have Nice Things*, p. 138.

54 La página original del dogecoin <http://dogecoin.com/> está en <https://web.archive.org/web/20131207010921>.

55 «Fuck Yeah Dogecoin», <https://fuckyeahdogecoin.tumblr.com/post/74135150972/scruppy-doge-coin-its-happening>.

56 <https://x.com/elonmusk/status/1113009339743100929>, 2 de abril de 2019.

57 <https://x.com/elonmusk/status/1357241340313141249>, 4 de febrero de 2021.

58 Matt Levine, «Elon Musk Had Fun with Dogecoin», *Bloomberg,* 5 de junio de 2023: <https://www.bloomberg.com/opinion/articles/2023-06-05/elon-musk-had-fun-with-dogecoin>.

59 <https://x.com/elonmusk/status/1531699416490557440>, 31 de mayo de 2022.

60 Levine, «Elon Musk Had Fun with Dogecoin».

61 Sabrina Toppa, «Elon Musk's Dogecoin Insider Trading Case Dismissed», *Yahoo Finance*, 30 de agosto de 2024, <https://www.thestreet.com/crypto/markets/elon-musks-dogecoin-insider-trading-case-dismissed>.

62 Eric Milstein y David Wessel, «What Did the Fed Do in Response to the COVID-19 Crisis?», *Brookings Institution*, 2 de enero de 2024, <https://www.brookings.edu/articles/fed-response-to-covid19/>.

63 Jeff Kauflin, «The inside Story of Robinhood's Billionaire Founders, Option Kid Cowboys and the Wall Street Sharks That Feed on Them», *Forbes*, 19 de agosto de 2020, <https://www.forbes.com/sites/jeffkauflin/2020/08/19/the-inside-story-of-robinhoods-billionaire-founders-option-kid-cowboys-and-the-wall-street-sharks-that-feed-on-them/>.

64 <https://x.com/elonmusk/status/1354174279894642703>, 26 de enero de 2021.

65 <https://x.com/elonmusk/status/1357269755112148993>, 4 de febrero de 2021.

66 Citado en Cam Wilson, «Australian Dogecoin Creator Jackson Palmer on Grifts, Elon Musk, Crypto Bubbles and Pauline Hanson», *Crikey*, 30 de mayo de 2022, <https://www.crikey.com.au/2022/05/30/dogecoin-jackson-palmer-elon-musk-crypto-bubble-pauline-hanson/>.

67 <https://x.com/elonmusk/status/1276418907968925696>, 26 de junio de 2020.

68 Matt Levine, «Elon Musk's Bitcoin Fun Continues», *Bloomberg*, 17 de mayo de 2021, <https://www.bloomberg.com/opinion/articles/2021-05-17/elon-musk-controls-bitcoin-and-dogecoin-prices-with-pure-magic?sref=apOkUyd1>.

69 Levine, «Elon Musk Had Fun with Dogecoin».

70 Charlie Warzel, «Elon Musk Looks Desperate», *The Atlantic*, 12 de marzo de 2025, <https://www.theatlantic.com/technology/archive/2025/03/elon-musk-human-meme-stock/682023/>.

6. LOS COLECTIVOS CIBERNÉTICOS

1 Alex Hanna *et al.*, «Lines of Sight», *Logic,* 20 de diciembre de 2020, <https://logicmag.io/commons/lines-of-sight/>.

2 Fred Pope, «Tesla's Neural Network Revolution: How Full Self-Driving Replaced 300,000 Lines of Code with AI», 24 de junio de 2025, <https://www.fredpope.com/blog/machine-learning/tesla-fsd-12>.

3 Walter Isaacson, *Elon Musk,* Nueva York, Simon & Schuster, 2023, p. 242 [hay trad. cast.: *Elon Musk*, trad. de María Serrano Giménez y Pablo José Hermida Lazcano, Barcelona, Debate, 2023].

4 Nick Bostrom, *Superintelligence: Paths, Dangers, Strategies,* Oxford, Oxford University Press, 2014 [hay trad. cast.: *Superinteligencia. Caminos, peligros, estrategias*, trad. de Marcos Alonso, Teell, 2016].

5 Isaacson, *Elon Musk*, p. 241.

6 Karen Hao, *Empire of AI: Dreams and Nightmares in Sam Altman's Open-AI,* Nueva York, Penguin Press, 2025, p. 24 [hay trad. cast.: *El imperio de la IA. Sam Altman y su carrera por dominar el mundo*, trad. de Jorge Paredes, Barcelona, Península, 2025].

7 Emily Price, «Elon Musk nominated for "luddite" of the year prize over artificial intelligence fears», *The Guardian*, 23 de diciembre de 2015, <https://www.theguardian.com/technology/2015/dec/24/elon-musk-nominated-for-luddite-of-the-year-prize-over-artificial-intelligence-fears>.

8 «Elon Musk : How to Build the Future», *Y Combinator Startup School*, 5 de septiembre de 2016, <https://www.youtube.com/watch?v=tnBQm-EqBCY0>.

9 «Mohammad Al Gergawi in a conversation with Elon Musk during WGS17», 15 de febrero de 2017, <https://www.youtube.com/watch?v=rCoFKUJ_8Yo&t=1150s>.

10 «Elon Musk and Y Combinator President on Thinking for the Future Vanity Fair New Establishment Summit», 8 de octubre de 2015, <https://www.youtube.com/watch?v=SqEo107j-uw>.

11 «Joe Rogan Experience #1169 - Elon Musk», 7 de septiembre de 2018, <https://www.youtube.com/watch?v=ycPr5-27vSI&rco=1>.

12 *Ibid.*

13 *Ibid.*

14 *Ibid.*

15 Karl Marx, *Capital: A Critique of Political Economy*, vol. 1, Londres, Penguin, 1976 [1867], p. 742 [hay trad. cast.: *El capital*, trad. de Vicente Romano García, Madrid, Akal, 2022].

16 La ubicación que compartían era el Pioneer Building, en la calle 18, número 3180, en el distrito Mission de San Francisco.

17 «Watch Elon Musk's original Neuralink presentation», 17 de julio de 2019, <https://www.youtube.com/watch?v=lA77zsJ31nA>.

18 Lex Fridman, «Elon Musk: Neuralink and the Future of Humanity | Lex Fridman Podcast #438», 2 de agosto de 2024, <https://www.youtube.com/watch?v=Kbk9BiPhm7o>.

19 «Joe Rogan Experience #1169 - Elon Musk», 7 de septiembre de 2018, <https://www.youtube.com/watch?v=ycPr5-27vSI&rco=1>.

20 «Watch Elon Musk's original Neuralink presentation», 17 de julio de 2019, <https://www.youtube.com/watch?v=lA77zsJ31nA>.

21 Niko McCarty y Milan Cvitkovic, «DARPA Neurotechnology: The Deep Dive», *Asimov Press*, 8 de noviembre de 2024, <https://www.asimov.press/p/darpa-neurotech>.

22 Annie Jacobsen, *The Pentagon's brain : an uncensored history of DARPA, America's top secret military research agency*, Nueva York, Little, Brown and Company, 2015.

23 Robbin A. Miranda *et al.*, «DARPA-funded efforts in the development of novel brain–computer interface technologies», *Journal of Neuroscience Methods*, n.º 244, 2015.

24 Geoffrey Ling, «Revolutionizing Prosthetics», 2006, <https://web.archive.org/web/20060705131136/https://www.darpa.mil/dso/thrust/biosci/revprost.htm>.

25 McCarty y Cvitkovic, «DARPA Neurotechnology: The Deep Dive».

26 Kevin Warwick, *I, cyborg*, Londres, Century, 2002; Ray Kurzweil, *The singularity is near: when humans transcend biology*, Nueva York, Viking, 2005 [hay trad. cast.: *La singularidad está cerca*, Berlín, Lola Books, 2021].

27 «Ray Kurzweil discusses the future of BCI (Brain-Computer Interfaces) at a workshop at the X-Prize lab in MIT, January 2010», <https://www.youtube.com/watch?v=15sh05wrQ6Y>.

28 Nick Paton Walsh, «Alter our DNA or robots will take over, warns Hawking», *The Guardian*, 2 de septiembre de 2001, <https://www.theguardian.com/uk/2001/sep/02/medicalscience.genetics>.

29 <https://x.com/ModdedQuad/status/1771230292839145541>, 22 de marzo de 2024.

30 Jenny Kleeman, «Elon Musk put a chip in this paralysed man's brain. Now he can move things with his mind. Should we be amazed - or terrified?», *The Guardian*, 8 de febrero de 2025, <https://www.theguardian.com/science/2025/feb/08/elon-musk-chip-paralysed-man-noland-arbaugh-chip-brain-neuralink>.

31 Robbin A. Miranda *et al.*, «DARPA-funded efforts in the development of novel brain–computer interface technologies».

32 Jenny Kleeman, «Elon Musk put a chip in this paralysed man's brain. Now he can move things with his mind. Should we be amazed - or terrified?».

33 Elon Musk y Neuralink, «An Integrated Brain-Machine Interface Platform with Thousands of Channels», *Journal of Medical Internet Research* 21, n.º 10, 2019, <https://doi.org/10.2196/16194>.

34 A. N. Pisarchik, V. A. Maksimenko y A. E. Hramov, «From Novel Technology to Novel Applications: Comment on "An Integrated Brain-Machine Interface Platform With Thousands of Channels" by Elon Musk and Neuralink», *Journal of Medical Internet Research* 21, n.º 10, 2019, <https://doi.org/10.2196/16356>.

35 Véase Joel E. Dimsdale, *Dark persuasion: a history of brainwashing from Pavlov to social media*, New Haven, Yale University Press, 2021; Andreas Killen, *Nervous Systems: Brain Science in the Early Cold War*, Nueva York, Harper, 2023.

36 <https://x.com/elonmusk/status/1255380013488189440>, 29 de abril de 2020.

37 Lauren Feiner, «Elon Musk says orders to stay home are "fascist" in expletive-laced rant during Tesla earnings call», *CNBC*, 29 de abril de 2020, <https://www.cnbc.com/2020/04/29/elon-musk-slams-coronavirus-shelter-in-place-orders-as-fascist.html>.

38 <https://x.com/realDonaldTrump/status/1260203080076931072>, 12 de mayo de 2020; <https://x.com/elonmusk/status/1260269880458178560>, 12 de mayo de 2020.

39 Dana Hull *et al.*, «Musk Reopens Tesla's Plant, Dares Authorities to Arrest Him», *Bloomberg*, 11 de mayo de 2020, <https://www.bloomberg.com/news/articles/2020-05-11/tesla-proceeds-with-reopen-newsom-thinks-is-happening-next-week>.

40 Faiz Siddiqui, *Hubris Maximus: The Shattering of Elon Musk*, Nueva York, St. Martin's Press, 2025, p. 79 [hay trad. cast.: *Soberbia máxima. Irrupción, ascenso y caída de Elon Musk*, trad. de Emma Calles Trufero, Madrid, La Esfera de los Libros, 2025].

41 Tim Higgins, *Power Play: Tesla, Elon Musk, and the Bet of the Century*, Nueva York, Doubleday, 2021, p. 330 [hay trad. cast.: *Juegos de poder. Elon Musk, Tesla y la apuesta del siglo*, trad. de Jorge Paredes, Barcelona, Deusto, 2022]; Lora Kolodny y Michael Wayland, «Tesla shares soar after reporting big beat on second-quarter deliveries», *CNBC*, 2 de julio de 2020, <https://www.cnbc.com/2020/07/02/tesla-tsla-q2-2020-vehicle-delivery-and-production-numbers.html>.

42 Pippa Stevens, «Tesla Tops Toyota to Become Largest Automaker by Market Value», *CNBC*, 1 de julio de 2020, <https://www.cnbc.com/2020/07/01/tesla-tops-toyota-to-become-largest-automaker-by-market-value.html>.

43 <https://x.com/elonmusk/status/1236029449042198528>, 6 de marzo de 2020.

44 Andrea Fuller *et al.*, «Elon Musk's Hard Turn to Politics, in 300,000 of His Own Words», *The Wall Street Journal*, 25 de agosto de 2024, <https://www.wsj.com/tech/elon-musk-politics-trump-social-media-267d34c8>.

45 «Joe Rogan Experience #1609 - Elon Musk», 10 de febrero de 2021, <https://www.youtube.com/watch?v=Gbb2rV7Vpnw&t=4624s>.

46 <https://x.com/elonmusk/status/1243613853558231041>, 27 de marzo de 2020.

47 Richard Dawkins, «Viruses of the Mind», *Free Inquiry*, verano de 1993, pp. 34-41.

48 «Joe Rogan Experience #1470 - Elon Musk», 7 de mayo de 2020, <https://www.youtube.com/watch?v=RcYjXbSJBN8>.

49 Larry Buchanan, Quoctrung Bui y Jugal K. Patel, «Black Lives Matter May Be the Largest Movement in U.S. History», *The New York Times*, 3 de julio de 2020, <https://www.nytimes.com/interactive/2020/07/03/us/george-floyd-protests-crowd-size.html>.

50 Neal Caren, Kenneth T. Andrews y Micah H. Nelson, «Black Lives Matter (BLM) Protests and the 2020 Presidential Election», *Social Movement Studies* 24, n.º 3, 2025; Bouke Klein Teeselink y Georgios Melios, «Weather to Protest: The Effect of Black Lives Matter Protests on the 2020 Presidential Election», *Political Behavior*, 2025, <https://doi.

org/10.1007/s11109-025-10014-w>; Diana C. Mutz, «Effects of Changes in Perceived Discrimination During BLM on the 2020 Presidential Election», *Science Advances* 8, n.º 9, 2022, <https://doi.org/10.1126/sciadv. abj9140>.

51 <https://x.com/elonmusk/status/1472371245744373760>, 18 de diciembre de 2021.

52 Para el primer tuit de Rubin sobre el «virus mental progresista», véase <https://x.com/RubinReport/status/1196545913306656774>, 18 de noviembre de 2019. Para la primera vez que usó la frase «El wokeísmo es un virus mental», véase <https://x.com/RubinReport/status/121496361659 7729280>, 8 de enero de 2020. Rubin tuiteó la frase veinte veces a lo largo de los siete primeros meses de 2020.

53 <https://x.com/elonmusk/status/1527356085090545664>, 19 de mayo de 2022.

54 Conger y Mac, *Character Limit: How Elon Musk Destroyed Twitter*, pp. 99-100; Dana Hull y Jennifer Jacobs, «Tesla, Who? Biden Can't Bring Himself to Say It—and Musk Has Noticed», *Bloomberg.com*, 2 de febrero de 2022, <https://www.bloomberg.com/news/articles/2022-02-02/ tesla-who-biden-can-t-bring-himself-to-say-name-angering-musk>; Jesus Mesa, «How Joe Biden Drove Elon Musk Into the Arms of Donald Trump», *Newsweek*, 13 de octubre de 2024, <https://www.newsweek. com/elon-musk-donald-trump-joe-biden-tesla-spacex-1967931>.

55 Isaacson, *Elon Musk*, pp. 420-421; Dana Mattioli y Emily Glazer, «How Elon Musk Broke With Biden and the Democrats», *The Wall Street Journal*, 28 de julio de 2024, <https://www.wsj.com/politics/elections/ how-elon-musk-broke-with-biden-and-the-democrats-4960b7d8>.

56 Eric Johnson, Loren Grush y Malathi Nayak, «SpaceX Discriminated Against Refugees in Hiring, DOJ Says», *Bloomberg*, 24 de agosto de 2023, <https://www.bloomberg.com/news/articles/2023-08-24/us-justice-department-sues-spacex-over-discrimination-in-hi ring?sref=apOkUyd1>. Departamento de Justicia de Estados Unidos, «Justice Department Sues SpaceX for Discriminating Against Asylees and Refugees in Hiring», 24 de agosto de 2023, <https://www.justice. gov/archives/opa/pr/justice-department-sues-spacex-discriminating-against-asylees-and-refugees-hiring>.

57 <https://x.com/elonmusk/status/1602278477234728960>, 12 de diciembre de 2022.

58 <https://x.com/elonmusk/status/1601277424594927618>, 9 de diciembre de 2022.

59 <https://x.com/elonmusk/status/1286869404874088448>, 24 de julio de 2020.

60 Ella Yurman, «Vivian Wilson on Being Elon Musk's Estranged Daughter, Going Viral, and Protecting Trans Youth», *Teen Vogue*, 20 de marzo de 2025, <https://www.teenvogue.com/story/vivian-jenna-wilson-elon-musk-trans-youth>; «Elon Musk's daughter granted legal name, gender change», AP News, 23 de junio de 2022, <https://apnews.com/article/elon-musk-entertainment-gender-identity-santa-monica-eb64ed75c5e-8228ca3cae8e1d836e93d>.

61 «Dr. Peterson x Elon Musk», 22 de julio de 2024, <https://x.com/i/broadcasts/1LyGBgPvoDjJN>.

62 Donna Haraway, «A Manifesto for Cyborgs: Science, Technology, and Socialist Feminism in the 1980s», *Socialist Review*, n.º 80, 1985, p. 82 [hay trad. cast.: *Manifiesto cyborg*, trad. de Manuel Talens, Kaótica Libros, 2020].

63 *Ibid.*, pp. 93-95.

64 *Ibid.*, p. 72.

65 *Ibid.*, p. 66.

7. EL MOTOR DE GODWIN

1 Junta de Gobernadores del Sistema de la Reserva Federal de Estados Unidos [Board of Governors of the Federal Reserve System (US)], «Federal Funds Effective Rate [FEDFUNDS]», <https://fred.stlouisfed.org/series/FEDFUNDS>; Jeff Cox, «Federal Reserve approves first interest rate hike in more than three years, sees six more ahead», *CNBC*, 16 de marzo de 2022, <https://www.cnbc.com/2022/03/16/federal-reserve-meeting.html>.

2 Mike Volpi, «How startups should handle the downturn», *TechCrunch*, 13 de junio de 2022, <https://techcrunch.com/2022/06/13/how-startups-should-handle-the-downturn/>.

3 Jesse Pound y Samantha Subin, «Stocks fall to end Wall Street's worst year since 2008, S&P 500 finishes 2022 down nearly 20%», *CNBC*, 29 de diciembre de 2022, <https://www.cnbc.com/2022/12/29/stock-market-futures-open-to-close-news.html>.

4 «Layoffs Tracker», <https://layoffs.fyi/>.

5 Conger y Mac, *Character Limit: How Elon Musk Destroyed Twitter*, p. 102.

6 Giles Turner y Maxwell Adler, «Elon Musk Makes $43 Billion Unsoli-cited Bid to Take Twitter Private», *Bloomberg*, 14 de abril de 2022, <https://www.bloomberg.com/news/articles/2022-04-14/elon-musk-launches-43-billion-hostile-takeover-of-twitter>.

7 <https://x.com/elonmusk/status/1608919969953349634>, 30 de diciembre de 2022.

8 «FULL Elon Musk Interview with Tucker Carlson FOX News April 2023 (Unedited)», abril de 2023, <https://www.youtube.com/watch?v=bQ45lsDxL6Q>.

9 *Ibid.*

10 James Clayton, «Elon full BBC interview», 12 de abril de 2023, <https://www.youtube.com/watch?v=bRkcLYbvApU>.

11 «Joe Rogan Experience #2054 - Elon Musk», 30 de octubre de 2023, <https://www.youtube.com/watch?v=tAJUwiAqW38>.

12 <https://x.com/elonmusk/status/1595250835096621057>, 22 de noviembre de 2022.

13 «Department of Justice Report Regarding the Criminal Investigation into the Shooting Death of Michael Brown by Ferguson, Missouri Police Officer Darren Wilson», 4 de marzo de 2015, <https://www.justice.gov/sites/default/files/opa/press-releases/attachments/2015/03/04/doj_report_on_shooting_of_michael_brown_1.pdf>.

14 Matt Novak, «Elon Musk Tweets Defense of Cop Who Killed Unarmed Black Man in Ferguson, Missouri», *Gizmodo*, 23 de noviembre de 2022, <https://gizmodo.com/elon-musk-tweets-cop-killed-unarmed-black-man-ferguson-1849815713>.

15 <https://x.com/elonmusk/status/1595535360863395842>, 23 de noviembre de 2022.

16 Curtis Yarvin, «The Twitter coup», *Gray Mirror*, 15 de abril de 2022, <https://graymirror.substack.com/p/the-twitter-coup>.

17 Brandy Zadrozny, «Elon Musk's "amnesty" pledge brings back QAnon, far-right Twitter accounts», *NBC News*, 2 de diciembre de 2022, <https://www.nbcnews.com/tech/internet/elon-musks-twitter-beginning-take-shape-rcna58940>.

18 Paolo Gerbaudo, *The Digital Party: Political Organisation and Online Democracy*, Londres, Pluto Press, 2019.

19 Zoë Schiffer y Casey Newton, «Yes, Elon Musk created a special system for showing you all his tweets first», *The Verge*, 15 de febrero de 2023, <https://www.theverge.com/2023/2/14/23600358/elon-musk-tweets-algorithm-changes-twitter>. Timothy Graham y Mark Andrejevic, «Tech Billionaire Elon Musk's Social Media Posts Have Had a "Sudden Boost" since July, New Research Reveals», *The Conversation*, 31 de octubre de 2024, <https://theconversation.com/tech-billionaire-elon-musks-social-media-posts-have-had-a-sudden-boost-since-july-new-research-reveals-242490>.

20 «About X Premium», <https://help.x.com/en/using-x/x-premium>.

21 David Ingram y Bruna Horvath, «How Elon Musk is boosting far-right politics across the globe», *NBC News*, 16 de febrero de 2025, <https://www.nbcnews.com/tech/elon-musk/elon-musk-boosting-far-right-politics-globe-rcna189505>.

22 <https://x.com/geertwilderspvv/status/1742596599631446238>, 3 de enero de 2024; <https://x.com/elonmusk/status/1742826319849684997>, 4 de enero de 2024.

23 <https://x.com/elonmusk/status/1945546893385175292>, 16 de julio de 2025.

24 Por ejemplo: <https://x.com/elonmusk/status/1961844695547494661>, 30 de agosto de 2025; <https://x.com/elonmusk/status/1962903682997182528>, 2 de septiembre de 2025; <https://x.com/elonmusk/status/1875620755104526755>, 4 de enero de 2025; <https://x.com/elonmusk/status/1875145167633887358>, 3 de enero de 2025.

25 Musk publicó el tuit el 8 de marzo de 2024, pero después lo eliminó. Véase Sohrab Ahmari, «The new racist right are uniquely dangerous», *New Statesman*, 10 de abril de 2024, <https://www.newstatesman.com/comment/2024/04/the-new-racist-right-are-uniquely-dangerous>.

26 <https://x.com/elonmusk/status/1625580694494928897>, 14 de febrero de 2023.

27 José Pedro Zúquete, *The Identitarians: the movement against globalism and Islam in Europe*, Notre Dame, Indiana, University of Notre Dame Press, 2018, pp. 146-159.

28 <https://x.com/elonmusk/status/1724908287471272299>, 15 de noviembre de 2023. Mike Wendling, «White House Criticises Elon Musk over "Hideous" Antisemitic Lie», *BBC*, 17 de noviembre de 2023, <https://www.bbc.com/news/world-us-canada-67446800>.

29 Nick Seaver, *Computing taste: algorithms and the makers of music recommendation*, Chicago, University of Chicago Press, 2022.

30 Erika Kinetz y Aaron Kessler, «Musk, a Social Media Powerhouse, Boosts Fortunes of Hard-Right Figures in Europe», AP News, 1 de agosto de 2025, <https://apnews.com/article/musk-europe-politicians-influence-x-twitter-extremists-89746e1e17bcc134206c14a204efcbce>.

31 Calder McHugh, «The German Musk Whisperer», *Politico,* 8 de mayo de 2025, <https://www.politico.com/newsletters/politico-nightly/2025/05/08/the-german-musk-whisperer-00336986>.

32 «Elon Musk-Alice Weidel Full Conversation: Tesla CEO Speaks to German Far-Right Party AfD Chief», *The Economic Times,* 9 de enero de 2025, <https://www.youtube.com/watch?v=cpjKbWKZn00>.

33 Rachel Treisman, «Elon Musk Faces Criticism for Encouraging Germans to Move Beyond "Past Guilt"», *NPR,* 27 de enero de 2025, <https://www.npr.org/2025/01/27/nx-s1-5276084/elon-musk-german-far-right-afd-holocaust>.

34 <https://x.com/elonmusk/status/1962406618886492245>, 1 de septiembre de 2025.

35 David Ingram y Bruna Horvath, «How Elon Musk Is Boosting Far-Right Politics across the Globe», *NBC News,* 16 de febrero de 2025, <https://www.nbcnews.com/tech/elon-musk/elon-musk-boosting-far-right-politics-globe-rcna189505>.

36 Karen Hao, *Empire of AI: Dreams and Nightmares in Sam Altman's OpenAI,* Nueva York, Penguin Press, 2025, p. 260 [hay trad. cast.: *El imperio de la IA. Sam Altman y su carrera por dominar el mundo,* trad. de Jorge Paredes, Barcelona, Península, 2025].

37 Stephen Morris y Rafe Uddin, «Big Tech lines up over $300bn in AI spending for 2025», *Financial Times,* 7 de febrero de 2025, <https://www.ft.com/content/634b7ec5-10c3-44d3-ae49-2a5b9ad566faA>.

38 Mike Isaac, «Silicon Valley Is in Its "Hard Tech" Era», *The New York Times,* 4 de agosto de 2025, <https://www.nytimes.com/2025/08/04/technology/ai-silicon-valley-hard-tech.html>.

39 Hao, *Empire of AI: Dreams and Nightmares in Sam Altman's OpenAI,* pp. 62-65.

40 <https://x.com/elonmusk/status/1603836383885332480>, 16 de diciembre de 2022.

41 «Dr. Peterson x Elon Musk», 22 de julio de 2024, <https://x.com/i/broadcasts/1LyGBgPvoDjJN>.

42 «Joe Rogan Experience #2281 - Elon Musk».

43 *Ibid.*

44 «Full Elon Musk Interview with Tucker Carlson FOX News April 2023 (Unedited)», abril de 2023, <https://www.youtube.com/watch?v=bQ45ls-DxL6Q>.

45 <https://x.com/xai/status/1721027348970238035>, 5 de noviembre de 2023.

46 <https://x.com/elonmusk/status/1866384370044686522>, 10 de diciembre de 2024; <https://x.com/elonmusk/status/1866384589784006738>, 10 de diciembre de 2024; <https://x.com/elonmusk/status/1866485009 789681907>, 10 de diciembre de 2024.

47 «Pepe the Frog meme branded a "hate symbol"».

48 La oferta inicial que hizo Musk para Twitter en abril de 2022 valoraba la empresa en cuarenta y tres mil millones de dólares, pero, en el acuerdo que al final se cerró en octubre de 2022, el valor fue de cuarenta y cuatro mil millones. Greg Bensinger, «Musk's Social Media Firm X Bought by His AI Company, Valued at $33 Billion», *Reuters*, 29 de marzo de 2025, <https://www.reuters.com/markets/deals/musks-xai-buys-social-media-platform-x-45-billion-2025-03-28/>.

49 «Colossus», <https://x.ai/colossus>.

50 Centro Legal de Medioambiente del Sur [Southern Environmental Law Center], «Elon Musk's xAI facility is using gas turbines in South Memphis, we're taking action», 17 de septiembre de 2025, <https://www.selc.org/news/resistance-against-elon-musks-xai-facility-in-south-memphis-gets-stronger/>; Wendi C. Thomas, «Inside the Memphis Chamber of Commerce's Push for Elon Musk's xAI Data Center», *ProPublica*, 22 de agosto de 2025, <https://www.propublica.org/article/memphis-xai-co lossus-elon-musk-chamber-messaging>.

51 Publicación de KeShaun Pearson en Facebook del 25 de abril de 2025, <https://www.facebook.com/keshaun.pearson/posts/a-decade-of-con tinued-failure-has-to-end-here-with-this-illegal-pollution-of-our/10228081910653594/>.

52 Walter Isaacson, *Elon Musk,* Nueva York, Simon & Schuster, 2023, p. 602 [hay trad. cast.: *Elon Musk*, trad. de María Serrano Giménez y Pablo José Hermida Lazcano, Barcelona, Debate, 2023].

53 Yanis Varoufakis, «The Techno-Feudal Method to Musk's Twitter Madness», *Project Syndicate,* 24 de noviembre de 2022, <https://www.project-

syndicate.org/commentary/musk-bought-twitter-to-get-cloud-capital-by-yanis-varoufakis-2022-11>.

54 <https://x.com/elonmusk/status/1658334514462982144>, 16 de mayo de 2023.

55 Grace Kay, «Inside Grok's War on "Woke"», *Business Insider,* 28 de febrero de 2025, <https://www.businessinsider.com/xai-grok-training-bias-woke-idealogy-2025-02>.

56 *Ibid.*

57 *Ibid.*

58 <https://x.com/elonmusk/status/1936493967320953090>, 21 de junio de 2025; Kelsey Piper, «Grok's MechaHitler disaster is a preview of AI disasters to come», *Vox,* 11 de julio de 2025, <https://www.vox.com/future-perfect/419631/grok-hitler-mechahitler-musk-ai-nazi>.

59 Kate Conger, «Employee's Change Caused xAI's Chatbot to Veer Into South African Politics», *The New York Times,* 16 de mayo de 2025, <https://www.nytimes.com/2025/05/16/technology/xai-elon-musk-south-africa.html>.

60 Kate Conger, «Grok Chatbot Mirrored X Users' "Extremist Views" in Antisemitic Posts, xAI Says», *The New York Times,* 12 de julio de 2025, <https://www.nytimes.com/2025/07/12/technology/x-ai-grok-antisemitism.html>.

61 Amy Kraft, «Microsoft Shuts Down AI Chatbot after It Turned into a Nazi», *CBS News,* 25 de marzo de 2016, <https://www.cbsnews.com/news/microsoft-shuts-down-ai-chatbot-after-it-turned-into-racist-nazi>.

62 <https://x.com/elonmusk/status/721946756984938497>, 18 de abril de 2016.

63 Mike Godwin, «Meme, Counter-Meme», *Wired,* 1 de octubre de 1994, <https://www.wired.com/1994/10/godwin-if-2/>.

64 Cuando se sometió a comprobación, resultó no ser cierta. Gabrielle Fariello, Dariusz Jemielniak y Adam Sulkowski, «Does Godwin's Law (Rule of Nazi Analogies) Apply in Observable Reality?: An Empirical Study of Selected Words in 199 Million Reddit Posts», *new media & society* 26, n.º 1, 2024, pp. 389-404.

65 Stuart A. Thompson *et al.*, «How Elon Musk Is Remaking Grok in His Image», *The New York Times,* 2 de septiembre de 2025, <https://www.nytimes.com/2025/09/02/technology/elon-musk-grok-conservative-chatbot.html>.

66 <https://x.com/elonmusk/status/1935180620352958935>, 17 de junio de 2025.

67 <https://x.com/elonmusk/status/1944132781745090819>, 12 de julio de 2025.

68 Isaacson, *Elon Musk*, p. 418.

69 Matteo Wong, «What Elon Musk's Version of Wikipedia Thinks About Hitler, Putin, and Apartheid», *The Atlantic*, 28 de octubre de 2025, <https://www.theatlantic.com/technology/2025/10/grokipedia-elon-musk/684730/>; Hadas Gold, «Elon Musk Launches His Version of Wikipedia», *CNN*, 28 de octubre de 2025, <https://www.cnn.com/2025/10/28/tech/elon-musk-launches-grokipedia-wikipedia>.

70 <https://x.com/AutismCapital/status/1942982539997798415>, 9 de julio de 2025.

71 Donna Haraway, «A Manifesto for Cyborgs: Science, Technology, and Socialist Feminism in the 1980s», *Socialist Review*, n.º 80, 1985, p. 79 [hay trad. cast.: *Manifiesto cyborg*, trad. de Manuel Talens, Kaótica Libros, 2020].

8. EL ESTADO X

1 «TRANSCRIPT: Elon Musk on Joe Rogan Experience Podcast #2281», 28 de febrero de 2025, <https://singjupost.com/transcript-elon-musk-on-joe-rogan-experience-podcast-2281/>.

2 «Transcript of Elon Musk on Verdict with Senator Ted Cruz Podcast (Part 1)», *The Singju Post*, 20 de marzo de 2025, <https://singjupost.com/transcript-of-elon-musk-on-verdict-with-senator-ted-cruz-podcast-part-1/>.

3 «Establishing and Implementing the President's "Department of Government Efficiency"», *The White House Executive Order*, 20 de enero de 2025, <https://www.whitehouse.gov/presidential-actions/2025/01/establishing-and-implementing-the-presidents-department-of-government-efficiency/>.

4 Tim O'Reilly, «Government as a Platform», *innovations* 6, n.º 1, 2010, p. 37.

5 Stephanie Ricker Schulte, «United States Digital Service: How "Obama's Startup" Harnesses Disruption and Productive Failure to Reboot Government», *International Journal of Communication* 12, 2018, p. 3.

6 Helen Margetts y Patrick Dunleavy, «The Political Economy of Digital Government: How Silicon Valley Firms Drove Conversion to Data Science and Artificial Intelligence in Public Management», *Public Money & Management,* 2024, <https://doi.org/10.1080/09540962.2024.23 89915>.

7 Véase Brendan McQuade, *Pacifying the Homeland: Intelligence Fusion and Mass Supervision,* Berkeley, California, University of California Press, 2019.

8 Véase Henry Farrell y Abraham Newman, *Underground Empire: How America Weaponized the World Economy,* Nueva York, Holt, 2023, capítulo 2.

9 Glenn Greenwald, «Xkeyscore: NSA Tool Collects "Nearly Everything a User Does on the Internet"», *The Guardian,* 31 de julio de 2013, <https://www.theguardian.com/world/2013/jul/31/nsa-top-secret-pro gram-online-data>.

10 Andrej Zwitter, «Cybernetic Governance: Implications of Technology Convergence on Governance Convergence», *Ethics and Information Technology* 26, n.º 24, 2024, p. 3, <https://doi.org/10.1007/s10676-024-09763-9>.

11 Sophie Alexander y Jamie Tarabay, «Peter Thiel's Deep Ties to Trump's Top Ranks», *Bloomberg,* 7 de marzo de 2025, <https://www.bloomberg.com/features/2025-peter-thiel-trump-administration-connections/>.

12 <https://x.com/elonmusk/status/1825713824785379477>, 19 de agosto de 2024; «How Musk Built DOGE: Timeline and Key Takeaways», *The New York Times,* 28 de febrero de 2025, <https://www.nytimes.com/2025/02/28/us/politics/musk-doge-timeline-takeaways.html>.

13 <https://x.com/elonmusk/status/1887177695789760647>, 5 de febrero de 2025; Joe Wilkins, «DOGE.gov Website Launches with Mangled, AI-Generated American Flag», *Yahoo News,* 22 de enero de 2025, <https://www.yahoo.com/news/doge-gov-website-launches-man gled-155304011.html>.

14 «CPAC Interview with DOGE Chair Elon Musk», *C-Span,* 20 de febrero de 2025, <https://www.c-span.org/program/public-affairs-event/cpac-interview-with-doge-chair-elon-musk/656121>.

15 «Joe Rogan Experience #2281 - Elon Musk».

16 Kirsten Grind y Megan Twohey, «On the Campaign Trail, Elon Musk Juggled Drugs and Family Drama», *The New York Times,* 30 de mayo de

2025, <https://www.nytimes.com/2025/05/30/us/elon-musk-drugs-children-trump.html>.

17 <https://x.com/elonmusk/status/1713702870699086052>, 15 de octubre de 2023.

18 <https://x.com/elonmusk/status/1902642215928656206>, 20 de marzo de 2025.

19 Ethan Gach, «Elon Musk Installed a Gaming PC at His DOGE Office», *Kotaku,* 28 de febrero de 2025, <https://kotaku.com/elon-musk-gaming-pc-doge-office-diablo-path-of-exile-1851767110>.

20 Publicó la frase como respuesta a un vídeo de un parásito con forma de gusano que dejaba el cuerpo de una mantis religiosa mientras esta se ahogaba. <https://x.com/elonmusk/status/1915154454250479703>, 23 de abril de 2025.

21 <https://x.com/elonmusk/status/1861475058428096875>, 26 de noviembre de 2024.

22 <https://x.com/elonmusk/status/1306491844512026624>, 17 de septiembre de 2020.

23 Scott Patterson, Josh Dawsey y Brian Schwartz, «Inside DOGE's Clash with the Federal Workforce», *The Wall Street Journal,* 27 de febrero de 2025, <https://www.wsj.com/politics/policy/inside-doge-elon-musk-government-employees-b87fc17a>.

24 Doina Chiacu, «Musk Wants to "Delete Entire Agencies" from US Government», *Reuters,* 13 de febrero de 2025, <https://www.reuters.com/world/us/musk-wants-delete-entire-agencies-us-government-2025-02-13/>.

25 Benjamin Wallace-Wells, «What Did Elon Musk Accomplish at DOGE?», *The New Yorker,* 16 de junio de 2025, <https://www.newyorker.com/magazine/2025/06/23/what-did-elon-musk-accomplish-at-doge>.

26 Emily Tavoulareas, «DOGE Understands Something the US Policy Establishment Does Not: Technology Is the Spinal Cord of Government», *Tech Policy Press,* 18 de febrero de 2025.

27 Makena Kelly *et al.*, «Inside Elon Musk's "Digital Coup"», *Wired,* 13 de marzo de 2025, <https://www.wired.com/story/elon-musk-digital-coup-doge-data-ai/>.

28 Conger y Mac, *Character Limit: How Elon Musk Destroyed Twitter*, p. 370; Arnaud Leparmentier, «Musk's Zero-Based Budgeting: Cut

Everything, Rebuild What's Essential», *Le Monde,* 18 de febrero de 2025, <https://www.lemonde.fr/en/opinion/article/2025/02/18/musk-s-zero-based-budgeting-cut-everything-rebuild-what-s-essential_6738289_23.html>; Hannah Natanson *et al.,* «Move Fast, Break Things, Rebuild: Elon Musk's Strategy for U.S. Government», *The Washington Post,* 24 de febrero de 2025, <https://www.washingtonpost.com/technology/2025/02/24/doge-fast-cuts-federal-workers-programs-elon-musk>.

29 Seth Catalli, «The Problem That Made "Zero-Based Budgeting" Unachievable Just Got Solved», *CFO Dive,* 14 de mayo de 2024, <https://www.cfodive.com/news/the-problem-that-made-zero-based-budgeting-unachievable-just-got-solved/715611/>.

30 Kelly *et al.,* «Inside Elon Musk's "Digital Coup"».

31 <https://x.com/elonmusk/status/1886307316804263979>, 3 de febrero de 2025.

32 Rodney Coyte, Martin Messner y Shan Zhou, «The Revival of Zero-Based Budgeting: Drivers and Consequences of Firm-Level Adoptions», *Accounting & Finance* 62, n.º 3, septiembre de 2022, p. 3182.

33 Eryk Salvaggio, «Anatomy of an AI Coup», *Tech Policy Press,* 9 de febrero de 2025, <https://www.techpolicy.press/anatomy-of-an-ai-coup/>.

34 «Stopping Waste, Fraud, and Abuse by Eliminating Information Silos», *The White House Executive Order,* 20 de marzo de 2025, <https://www.whitehouse.gov/presidential-actions/2025/03/stopping-waste-fraud-and-abuse-by-eliminating-information-silos/>.

35 Makena Kelly, «DOGE Is Planning a Hackathon at the IRS. It Wants Easier Access to Taxpayer Data», *Wired,* 5 de abril de 2025, <https://www.wired.com/story/doge-hackathon-irs-data-palantir/>.

36 Conger y Mac, *Character Limit: How Elon Musk Destroyed Twitter,* p. 195.

37 Véase Charlie Warzel, Ian Bogost y Matteo Wong, «DOGE Has "God Mode" Access to Government Data», *The Atlantic,* 19 de febrero de 2025.

38 Makena Kelly, «Palantir Is Extending Its Reach Even Further into Government» *Wired,* 1 de agosto de 2025, <https://www.wired.com/story/palantir-government-contracting-push/>; Sheera Frenkel y Aaron Krolik, «Trump Taps Palantir to Compile Data on Americans», *The New York Times,* 30 de mayo de 2025, <https://www.nytimes.com/2025/05/30/technology/trump-palantir-data-americans.html>.

39 Véase Natanson *et al.,* «Move fast, break things, rebuild: Elon Musk's strategy for U.S. government».

40 Vittoria Elliott, Leah Feiger y Tim Marchman, «The US Treasury Claimed DOGE Technologist Didn't Have "Write Access" When He Actually Did», *Wired*, 6 de febrero de 2025, <https://www.wired.com/story/treasury-department-doge-marko-elez-access/>; Brandon Roberts y Vernal Coleman, «Inside the AI Prompts DOGE Used to "Munch" Contracts Related to Veterans' Health», *ProPublica*, 6 de junio de 2025, <https://www.propublica.org/article/inside-ai-tool-doge-veterans-affairs-contracts-sahil-lavingia>.

41 Jared Keller, «The US Army Is Using "CamoGPT" to Purge DEI from Training Materials», *Wired*, 8 de marzo de 2025, <https://www.wired.com/story/the-us-army-is-using-camogpt-to-purge-dei-from-training-materials/>. Ariana Baio, «DOGE Used Flawed AI Tool to "Munch" Veteran Affairs Contracts, Report Claims», *The Independent*, 6 de junio de 2025, <https://www.independent.co.uk/news/world/americas/us-politics/doge-flawed-ai-veteran-affairs-b2765364.html>.

42 Hannah Natanson *et al.*, «DOGE Builds AI Tool to Cut 50 Percent of Federal Regulations», *The Washington Post*, 26 de julio de 2025, <https://www.washingtonpost.com/business/2025/07/26/doge-ai-tool-cut-regulations-trump/>.

43 Zeynep Tufekci, «Here Are the Digital Clues to What Musk Is Really up To», *The New York Times*, 21 de febrero de 2025, <https://www.nytimes.com/2025/02/21/opinion/musk-doge-personal-data.html>.

44 Todd C. Frankel y Hannah Natanson, «Why DOGE Is Struggling to Find Fraud in Social Security», *The Washington Post*, 24 de marzo de 2025, <https://www.washingtonpost.com/business/2025/03/24/social-security-fraud-doge-cuts-dead/>.

45 <https://x.com/elonmusk/status/1891350795452654076>, 16 de febrero de 2025.

46 Mishal Husain, «Elon Musk on Political Spending: "I Think I've Done Enough"», *Bloomberg*, 21 de mayo de 2025, <https://www.bloomberg.com/features/2025-elon-musk-weekend-interview/>. Véase también Charlie Warzel y Hana Kiros, «Elon Musk Is Playing God», *The Atlantic*, 24 de junio de 2025, <https://www.theatlantic.com/technology/archive/2025/06/elon-musk-usaid-cuts/683299/>.

47 «Joe Rogan Experience #2281 - Elon Musk».

48 Walter Isaacson, *Elon Musk*, Nueva York, Simon & Schuster, 2023, p. 426 [hay trad. cast.: *Elon Musk*, trad. de María Serrano Giménez y Pablo José Hermida Lazcano, Barcelona, Debate, 2023].

49 Matthew Purdy, «The Techno-Futuristic Philosophy Behind Elon Musk's Mania», *The New York Times,* 29 de mayo de 2025, <https://www.nyti mes.com/2025/05/29/business/elon-musk-longtermism-effective-al truism-doge.html>.

50 Nick Bostrom, «Are We Living in a Computer Simulation?», *The Philosophical Quarterly* 53, n.º 211, abril de 2003, p. 254.

51 Robin Hanson, «How to Live in a Simulation», *Journal of Evolution and Technology* 7, 2001, <https://mason.gmu.edu/~rhanson/Lifeinsim.html>.

52 Ben Werschkul, «How Elon Musk's Time at Paypal Shaped His Approach to Overhauling Social Security», *Yahoo! Finance,* 29 de marzo de 2025, <https://ca.finance.yahoo.com/news/how-elon-musks-time-at-paypal-shaped-his-approach-to-overhauling-social-security-150048508.html>; Conger y Mac, *Character limit: How Elon Musk destroyed Twitter,* p. 286.

53 <https://x.com/elonmusk/status/1455233931880587267>, 1 de noviembre de 2021.

54 <https://x.com/elonmusk/status/1633966756107624448>, 9 de marzo de 2023.

55 <https://x.com/elonmusk/status/1637864049307430914>, 20 de marzo de 2023.

56 <https://x.com/elonmusk/status/1846783171012002005>, 17 de octubre de 2024.

57 <https://x.com/elonmusk/status/1902602137332257043>, 20 de marzo de 2025.

58 < https://x.com/elonmusk/status/1644036581466992658>, 6 de abril de 2023.

59 <https://x.com/elonmusk/status/1766544406532780200>, 9 de marzo de 2024.

60 <https://x.com/elonmusk/status/1876446327254704534>, 6 de enero de 2025; <https://x.com/elonmusk/status/1889194985066475520>, 11 de febrero de 2025.

61 <https://x.com/elonmusk/status/1753590787130994745>, 2 de febrero de 2024.

62 < https://x.com/elonmusk/status/1707146779894951982>, 27 de septiembre de 2023.

63 <https://x.com/elonmusk/status/1708197042529697947>, 30 de septiembre de 2023.

64 < https://x.com/elonmusk/status/1708585414708109576>, 1 de octubre de 2023.

65 <https://x.com/elonmusk/status/1768078994161672303>, 13 de marzo de 2024; <https://x.com/elonmusk/status/1788431023593697519>, 9 de mayo de 2024.

66 «Full Transcript — Joe Rogan Experience #2223 - Elon Musk», 4 de noviembre de 2024.

67 <https://x.com/elonmusk/status/1752185691168182669>, 29 de enero de 2024.

68 Alba *et al.*, «Elon Musk Is Now X's Biggest Promoter of Anti-Immigrant Conspiracies».

69 «Elon Musk's Transformation, in His Own Words», *The Economist*, 21 de noviembre de 2024, <https://www.economist.com/briefing/2024/11/21/elon-musks-transformation-in-his-own-words>.

70 Elliott, Feiger y Marchman, «The US Treasury Claimed DOGE Technologist Didn't Have "Write Access" When He Actually Did», *Wired*, 6 de febrero de 2025, <https://www.wired.com/story/treasury-department-doge-marko-elez-access/>; Katherine Long, «DOGE Staffer Resigns over Racist Posts», *The Wall Street Journal*, 7 de febrero de 2025, <https://www.wsj.com/tech/doge-staffer-resigns-over-racist-posts-d9f11a93>.

71 Makena Kelly y Vittoria Elliott, «DOGE Is Building a Master Database to Surveil and Track Immigrants», *Wired*, 18 de abril de 2025, <https://www.wired.com/story/doge-collecting-immigrant-data-surveil-track/>.

72 Caroline Haskins, «ICE Is Paying Palantir $30 Million to Build "ImmigrationOS" Surveillance Platform», *Wired*, 18 de abril de 2025, <https://www.wired.com/story/ice-palantir-immigrationos>.

73 Alexandra Berzon *et al.*, «Social Security Lists Thousands of Migrants as Dead to Prompt Them to "Self-Deport"», *The New York Times*, 10 de abril de 2025, <https://www.nytimes.com/2025/04/10/us/politics/migrants-deport-social-security-doge.html>.

74 Tyler Pager, «Trump Demands Census Excluding Undocumented Immigrants Amid Redistricting Fight», *The New York Times*, 7 de agosto de 2025, <https://www.nytimes.com/2025/08/07/us/politics/trump-census-undocumented-immigrants.html>.

75 <https://x.com/elonmusk/status/1865968958693618016>, 8 de diciembre de 2024; «Transcript of Elon Musk on Verdict with Senator Ted

Cruz Podcast (Part 1)», *The Singju Post*, 20 de marzo de 2025, <https://singjupost.com/transcript-of-elon-musk-on-verdict-with-senator-ted-cruz-podcast-part-1/>.

76 <https://x.com/elonmusk/status/1262076474565242880>, 17 de mayo de 2020.

77 Donna Zuckerberg, *Not All Dead White Men: Classics and Misogyny in the Digital Age,* Cambridge, Massachusetts, Harvard University Press, 2018, pp. 14-15.

78 Robert Reich, «The Trump-Vance-Musk-Putin Manosphere», 3 de marzo de 2025, <https://robertreich.substack.com/p/the-trump-vance-musk-putin-manosphere>.

79 Jamie White, «EPIC Interview: Andrew Tate & Alex Jones Join Forces to Wargame the New World Order's Demise & Break the Matrix!», *Infowars,* 25 de agosto de 2023, <https://www.infowars.com/posts/epic-interview-andrew-tate-alex-jones-join-forces-to-wargame-the-new-world-orders-demise-break-the-matrix/>.

80 El texto gracioso decía: «Esto es lo que pasa cuando tomas DayQuil y NyQuil al mismo tiempo» [medicamentos fuertes contra el catarro], <https://x.com/elonmusk/status/1907313533995368878>, 2 de abril de 2025.

81 Joe Miller y Chris Cook, «What has Elon Musk's DOGE actually achieved?», *Financial Times*, 14 de mayo de 2025, <https://www.ft.com/content/085430ab-27fe-46fc-a798-1059649d3b32>.

82 Jessica Riedl, «The Actual Math Behind DOGE's Cuts», *The Atlantic,* 8 de mayo de 2025, <https://www.theatlantic.com/politics/archive/2025/05/musk-doge-spending-cuts/682736/>.

83 «CBS News Sunday Morning with Jane Pauley», 1 de junio de 2025, <https://www.podchaser.com/podcasts/cbs-news-sunday-morning-with-j-13199/episodes/elon-musk-bill-clinton-the-pen-253693213/transcript>.

84 Lydia Saad, «Pope Leo Most Favorably Viewed of 14 Newsmakers», *Gallup,* 5 de agosto de 2025, <https://news.gallup.com/poll/693155/pope-leo-favorably-viewed-newsmakers.aspx>. Véase la encuesta de <https://today.yougov.com/topics/economy/trackers/fame-and-popularity-elon-musk>.

85 <https://x.com/xai/status/1944776899420377134>, 14 de julio de 2025.

86 <https://x.com/elonmusk/status/1944705383874146513>, 14 de julio de 2025; David Ingram, «Musk's Grok "Companions" Include a

Flirty Anime Character and an Anti-Religion Panda», *NBC News,* 15 de julio de 2025, <https://www.nbcnews.com/tech/internet/grok-companions-include-flirty-anime-waifu-anti-religion-panda-rc-na218797>. Miles Klee, «Grok Rolls out Pornographic Anime Companion, Lands Department of Defense Contract», *Rolling Stone,* 14 de julio de 2025, <https://www.rollingstone.com/culture/culture-news/grok-pornographic-anime-companion-department-of-defense-1235385034/>.

CONCLUSIÓN. CUATRO FUTUROS PARA EL MUSKISMO

1 Karl Polanyi, *The Great Transformation,* Nueva York, Farrar & Rinehart inc., 1944, p. 226 [hay trad. cast.: *La gran transformación. Los orígenes políticos y económicos de nuestro tiempo*, trad. de Julia Varela y Fernando Álvarez-Uría, Madrid, Fondo de Cultura Económica, 2018].

2 Citado en Gareth Dale, *Karl Polanyi: A Life on the Left,* Nueva York, Columbia University Press, 2016, p. 59 [hay trad. cat.: *Karl Polanyi. Una vida a l'esquerra,* trad. de Josep Ventura, Valencia, Institució Alfons el Magnànim, 2018].

3 David A. Fahrenthold y Ryan Mac, «Elon Musk Has a Giant Charity. Its Money Stays Close to Home», *The New York Times,* 10 de marzo de 2024, <https://www.nytimes.com/2024/03/10/us/elon-musk-charity.html>.

4 Tesla, «Master Plan Part IV», 2025, <https://www.tesla.com/master-plan-part-4>.

5 Katherine Hamilton, «Elon Musk Says Optimus Robots to Make up About 80% of Tesla's Value», *The Wall Street Journal,* 2 de septiembre de 2025, <https://www.wsj.com/tech/elon-musk-says-optimus-robots-to-make-up-about-80-of-teslas-value-4584a616?st=NxJX41>.

6 «Tesla, Inc. (TSLA) Q3 2025 Earnings Call Transcript», 22 de octubre de 2025, <https://seekingalpha.com/article/4832142-tesla-inc-tsla-q3-2025-earnings-call-transcript>.

7 «Elon Musk: Digital Superintelligence, Multiplanetary Life, How to Be Useful (Transcript)», 20 de junio de 2025, <https://singjupost.com/transcript-of-elon-musk-digital-superintelligence-multiplanetary-life-how-to-be-useful/>.

8 Kate Crawford, «Eating the Future: The Metabolic Logic of AI Slop», *E-flux,* septiembre de 2025, <https://www.e-flux.com/architecture/in tensification/6782975/eating-the-future-the-metabolic-logic-of-ai-slop>.

9 Alexander C. Karp y Nicholas W. Zamiska, *The Technological Republic: Hard Power, Soft Belief, and the Future of the West,* Nueva York, Crown Currency, 2025 [hay trad. cast.: *La república tecnológica. Poder duro, pensamiento débil y el futuro de Occidente,* trad. de Francesc Pedrosa, Barcelona, Tenos, 2025].

10 Micah Maidenberg y Becky Peterson, «SpaceX Pushes to Get Starship Rocket Ready for Mars by Next Year», *The Wall Street Journal,* 26 de mayo de 2025, <https://www.wsj.com/science/space-astronomy/spacex-starship-mars-military-elon-musk-3240c18d>; Drew FitzGerald y Micah Maidenberg, «Elon Musk's SpaceX Set to Win $2 Billion Pentagon Satellite Deal», *The Wall Street Journal,* 31 de octubre de 2025, <https://www.wsj.com/politics/national-security/elon-musks-spacex-set-to-win-2-billion-pentagon-satellite-deal-c0a51325>.

11 <https://x.com/elonmusk/status/1931806069220954360>, 8 de junio de 2025.

12 Hilaire Belloc, *The Modern Traveller,* Nueva York, Alfred A. Knopf, 1928, p. 41.

13 Daniel R. Headrick, «The Tools of Imperialism: Technology and the Expansion of European Colonial Empires in the Nineteenth Century», *Journal of Modern History* 51, n.º 2, junio de 1979, p. 259.

14 Aneesa Ahmed, «Elon Musk Calls for Dissolution of Parliament at Far-Right Rally in London», *The Guardian,* 13 de septiembre de 2025, <https://www.theguardian.com/technology/2025/sep/13/elon-musk-calls-for-dissolution-of-parliament-at-far-right-rally-in-london>. «Elon Musk's Speech: "Violence Is Coming" at London Anti-Immigration Rally», *Singju Post,* 15 de septiembre de 2025, <https://singjupost.com/elon-musks-speech-violence-is-coming-at-london-anti-immigration-rally/>.

15 «Elon Musk on Why He Wants More Robots and Less Government», *The Wall Street Journal,* 7 de diciembre de 2021, <https://www.wsj.com/podcasts/the-journal/elon-musk-on-why-he-wants-more-robots-and-less-government/274b7aec-c858-4be8-b719-6a34bdea86f6>.

16 <https://x.com/elonmusk/status/1863995164475129976>, 3 de diciembre de 2024.

17 Entrevista a Elon Musk en Atreju 2023 (Roma), 16 de diciembre de 2023, <https://www.youtube.com/watch?v=WPf4_5DCP-E>.

18 <https://x.com/elonmusk/status/1918840576834781667>, 3 de mayo de 2025.

19 <https://x.com/elonmusk/status/1964582769302045121>, 7 de septiembre de 2025.

20 <https://x.com/elonmusk/status/1962680097816879208>, 1 de septiembre de 2025.

21 Jennifer Dabbs Sciubba, *8 Billion and Counting: How Sex, Death, and Migration Shape Our World*, Nueva York, Nueva York, W. W. Norton & Company, 2022, p. 2. Sobre la preocupación de Musk sobre la población, véase Sophie Alexander y Dana Hull, «Elon Wants You to Have More Babies», *Bloomberg Businessweek*, 21 de junio de 2024, <https://www.bloomberg.com/features/2024-elon-musk-population-collapse-baby-push>; Quinn Slobodian, «Elon Musk Wants Us to Have More Children», *New Statesman*, 29 de julio de 2024, <https://www.newstatesman.com/ideas/2024/07/elon-musk-wants-us-have-more-children-demography-will-macaskill>.

22 Susanne Maria Klausen, *Abortion under Apartheid : Nationalism, Sexuality, and Women's Reproductive Rights in South Africa*, Nueva York, Oxford University Press, 2015, p. 183.

23 Zolan Kanno-Youngs *et al.*, «The Road to Trump's Embrace of White South Africans», *The New York Times*, 14 de mayo de 2025, <https://www.nytimes.com/2025/05/14/us/politics/trump-south-africa-afrikaners.html>.

24 Klausen, *Abortion under Apartheid : Nationalism, Sexuality, and Women's Reproductive Rights in South Africa*, pp. 181-183.

25 Mark Harris, «First Space, Then Auto—Now Elon Musk Quietly Tinkers with Education», *Ars Technica*, 25 de junio de 2018, <https://arstechnica.com/science/2018/06/first-space-then-auto-now-elon-musk-quietly-tinkers-with-education/>.

26 Lauren McGaughy, An Education Ecosystem Is Being Built in Elon Musk's Image. It Starts in Rural Texas», *KUT News*, 13 de enero de 2025, <https://www.kut.org/education/2025-01-13/elon-musk-ad-astra-school-education-bastrop-austin-texas>. Véase también Brian Highsmith, «Governing the Company Town», *Stanford Law Review* 77, junio de 2025.

27 Greg Grandin, *Fordlandia: the rise and fall of Henry Ford's forgotten jungle city*, Nueva York, Metropolitan Books, 2009 [hay trad. cast.: *Fordlandia. Auge y caída de la olvidada ciudad selva de Henry Ford*, Buenos Aires, Prometeo, 2025].

28 Sophie Alexander y Dana Hull, «Elon Musk Is Planning a New University in Austin», *Bloomberg*, 13 de diciembre de 2023, <https://www.bloomberg.com/news/articles/2023-12-13/musk-planning-new-univer sity-in-austin-with-100-million-gift>.

29 <https://x.com/GregAbbott_TX/status/1735709632218186235>, 15 de diciembre de 2023.

30 <https://x.com/elonmusk/status/1754067365707563045>, 4 de febrero de 2024. Era un chiste reciclado. Ananya Bhattacharya, «In one tweet, Elon Musk captures the everyday sexism faced by women in STEM», *Quartz*, 1 de noviembre de 2021, <https://qz.com/work/2082746/elon-musks-tweet-captures-everyday-sexism-faced-by-women-in-stem>.

31 Grind y Twohey, «On the Campaign Trail, Elon Musk Juggled Drugs and Family Drama»; Juliana Kaplan y Jack Newsham, «A New DOGE Staffer at the Department of Labor Has Helped Run a Fertility Clinic and Has Pronatalist Ties», *Business Insider*, 5 de marzo de 2025, <https://www.businessinsider.com/doge-staffer-fertility-clinic-pronatalist-de partment-of-labor>.

32 Malcolm Collins, Hath y Simone H. Collins, «New Cause Area: Demographic Collapse», *Effective Altruism Forum*, 30 de junio de 2022, <https://forum.effectivealtruism.org/posts/vFfoqL74kmZbydKjp/new-cause-area-demographic-collapse>.

33 Citado en Dana Mattioli, «The Tactics Elon Musk Uses to Manage His "Legion" of Babies—and Their Mothers», *The Wall Street Journal*, 15 de abril de 2025, <https://www.wsj.com/politics/elon-musk-children-mothers-ashley-st-clair-grimes-dc7ba05c?st=vJ2t5b>. Musk tuiteó en respuesta: «TMZ >> WSJ», <https://x.com/elonmusk/status/19123550 94173217172?s=20>, 15 de abril de 2025.

34 «CPAC Interview with DOGE Chair Elon Musk».

35 El acto fue Y Combinator AI Startup School. «Elon Musk: Digital Superintelligence, Multiplanetary Life, How to Be Useful (Transcript)».

36 «Elon Musk: Digital Superintelligence, Multiplanetary Life, How to Be Useful (Transcript)».

37 «Tesla, Inc. (TSLA) Q3 2025 Earnings Call Transcript».

38 Musk ha prometido dar un millón de dólares por la realización de murales sobre la víctima de asesinato Irina Zarutska. Isabel Keane, «Musk pledges $1 million for memorials honoring Ukrainian refugee murdered on US train», *The Independent*, 11 de septiembre de 2025, <https://www. independent.co.uk/news/world/americas/elon-musk-donation-ukraine-refugee-murder-b2824659.html>.

39 Musk publicó: «La historia llamará a esto "La violación de Europa"», <https://x.com/elonmusk/status/1961844695547494661>, 30 de agosto de 2025.

40 En respuesta a un tuit que preguntaba «¿Es justo decir "el Reino Unido está siendo invadido"…?», Musk respondió: «Obviamente». <https://x.com/ elonmusk/status/1962313892790436130>, 31 de agosto de 2025. En respuesta a un tuit que compartía un titular del Daily Mail sobre «un "hombre iraní que violó a su inquilina en Londres"», Musk respondió: «Empatía suicida». <https://x.com/elonmusk/status/1962215679869833522>, 31 de agosto de 2025. Al día siguiente, Musk publicó: «La remigración es la única vía». <https://x.com/elonmusk/status/1962406618886492245>, 1 de septiembre de 2025. Al día siguiente, Musk retuiteó un tuit de Eva Vlaardingerbroek que decía «SOMOS LA GENERACIÓN DE LA REMIGRACIÓN». https://x.com/elonmusk/status/1962984560456864226, 2 de septiembre de 2025.

41 Musk publicó: «La palabra "esclavo" literalmente tiene su origen en persona blanca porque se esclavizó a mucha gente blanca». <https://x.com/ elonmusk/status/1962614230223593954>, 1 de septiembre de 2025.

42 <https://x.com/elonmusk/status/1926427531726500288>, 24 de mayo de 2025.

43 Musk publicó: «El error axiomático que socava buena parte de la civilización occidental es "la ley del más débil"», <https://x.com/elonmusk/ status/1783727565989134488>, 26 de abril de 2024.

44 Musk publicó: «Para sobrevivir, una ideología que no consigue reproducirse a sí misma debe necesariamente infectar la mente de los hijos de los que sí se reproducen. Por eso están tan empeñados en controlar la educación. Es un culto vampírico», <https://x.com/elonmusk/sta tus/1961452078423036196>, 29 de agosto de 2025.

45 Musk publicó: «Así es como han terminado las grandes civilizaciones de la historia. La gente supone que es debido a que otros las conquistaron, pero en realidad era simplemente porque un exceso de prosperidad con-

ducía a tasas bajas de natalidad y al declive de la población, lo que en último término los hacía vulnerables a ser conquistados», <https://x.com/elonmusk/status/1876496976709362045>, 7 de enero de 2025.

46 Musk publicó: «Los humanos son más débiles y más lentos que otros mamíferos. Si no fuera por la inteligencia, haría tiempo que nos habríamos extinguido. Es obvio que la inteligencia ha sido el vector primario de evolución para los humanos. Lo que no se valora suficiente es todo lo que ha ocurrido en los últimos diez mil años. Hubo una explosión de la inteligencia hace seis mil años, con un repentino desarrollo de la escritura, la agricultura, las matemáticas elementales, etc. Dicho esto, nuestros pequeños ordenadores de carne solo son los cargadores de arranque biológicos para la superinteligencia digital», <https://x.com/elonmusk/status/1774125951435043021>, 30 de marzo de 2024.

47 Ambas técnicas se describen detalladamente en el libro *Superinteligencia*, de Bostrom, elogiado por Musk.

48 Musk: «No estoy diciendo que solo las personas inteligentes deban tener hijos. Solo digo que las personas inteligentes también deben tener hijos. Tienen que mantener al menos... Tienen que llegar al menos a la tasa de reemplazo. Y la cuestión es que veo a un montón de mujeres inteligentes de verdad que tienen un solo hijo o ninguno. Y dices: "Uf, esto no pinta nada bien"». Ashlee Vance, *Elon Musk: Tesla, SpaceX, and the Quest for a Fantastic Future*, Nueva York, Ecco, 2015, p. 358 [hay trad. cast.: *Elon Musk. El empresario que anticipa el futuro*, trad. de Francisco López Martín, Barcelona, Península, 2018].

49 Musk: «"Atención a la afirmación de género" es un eufemismo terrorífico. En realidad es esterilización de los niños. [...] Es mutilación y esterilización infantil. [...] Es increíblemente maligno y creo que la gente que lo promueve debería ir a la cárcel», «Dr. Peterson x Elon Musk», 22 de julio de 2024, <https://x.com/i/broadcasts/1LyGBgPvoDjJN>.

ÍNDICE ALFABÉTICO

culture jamming, popularizacion de la, 103

DARPA (Agencia de Proyectos de Investigación Avanzada de Defensa), 33, 48-49
contrato con SpaceX (2004), 51, 58
Departamento de Tecnologías Biológicas, 122
División de Tecnología Cibernética, 122
Davidson, James Deal: *El individuo soberano*, 42
Davies, William, economía de las reacciones de, 101
Dawkins, Richard, 137
artículo «Los virus de la mente», 128
término «meme» en *El gen egoísta*, 105
De Klerk, W. A., sobre el apartheid, 18
Delta Clipper, vehículo de lanzamiento reutilizable, 59
Departamento de Asuntos de los Veteranos, el DOGE en el 161
Departamento de Eficiencia del Gobierno, *véase* DOGE
Departamento de Planificación, en Sudáfrica, 21
Departamento de Rendición de Cuentas del Gobierno (GAO), 60, 61
Departamento del Tesoro, Oficina del Servicio Fiscal del, 159
Departamentos de Seguridad Nacional (DHS), 165

deportaciones en masa, aceleración de las, 165
desglobalización, proceso de, 10
Diablo IV, videojuego, 157, 158
Die Transvaler, periódico proapartheid, 18
DocuSign, 115
Doerr, John, sobre las teconolgías verdes, 74
DOGE, Departamento de Eficiencia del Gobierno
convergencia de código y nativismo, 164-165
eliminación de la USAID, 160
herramienta de IA del, 161
importe ahorrado por el, 167
integraciones de datos en el, 165
Musk en el, 97, 153-155, 156-159, 178
presupuestos de base cero en, 159, 160
salida de Musk del (mayo de 2025), 167
sueño de la omnisciencia de los datos, 162
Doge
historias de, 112-116
nacimiento del meme, 112
dogecoin, 115
aparición del, 113
Musk sobre el, 113-114
Doohan, James, cenizas en el SpaceX de, 25
doomscroll, 11
Dorsey, Jack, director ejecutivo de Twitter, 104, 106, 129